新装版
観経疏に学ぶ
序分義 1

廣瀬　杲

法藏館

本書は、昭和五七（一九八二）年刊行の『観経疏に学ぶ　序分義一』第一刷をオンデマンド印刷で再刊したものである。

観経疏　序分義一

目次

第六章　生命の願い　厭苦縁……二七九

凡例

本論の各章頭に引用した観経疏加点文以外の漢文は、原則として書き下し文とした。
本書の略称は次の如くである。

全　集　　定本親鸞聖人全集
真聖全　　真宗聖教全書

第一章　『観経』の骨子
――五門料簡――

従《ヨリ》レ此《レ》以《イ》下《ハ》、就《ツイテ》レ文《ニ》料簡《スルニ》略作《ツクテ》二五門《ヲ》一明《アカス》レ義《ヲ》。一《ニ》従《リ》二「如是我聞」《ト云》一下《モ》至《マテ》二「五苦《ク》所逼《ヒチ》云《ウン》何《カ》見極楽世界」《ト云》二一已来《ハ》、明《ス》二其《ノ》序《シヨ》分《ヲ》一。二従《リ》二日観《ノ》初《ノ》句《クノ》、「仏告韋提汝及衆生」《ト云》二下至《ル》二下品下生《ニ》一已来《ハ》、明《ス》二正宗《シユ》分《ヲ》一。三従《リ》二「説是語時」《ト云》二下至《ル》二「諸天発心」《ニ》二已来《ハ》、正《ク》明《ス》二得益分《ヲ》一。四従《リ》二「阿難白仏」《ト云》二下至《ル》二「韋提等《ノ》歓喜」《ニ》一已来《ハ》明《ス》二流通分《ヲ》一。此之《コノ》四《ツノ》義、仏在《マシマス》二王宮《ニ》一、一会《エノ》正説《ナリ》。五従《リハ》下阿難為《ニ》二耆闍《キシヤノ》大衆《ノ》一伝《テン》説《スル》上、復是《レ》一会《ナリ》。亦有《リ》二三分一。一従《リ》二「尒時世尊足《ソク》歩《フ》虚空還《クエン》耆《キ》闍崛山」二已来《ハ》、明《ス》二其《ノ》序分《ヲ》一。二従《リ》二「阿難広為大衆説如上事」《シト云》二已来《ハ》、明《ス》二正宗分《ヲ》一。三従《リ》二「一切大衆歓喜奉《フ》行」《ト云》二已来《ハ》、明《ス》二流通分《ヲ》一。然《シカモ》化《クエハ》必《ス》有《リ》二由《ユヘ》一、故《ニ》先《ツ》明《ス》レ序《シヨヲ》。由《ユ》序既《シヨステニ》興《コウノ》、正陳《クチンス》二所説《ヲ》一。次明《ニス》二正宗《ヲ》一。為説《ニコト》既周《ニアマネシ》、欲《ノテ》下以《テ》二所説《ヲ》一伝《テン》三持《チノマチ》末代《タイニ》一、歎《タンノ》レ勝勧《ヲクワン》学《セムト》上、後《ニ》明《ス》二流通《ヲ》一。上来《ニ》雖《トモ》レ有《リト》二五義《ノ》不同一、略料《ノ》三簡《シ》序・正・流通義《ノヲ》二竟《リヌ》。

（『全集九』四三頁）

はじめに

「序分義」に入ります。先の「玄義分」のいちばん最初と申しますか、「勧衆偈」の終ったところに『観無量寿経疏』全体にわたっての総説があります。その総説のところで、

この『観経』一部の内に、先づ七門を作くて料簡せん。然して後、文に依て義を釈すべし。（『全集九』四頁）

という文章がありまして、そこに七門に分けて料簡するということが述べられてあったわけです。だから、それでわかりますように善導の『観無量寿経疏』は、大きく分けると二つの部分になる。その一つは「玄義分」です。そして、

然して後、文に依て義を釈すべし。（『全集九』四頁）

と言うのですから、「玄義分」が終って、この「序分義」から後が「文義分」です。ですから、大きく分けると玄義の部分と文義の部分というふうに二つに分かれる、これが善導の『観経疏』であるわけです。

この『観経疏』は、「四帖の疏」といわれるように四冊あります。けれども、その内容としては、「玄義分」と、そして「文義分」との二つに分かれるわけです。だから、「玄義分」に対応して「文義分」として、いわゆる「序分義」「定善義」「散善義」という三冊が対応しているわけです。そういう意味では、「玄義分」というのは重要な位置を占めているわけですね。だいたいわれわれの関心というのは、むしろ「序分義」からが『観無量寿経』の釈義の本文であるから、「玄義分」はその序説のようなものであるという観念がどうしても抜けない。だからして、「玄義分」のところは気持ちがもう一つそこへ打ちこんでいけなくて、「序分義」あたりになりますといよいよ本論だということになるのです。けれども、善導の気持ちはそうではなくて、「序分義」から後、本文

に入った部分は三帖あってもそれは一つの部分だ。それに対応して位置づけられるのは「玄義分」だと、こういうふうに初めにはっきり言うているわけです。

この『観経』一部の内に、先づ七門を作くて料簡せん。然して後、文に依て義を釈すべし。
（『全集九』四頁）

と、こういうふうにはっきり言うているわけです。だから、われわれがいちばん注意しなくてはならないのは、まずこの『観経』というものの重要な玄談・玄義はどこにあるのかということを、まずもって明瞭にしておかなくては、後の文義ということは、その本意を明らかにし得ないということです。だからそういう意味では、「玄義分」というものがどのように押えられてきたかということによって、後の「序分義」以降が明らかにされていくわけです。そういう意味では「玄義分」というのは大きな意味というか、決定的な意味を持っているわけです。

その「玄義分」で七門に分かちまして、善導が特に『観無量寿経』に関しては、これだけのことは押えておかなくてはならないという七点をはっきりと押えきっておいて、その押えの上に立って、

これ従り以下は、文に就て料簡するに、略して五門を作くて義を明す。（『全集九』四三頁）

と、こういうふうになるわけです。だから、「玄義分」が終って、これからは「序分義」であって別なことを始めるのだということではなくして、善導の感情のなかでは、はっきり最初に示したことをここで受けてきている、これはずいぶん大切なことではないかと思うのです。

なぜかといいますと、ここでも文義、つまり文について義を明すと言うていますけれども、「序

分義」「定善義」「散善義」と全部「義」という文字で押えられております。その文義の部分として、実は義として見るべき事柄が三つあるわけです。『観無量寿経』という経典の内容、つまり文義を明らかにしていこうとする時には、序文と定善と散善と、義を一つ一つ独立して押えていかなくてはならないというわけです。こういう押えかたのところに善導の主張があるわけです。いわば、書物の題名がすでにして内容を完全に名告り切っているということがあるわけです。言い換えれば、玄義分・文義分は完全に独立した位置をもっている、その一つの部分である文義分には明らかにすべきことが三点あるというわけです。三冊あるのではなくして三点あるということが大事なことなのですね。

ところが、もう一つここで押えてある大事なことは、その三点のものが単なる三冊の本ではないという証拠が一つあるのです。それは何かというと、いちばん最初に五門料簡というふうに言いますね。そうしますと、善導は三冊の本を書こうとして書いているわけではないということがはっきりわかります。一貫していうならば、五つの問題があるというわけです。つまり、『観無量寿経』のなかには序文における義と、定善における義と、散善における義と、この三つの大切な義理がある。ところが、それは料簡、つまり明らかに見開いていこうとすると、実は三分にされるのではなくして五つに分けられるというのです。だから、そういう意味では常識を破っていますね。

文義分は三冊ですから、当然三つに分けていいはずです。あるいは序・正・流通という三分法にしたがうという、通途の義だけによるならば、やはりまた三つに分けてよいわけです。ところが文について義を料簡しようとするときには、五門に料簡すると言うていて、本の名前の如くに見せながら、その料簡すべき義理としての内容は何かというと、序文と定善と散善だというわけです。こういうふうに、もうすでに主張があるわけです。だからそこで大事なことは、三冊の書物の名前として後の三義があるのではないということが、われわれの念頭で押えられていなくてはならないということなのです。

そしてもう一つは、その三義、つまり序分の義、定善の義、散善の義という三義を明らかにするには、単なる序・正・流通といわれる、いわゆる仏教の経・論・釈についての常識であるところの分段の切り方にのっとって、ただ通途の義で解釈するのではなく、独自の領解があるということです。つまり義としては三つ、料簡するには五つと、こういうふうにはっきりと限定をしていくわけです。こういうところに善導の経典に対する明瞭な領解があるわけでしょう。読んでいけば、そのうちに何か問題が出てくるだろうというような漠然としたものではなく、はっきりこれだけだと押えている。これ以上でもないし、これ以下でもない。文字通り、

一句一字加減すべからず。（『全集九』二二〇頁）

という精神が、すでに領解のなかにあるわけです。だからして、後はその序分義・定善義・散善義と三義ですけれども、分かつていうならば五つです。一貫して見ていく問題点としていうならば、それは決して三つの部分ではなくして五つに分けられる。この五門料簡ということが大事なことなのです。

その五門料簡のいちばん最初は、「如是我聞」という『観無量寿経』の最初の言葉から、散善顕行縁が終り定善示観縁が終って韋提希夫人が光台現国のなか、つまり阿弥陀仏の眉間から放たれた光の台のなかで諸仏の世界を都見して、そして韋提希自身が「教我思惟、教我正受」と、こう言うていくわけですね。あそこで、未来世の一切の衆生は五苦に逼《せ》められて浄土を見ることができないであろう、だがいかにしたら浄土を見ることができるのでしょうかと、こういうふうに問いますね。その問いまでが序文だと、こういうふうにまず押える。それが第一の部分です。

第二の部分は、こんどは「日想観」の最初の言葉「仏告韋提希。汝及衆生」と、こういうふうに「仏、韋提希に告げたまわく、汝および衆生は云々」と、あの「日想観」の最初の経文から下品下生のところまでが正しく「正宗分」であるというわけです。

ところが、もう一つ大事な問題としては、すぐに流通分にいかないで三番目には「説是語時」、「是の語を説きたもう時に、韋提希、五百の侍女と」というあそこですね。そこから「無量諸天、発無上道心」までを「得益分」だというわけです。つまり、そばで聞いていた諸々の天人などが韋提希とともに歓喜して菩提心を発したというあそこまでの部分、それを特に「得益分」と、こういうふうに押えたのです。一般的には、最初は「序文」、その次は「正宗分」であるとすると、その次には当然「流通分」が出てくるわけです。ところが、善導の場合はそう言わないのです。「正宗分」の次にもう一つ「得益分」というのを設けています。序・正・流通ではなくて、「得益分」という一つを設ける。ここには善導の一つの主張があるわけです。

そして、その「得益分」の後、仏が阿難を呼んで「汝好く是の語を持て云々」と、いわゆる仏が阿難に流通するところ、あそこをもって「流通分」とするわけです。そして、普通はこれで終ってしまうわけです。未来世に流通するのですから、これで終りです。ところが、善導は「流通分」まで押えておいて、ここでいったん経文を区切って、これだけの四つは「仏王宮にまします一会の正説」であると、こういうふうに言います。

そして、またここから一つの部分が分かれるわけです。この五番目は「流通分」の次ですから特別の部分があるわけではなくして、こんどは先の四つの部分全体に対して五つ目が出てくるわけです。ですから、先の四段全体が「王宮会」です。王舎城という、あの場所をもって仏法の会処《えしょ》とするわけです。

ところが、この経典は短い一巻の経典ですけれども、もう一つの会処を持っている。それは何かというと、「耆闍会《ぎしゃえ》」です。説法が終ってから釈尊が足も軽々と空を飛ぶようにして王舎城を発って、そして耆闍崛山に帰っていかれますね、そして耆闍崛山で持っていた多くの仏弟子たちに向かって、阿難尊者がまたその様子を説くという最後の一部分がある、それをもって「耆闍会」だと、このように独立の部分としたわけです。

しかも、その独立の部分である「耆闍会」というものが三つに分けられる。経文でいうならばわずか三行ぐらいの経文です。ところが、三行ぐらいの経文のなかに、しかもはっきりと序分・正宗分・流通分と、こういうふうに一つの経典の主題をちゃんとそこで押えているわけです。だから、『観無量寿経』という経典は一経であるけれども両会の経典だと、こういうふうに善導は見るわけです。これは正に善導独自の領解であり、主張であるわけです。

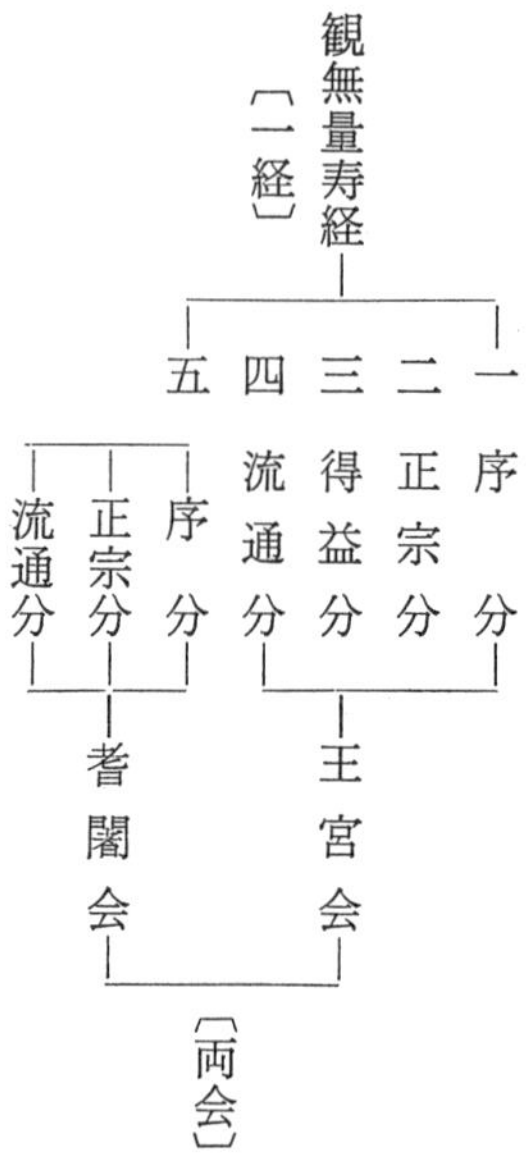

一経両会

『観経』という経典は一経である。決して『大無量寿経』のように上下二巻の経典ではない。あくまでも一巻ですが、一巻であるからというて、一ヶ所で説かれた経典ではないというわけです。これは大事なことなのです。いわゆる経典は、いつ・どこで・誰が・誰のためにということ、そのものが問題であるわけでしょう。そういう意味からして、この『観無量寿経』は一ヶ所で説かれたのではない、いわば仏が場所を移したというわけです。まったく違う二つの場所で説いたのです。

二つの場所で説いたということは、二つの現実で説いたということです。一経両会といって、二つの現実のなかでこの経は説かれている。ところが、一経両会であるけれども、両方とも同じ位で一経両会と言うているわけではないのです。先の「王宮会」は正説だと、こういうふうに押えています。押え方が厳密ですね。これもなんでもないことのようですが、ずいぶん大事なことなのです。

王舎城で説かれるような経典というようなものは大した経典ではない、特殊な経典だとこういうのが常識でしょう。ところが、善導は一経両会だけれども、仏が王宮にましまして説いたという、その一会の経説こそ正しく説くべくして説かれた経説、いわば出世本懐《ほんかい》の経だと、こういうふうに押えるわけです。だとすると、後の「耆闍会」というのはいったいどういうことになるのかというと、

阿難、耆闍の大衆の為に伝説する従りは、復是れ一会なり。（『全集九』四三頁）

と、こういうふうに「復《また》」と言うて耆闍会の方は押えています。だから、あくまでも一経両会であるけれども正説は「王宮会」である。そして「耆闍会」はそれを受けた説法だというわけですね。こういうふうに一経両会ということが主張されるわけです。

あの『大無量寿経』は反対に一双一会の経ですね。いわゆる上下二巻あるわけですから一双です。『観経』は一経両会、一経であるけれども場所は二つ、『大無量寿経』は二巻に分かれて一双をなしているけれども一会の経説だと、これは大事なことです。なぜかというと、『大無量寿経』は上巻と下巻とでは全く様相が違うわけです。内容が違うわけですよ。従来から、憬興《きょうごう》という人の解釈

の言葉にしたがって、上巻は如来浄土の因果を説く、下巻は衆生往生の因果を説くと、こういうふうにいわれていますね。つまり、上巻は仏を説くのであるし、下巻は人間を説くのです。世界ということでいうならば、上巻は浄土を説くのであるし、下巻は穢土を説くのです。だから、浄・穢二土を説き、如来と人、覚者と未覚者とを説くけれども、その全体が実は一会の経説であって、一つの教えとしてあるわけです。人間が明らかになるというのも一会のなかにあるのだし、仏が明らかになるのも一会のなかにある。もう一つ言えば、浄土が明らかになるというのも、穢土が明らかになるというのも一会の内容だというのです。

ところが、『観経』はそうではないわけです。いわば一経一会では人間の救いというものが明らかにならないところに、人間という存在の厄介な問題があるわけです。人間がほんとうに教法によって救われるためには、仏が座を動かさなくてはならないという問題があるのです。仏自身が仏の場所を捨てて、そして他の場所へ出てこなくてはならない、つまり人間の場所へ出てこなくてはならないわけです。ところが、人間の場所へ出てきただけで終ったのであれば、これはミイラ取りがミイラになってしまう。改めて仏の所へ帰らなくてはならない。ずいぶん御苦労な話ですが、その御苦労をさしているところに、『観無量寿経』という経典の大きな意味があるわけです。そこが一経両会というて、善導が特に力説する点であるわけです。

序分の決定

善導は『観経』を五門に料簡していくわけですが、その五門のところでどこに注意しなくてはならないか。どういうところに善導自身は着眼し、どういう主張をしているのかというと、まず第一には序分が長いということです。この五門に分けるなかでいちばん大きな一つの特徴は、序分が聖道の諸師とくらべるとずいぶん長いということです。これがまず第一のことでしょう。

一つに「如是我聞」と云う従り下「五苦所逼云何見極楽世界」と云うに至るまで已来は、其の序分を明す。（『全集九』四三頁）

と言うて、ここまで序分であると言うところに善導独自の『観経』の領解があるわけです。善導は序分を三序六縁というふうに分けています。呼び方によっては二序七縁だと言う人もありますけれども、正確には三序六縁でしょう。つまり、証信序・化前序・発起序それから禁父縁・禁母縁・厭苦縁・欣浄縁、そして散善顕行縁・定善示観縁の三序六縁とされています。

このように序分がずいぶん長いわけですが、経典を読む常識と申しますか、いわゆる経典を読む立場でいくならば、どんなに無理してもこんなに序分が長くなるはずがないのです。序文はもっと短いはずです。

たとえば浄影寺慧遠《えおん》の解釈ですと、序分というのは韋提の愚痴までだといいます。つまり、韋提希夫人が一室へ閉じ込められて、その一室へ閉じ込められたなかから、遙かに耆闍崛山に向かって、「我いま愁憂す」と訴え、目連と阿難尊者を遣わしてくれと泣きながら求めますね。そして頭を挙

げてみると、目連と阿難尊者だけではなくして目の前に仏陀釈尊がお立ちになっておった。それを見て韋提希自身が、

世尊、我宿何の罪ありてかこの悪子を生める。世尊復何等の因果有りてか、提婆達多と共に眷属たる。(『真聖全一』五〇頁)

と、このようにあの韋提希の口をついて出た言葉、あそこまでが序分だと、こういうふうに言います。このように見るのは常識ではないでしょうか。

そして、韋提希は「唯、願わくは世尊」と言うて浄土を願う、いわゆる仏の説法を願うわけです。そのところから後は「正宗分」だと、こういうふうに浄影寺慧遠は見ていきます。これは経典の解釈としては健康な解釈でしょう。韋提希の請によって仏が目の前に出てきた。そのとたん、自分の思いもつかないことを言うてしまった。言うてしまったなかから「唯、願わくは世尊」と、こういうふうに仏に説法を請うのですから、その請いに応えて説法が始まってもまだ序分だというわけにはいかないのであって、仏の説法が始まったら正しく正宗です。だからして浄影寺慧遠は、そこが切り場であって、「与提婆達多共為眷属」というところまでが序分で「唯願世尊」以下は「正宗分」であると、こういうふうに言うわけです。

また嘉祥寺吉蔵《きちぞう》はもっと短いのです。「願わくは世尊」とお願いをして、そして阿難と目連とを遣わして下さいと、こういうふうに頼みますね。その頼んだ言葉までが序分であって、「時に韋提希、礼しおわりて頭を挙ぐるに、世尊釈迦牟尼仏を見たてまつる」という、いわゆる目の前に釈尊

が出てきたところからは「正宗分」だと見ていきます。これもまた健康な常識だと思うのです。仏の話というのは、口で話したところから話が始まるのでなくして身業《しんごう》説法ということがあります。姿がもう目の前に現われた時から説法は始まっているのです。だとすると、身業の説法が始まっているのにまだ序分だというわけにはいかない。これが吉蔵の着眼点です。

また天台大師智顗《ちぎ》の『観無量寿経疏』というのがありますが、序分の切り方は、これが諸師のなかではいちばん長いのです。智顗は光台現国を含めて、光台現国から後は全部「正宗分」だと、こういうふうに見ているのです。これも一つの着眼でしょう。

このように見てきますと、浄影寺慧遠の解釈がいちばん常識的なのでしょう。「唯、願わくは世尊、我が為に」と、こう言い出したところから「正宗分」だというのは、怨嗟《えんさ》の情をぶちまけた韋提が仏の方を向いたのですから、そこから正宗分だというのは、最も常識的というか、健康な見方でしょう。

ところが、説法ということでいうならば、実は口を開いたところから始まるのではなくして、実は身業の説法も説法だという、そういう説法ということの定義にしたがって『観無量寿経』を見た時には、やはり嘉祥寺吉蔵の切り方がよくわかる切り方です。天台大師はもう少し内容に触れていこうとするわけでしょう。序分というのは、韋提希が愚痴も言い、浄土も願うて、そしてやがてその願うた韋提希の言葉にしたがって韋提希自身が光台に仏の世界を見るという事実が始まった。そこから実は「正宗分」だと言うのです。仏を見、仏の姿を見た。つまり自分の願いを口に出して言うて、その言葉に応じて光台現国を見た。いわば求めた意志に応えて光台現国を見た。その見たところから実は「正宗分」だと見ていくわけです。これもまあ、いわば先の浄影寺慧遠・嘉祥寺吉蔵の解釈をもう一歩進めて、「正宗分」という位置を決定せしめていこうとするいき方なのです。

そういう意味で、序分の部分がいちばん長いのが天台大師です。序分というのは、どんなに長くみてもこのへんまででしょう。これ以上長くみるわけにはいかんでしょう。ところが、善導はそうは言わないのです。それどころではなく、「汝今知れりやいなや。阿弥陀仏、ここを去ること遠からず」と釈尊がしゃべり出しても、まだ序分だというのです。釈尊が「即便微笑」、つまりにっこりお笑いになって「汝今知れりやいなや。阿弥陀仏、ここを去ること遠からず」、こう言うでしょう。このあたりまできたら、すでに釈尊がしゃべり出したのですから、それも序分だというわけにはいかないでしょう。ところが、善導はまだ序分だというのです。

さらに、「諦聴諦聴、善思念之」と、こう言うて、釈尊がわざわざ韋提希を呼び、阿難を呼び出します。韋提希を呼び阿難を呼ぶということは、対告衆であるところの韋提を名ざしで呼び出すと同時に、未来の衆生のために経を伝持していく役割を果たしうる阿難を呼ぶということですね。直接の説法を聞くものの名を名ざしで呼んで、そして未来世の一切衆生のためにこの経の精神を伝えるべき役割をたくしている仏弟子をまた名ざしで呼んでいる、そして「諦聴諦聴、善思念之」と言う。「諦かに聴け、諦かに聴け。善く之を思念せよ」と、こういうふうに注意を与えて説き出すわけです。それでもまだ善導は序分だというのです。

正宗分というのはどこから始まるのかというと、ほんとうの正宗分は実は日想観から始まるのだと見るわけです。釈尊がしゃべろうが、「諦聴諦聴」と念を押そうが、そんなことに問題はないということなのですね。だいたい、諸師方の解釈のなかには一つの規定があるわけでしょう。経典についての基準を設けて、どの基準に合わせてこの経典の分段を切るかということが問題だったのですが、善導の領解で序分が長いのは、特色がどこにあるのかと申しますと、いったい誰のためにこの経典は説かれているのかというところに立つということです。誰のための仏説かというわけです。

善導は、韋提希に対してしゃべっているだけがこの経典の全部ではないというのです。これは大事なことです。韋提希に対してしゃべっているだけならば、せいぜい序分は天台大師が見ているところまでで十分なのです。いわゆる、韋提希という一人の人間に対して説かれる経典だというだけならば、序分は最大限長くしても天台大師が見ているあの辺でも十分なのです。もう少し長くみても「即便微笑」から後は完全に「正宗分」です。

具体的自己の救い

ところが、善導はこの経典はいわゆる韋提希のみに説かれた特殊経典ではないと言うのです。かというて、一般論としての経典でもない。ではいったいこの経典は誰に向かって説いているのかというと、韋提希及び未来世の一切衆生のために説いているのだと、こういうわけです。だから、韋提希および未来世の一切衆生のためにという対告衆が明確になるまでは全部序分だということです。

これは大事なことですね。われわれはうっかりしますと、これだけ善導の『観経疏』を読んでおりましても『観無量寿経』の対告衆は韋提希だと、このように決めてしまっています。韋提希は対告衆でないことはありません。対告衆であることはまちがいのないことです。しかし、経典そのものは韋提希および未来世の一切衆生のために説かれたわけです。そうするとその未来世の一切衆生が、正しくこの経典の対告衆だということが、経文そのものの上に明瞭になるまでは序分なのです。ここらがなかなか見つからない一点ですね。

この経典は決して韋提希一人、いわゆる韋提希という個人のために説かれた特殊経典ではないというのです。韋提希および未来世の一切衆生のために説かれたのがこの経典だ。とすると、そのことが明瞭になるのはどこかというと、「日想観」に入る初めでしょう。「日想観」に入る初めのところ、いわゆる韋提希自身の言葉としてそれは明瞭になるわけです。韋提希自身がこういうふうに言うでしょう。「定善示観縁」のいちばん最後のところで韋提希自身が仏に向かって、

時に韋提希、仏に白して言さく、世尊、我が如きは今仏力を以ての故に、彼の国土を見たてまつる。若し仏滅後の諸の衆生等は、濁悪不善にして五苦に逼められん。いかにしてか当に阿弥陀仏の極楽世界を見たてまつるべき。(『真聖全一』五一頁)

このように韋提希自身の言葉として出てくるわけです。これは、大事な着眼だと思います。韋提希自身の口をついて出た怨嗟の言葉のなかから「唯、願わくは」と願い出て、それに対してもうすでに説法は始まっている。始まっているといっても、善導は韋提希一人の救いは韋提希という個人の

救いではないのだということを見つめているわけですね。そこには善導自身の救いがかかっているわけです。善導自身の救いが善導個人の救いでないことを具体的に見ているわけでしょう。

そうすると、やがてそれは韋提希自身の救いは、単に自己が救われていくということではなく、未来世の一切衆生の救いを求める言葉のなかに韋提希の救いがあるわけです。そこからが『観経』の「正宗分」だというわけです。これは大きな着眼でしょう。いわゆる韋提希自身をして自分の救いの内容は何かを語らしめるわけです。韋提希自身が仏に遇うて仏の身業の説法を受け、仏の口業の説法を受けつつ説法のなかで韋提希自身が、自己が救われるということはいかなることなのかを、自己自身の言葉として語らしめられるわけです。

このへんもうっかり読んでいきますと誤解するのです。いわば、「わたしはもう仏の力によって浄土を拝むことができました。しかし、これから後に生まれた人間は仏滅後の衆生だから仏さんに遇うことができないでしょう。そういう人のために老婆心ながらお伺いしますけれども、その人たちはどうしたら救われますか」というような話ではないわけです。

そうではないのであって、自分は今、仏力によって仏の世界を拝むことができた。しかし、自分の心のなかに浮んできたのは、自己の救いとはいったい何なのかという問題が浮んできたというわけです。問題提起なのです。いうならば、仏の世界を見ることによってほんとうの救いとはいったい何なのかということが、初めて自己の問題になってきたということです。今までは観念の自己の救いだったわけでしょう。孤立化した救い、つまり一切の大衆から切り離された、業縁の世界から切り離された、いわば抽象化された個人の救いが韋提希のなかの主題だったわけです。そういう抽象化された人間の救いが主題になる人間の在り方を、仏自身が光台現国というような苦労を通して、あるいは「諦聴諦聴、善思念之」という呼びかけを通して開いていく、開いていくことを通して、実は韋提希自身のなかに自己の救いとは何かがほんとうの課題にならなくてはならなくなるわけです。

他のものから切り離したというのは勝手に切り離したのであって、実は抽象化したということです。抽象化した個の救いではなくて未来世の一切の衆生までを自己のなかに包むような、そういう具体的な自己ですね。歴史的な社会的な具体的存在としての自己の救いが、実はわたしを救って下さいという言葉でなくして、未来世の一切衆生の救われる道はどこにあるのですかという問いを通して、自己の救いを問うているわけです。

わたしの救いはもう終った、仏の力によってわかった、だからこれから後は未来世の人々のために説いて下さいというだけのことならば、『観無量寿経』という経典はずいぶん呑気《のんき》な経典だといわなくてはならないですね。簡単に韋提希自身の救い、韋提希個人の救いで終始するのであれば、『観無量寿経』という経典は大乗の経典ではない、少なくとも声聞《しょうもん》の経典ですよ。ところが『観経』は大乗の経典であるけれども、同時に韋提希一人の救いというところに具体化する経典である。しかし、韋提希一人のところに具体化する救いというのは、韋提希自身のなかに人間存在の具体性が、問いとなって問い出されるようなところに説き出されてくる救いだというわけです。

だからして、未だかつて一度も発したことがないような言葉が韋提希の口から出てくるわけでしょう。抽象化した自己しか語ることができない人間に、初めて具体的な生命の事実に触れえた言葉が出るわけです。五苦に逼められるような未来世の一切衆生は、どうしたならば阿弥陀仏の極楽世界に生まれることができるか、どうしたならば阿弥陀仏の極楽世界を拝むことができるかという、ほんとうに具体的な自己なる存在の問題が問いとなって出る、その問いに答えて「日想観」から説き出される、それこそ、そこからが「正宗分」だと、こういうふうに善導は序分を見ていくわけです。そこに三序六縁というような、大きな問題があるわけです。このように、序分が非常に長いというのがまず第一の五門に分けるところの善導の大きな着眼点です。

経典の正宗

その次は、「正宗分」ですが、日想観から始まる定善と、下品下生の、いわゆる散善の終りまでが「正宗分」だと、こういうふうに切ってあるのは、何でもないことを言うているようですけれども、実はここに大事なことが示されているのです。というのは、単に日想観から始まって下品下生のところまでが「正宗分」だと言うているだけではなくして、「正宗分」から分けて、第三番目に改めて「得益分《とくやくぶん》」を設けているということです。普通なら得益というのは正宗に続くわけでしょう。だから、「正宗分」の中身です。これは当然なことであって、そういうふうに『観無量寿経』はなっているわけでしょう。

『観無量寿経』の最後の方を見ますと、次のように言うてあります。

是を下輩生想と名け、第十六の観と名く。是の語を説きたもう時、韋提希、五百の侍女と、仏の所説を聞きて、時に応じて即ち極楽世界の広長の相を見たてまつることを得て、心に歓喜を生じ、未曽有なりと歎ず。廓然として大悟し、無生忍を得たり。五百の侍女、阿耨多羅三藐三菩提心を発し、彼の国に生れんと願ず。世尊悉く記したまわく、皆当に往生すべし、彼の国に生じ已りて、諸仏現前三昧を得んと。無量の諸天、無上道心を発せり。（『真聖全一』六五頁）

いわば、完全に救いは成就したというわけです。普通ならばここまでが「正宗分」ですよ。説法が終り、終った説法を聞いたものは全部救われた、というところまでが、これが『観無量寿経』の正宗分であるはずです。

ところが、善導の見方は違うのです。下品下生までは「正宗分」である。しかし、そこから改めて得益という部分があるところにこの『観経』の独自性があるというわけです。なぜかというと、「得益分」はここで得益したと書いてあるのではないのだというわけですね。これはあの「玄義分」の七門料簡の七門目に、韋提得忍という問題を特別に設けたでしょう。韋提希が無生法忍を得たというのは、どこで得たのかという問題を立てて、聖道の諸師方は全部この得益分まできて得益をしたと言うたでしょう。つまり、十六観終った、ここで韋提希が救われ、五百の侍女も救われたというわけです。「廓然大悟、得無生忍」と書いてあるのですから、経典にしたがって正しく領解をしたわけでしょう。

ところが、善導はそこで救われたのではないと言うのです。確かに「得無生忍」と書いてはあるけれども、そこで救われたのではない。どこで救われたのかというと、華座得忍だと言うています。第七華座観のところに、釈尊の説法が消えると同時に空中に弥陀三尊が現われた。あそこで阿弥陀仏を拝んだではないか、あの阿弥陀仏を拝んだところが実は韋提希の得忍の場所だと、こういうふうに主張したわけでしょう。

とすると、ここで「得益分」を設けたのは何を意味しているのかというと、『観無量寿経』はいわゆる単なる釈迦教でないということです。単なる釈迦の説法によって人が救われたというような、そんな直線的な話ではないというのです。確かに仏陀釈尊の説法によって救われたには違いない。しかし、釈尊の話を聞いていたら救われていったというような、そういう一直線の平面的な問題ではないというのです。いわゆる二尊二教ということが主張されているわけでしょう。

ところが、二尊二教というものがはっきりしていても、二尊二教がいつまでも平行線でいくなら救いは成就しません。釈尊の話は釈尊の話でいつも向こうを指している、阿弥陀は阿弥陀でこちらを向いておって、交わることなく永遠に平行線なら救いにならないわけです。二尊二教が二尊一教の場をもっている、これが救いということで、教主は釈尊だ、救主は阿弥陀だとか言って、教主と救主がバラバラではないのであって、教主釈尊の教えがその人を発遣《はっけん》することによって、救主阿弥陀仏に救われることが一つになる。一つになるという事実を経典のなかで象徴的に示したのはどこなのかというと、華座観の初めです。

釈尊の説法が消える、消えるとそれに応じて阿弥陀仏が現われたというわけです。そこに二尊二教の教えが一つになっているわけです。二尊二教がいつまでも二尊二教なら、これは救いが成就する時はありません。ところが、一尊一教、いわゆる釈迦一尊の教えであるならば、へたをいたしますと道徳的な訓導ということで終っていくわけです。道徳的宗教で終るわけで、真の救済ということはそこにはないわけです。

『阿含経』に始まった釈尊の経典が、いわゆる大乗経典を開いてきたということは、実は具体的には一尊一教ではないということを明らかにしようとしたわけでしょう。真の救いとは法に救われるのであって、人に救われるのではないということを言おうとするのですけれども、その法に救われるということはいったいどういうことなのかという具体性がそこに押えられなくてはならないわけです。その一点が実は教主は釈尊だ、救主は阿弥陀仏だと、単に法に救われるのではなくして阿弥陀に救われるのだ。その救い主は阿弥陀であり、教え主は釈尊だと、ここに救主と教主との分限が明瞭であって、しかも救いの事実は正に教主の言葉が救主の救いの事実として具体的に実現するということが大事なのだということです。

その場所は『観無量寿経』のなかで捜すならばどこにあるかというと、あの第七華座観の始まる最初のところにあるわけです。ところがこういうことは、善導に指摘されて初めて領解できることであって、普通は見落としてしまうことです。しかし、善導はその座こそ大事だと言うのです。阿弥陀の立つ座こそ大事であって、阿弥陀を見るということは、むしろ座を見るということだというわけです。阿弥陀のまします世界がわからないのに阿弥陀のありようがないのであって、場のない救いというのは観念です。具体的な場、阿弥陀の現前する場が押えられて華座、つまり蓮華の座としての場があるわけです。

蓮華の座としての場というのは、もっと押えていうならば、泥沼ということです。高原の陸地には蓮華の花は生じないのであって、卑湿の汚泥にこそ蓮華の花は開くのです。蓮華の座は美しいと言いますけれども、あれは美しい象徴ではなく、泥沼の象徴です。泥沼こそ阿弥陀の場だと、泥沼を離れたところに阿弥陀の世界を求めているのが、いわゆる救いの観念化です。しかし、われわれはそういうかたちでしか救いを求めようがないわけでしょう。泥沼のほかに救いを求めるというのが、悪いのでもなければ、良いことでもないのであって、救いを求める者の現実です。しかし、泥沼こそ救いの場所だと、こうならなければ救いは具体化しないわけです。

ところが、多くの方々は『観無量寿経』を読む時に、正に「真身観」こそ阿弥陀の救いの場所だというわけでしょう。これはいわば常識ですよ。そして、「真身観」から後は何かというと、「真身観」の具体化だと、こう言うているわけでしょう。ところが、善導は文字通り「真身観」は救いの現実、阿弥陀の現実だ。しかし救いの事実、救いの成就はどこにあるのかというと、阿弥陀の立ちたもう座の発見にあるのだと言うのです。その座は泥沼だから救われるのではないのです。泥沼がただ泥沼であるだけなら救いではありません。やはり苦しみです。その泥沼が釈尊の説法の場所となっているわけです。その泥沼こそ説法の場所であって、やがて泥沼こそ説法が生命をかけて説かれて、その説法が話として終らなくて、その人のなかに阿弥陀仏を誕生するような場所だということです。それ以外に救いの場所はない、得益はそこなのだということを、実は経典の終りに改めて確認したのが「得益分」だというわけです。このように、「得益分」を置いたというところに大きな着眼があると、これは「玄義分」のいちばん最後のところで明瞭になっていたわけでしょう。

応答の二重性

ところが、もう一つ大事なのは、先ほど申しました一経両会ということです。ともかく善導がこういうような具体的な押え方をしていったことが、実は『観無量寿経』という経典を正当に位置づけたということである。単に『観無量寿経』の内容を解釈しただけでなく、位置づけをしたということです。

どういう位置づけをしたかというと、『観無量寿経』は菩薩蔵の経典だということです。大乗の経典であり、菩薩蔵の経典であり頓《とん》教である、こういう位置づけをしたわけです。普通には『観無量寿経』という経典は、確かに頓教かも知れないけれども、特殊経典だというわけでしょう。ところが、そうではない、実は頓教とか、菩薩蔵とか、大乗とかいう意味は、この『観無量寿経』で成就するのだと、これが善導の独自な主張です。その独自の主張が「王宮会」と「耆闍会」とに分けたことにあるわけです。これが経典の位置づけでしょうね。序分を長く読んできたのも、「得益分」

を置いたのも、実は『観無量寿経』という経典の性格を明瞭にしてきたことですけれども、その性格を明瞭にしたということは『観無量寿経』という経典の位置づけを明らかにしたことなのです。

そうすると、その位置づけというのはどういう位置づけなのかというと、『観無量寿経』は一経両会だと、これが『観無量寿経』の位置づけです。一経一会の経典ではないわけです。釈尊はどこで説法したかということです。もう少していねいに言いますと、耆闍会とは申しませんが、最初から釈尊は王舎城の王宮においでになったわけではないでしょう。最初おられた所は、言うまでもなく耆闍崛山です。耆闍崛山において、文殊師利法王子をもって上首と為す三万二千の大菩薩を背景とした千二百五十人の仏弟子を前にして説法されておったのです。そのいちばん最初に耆闍崛山においでになったというところから耆闍会が始まるわけです。

その耆闍崛山は大乗の説法をしておられた法会の場ですね。その大乗法会の場である山から降りてきて、再び山へ帰られた、というところに『観無量寿経』の意味があるというわけです。ということはいうまでもなく、実は山から出てこられた時の出方と、帰る時の帰り方が違うわけです。出てこられる時には韋提希の「愁憂憔悴」の言葉を聞いて、それに応えて釈尊自身は出てこられるわけです。

経文では、

爾の時世尊、耆闍崛山に在まし、韋提希の心の所念を知うしめして、即ち大目犍連及び阿難に勅して、空より来たらしめ、仏も耆闍崛山より没して、王宮に出でたもう。（『真聖全一』四九頁）

と言うています。あそこに釈尊の出方が現わされてあるわけでしょう。「その時」とは、韋提希が王舎城の一室に閉じ込められたという「その時」ですね。その時釈尊はどこにおいでになったかというと、「耆闍崛山に在まして」と念を押しています。その時世尊は耆闍崛山に在まして何をしておられたかというと、説法していたという話ではないのです。耆闍崛山に在まして韋提希の心の所念を知ろしめしたと、このように言いますね。

耆闍崛山、つまり山においでになって里の人の心を御覧になったというわけです。いわば大乗の真理を説いておいでになって、その真理を説く心のなかに、実は一苦悩の衆生の心の所念を知ろしめしたというわけです。心の所念を知ろしめしたということは、現に苦悩する人間が何を願うておるのか、問題は何かということを見抜いたということです。真理を見る目が同時に現実の根元を見たというわけです。真理を見る目が、そのまま現実の現象を見たと言わないのです。韋提希の心の所念、つまり、愚痴を言うている韋提希自身すらもわからない韋提希の本心を見たというのです。悲劇のなかに泣いている韋提希という人の、人間の事象を見たのでなくして、泣かなくてはならない心根を御覧になったというわけです。人間の悲劇を見たのでなくして、人間の悲劇性を見たわけです。

だからして、あの耆闍崛山から王宮へ出られる出方は二重の出方をするわけでしょう。一つは韋提希の言葉に応じて目連と阿難尊者を空から遣わしたわけです。堂々と出て行ったのはお弟子の方なのです。堂々と空から遣わした、それは韋提希の言葉に応じて遣わしたのです。韋提希が願うたのはやはり釈尊ではなくして阿難と目連なのですから、その目連と阿難とに会わせて欲しいと願うた声に応じて、空から遣わしたわけです。行けと言うたのでしょう。ところが、行けと言うただけで、自分が出て行かなくてはいつまでたっても救いになりません。心の所念が開かないわけですから救いにならないわけです。ところが、阿難と目連では駄目だと言うて、釈尊が一人出てきたのであれば、韋提希のなかにほんとうの救いは成就しなかったでしょう。暴力でねじふされただけの話になります。

表面に現われた韋提希の悲しみ、その表現に応ずるということと、同時にその表現の根元に応えるという二重構造を、救いというものはもつわけです。その二重構造をもつというところに、この『観無量寿経』という経典が、大乗教であって、しかも端的に凡夫の救いを明らかにする経典だという意味があるわけです。だから、その一方だけですと、いわゆる、声聞の二乗の経典に転落するか、あるいは単なる観念の救いに転落するか、どちらかでしかないという問題があるわけです。だから、空からやってきたのは二人の仏弟子であった。ところが韋提希の心の所念を知ろしめした釈尊はどのようにして出てきたかというと、「没して王宮に出でたもう」わけです。あれはこそこそと逃げ隠れするようにして出てきたというわけでない、「没して」ということは、わからないということです。釈尊が隠れたのではないのであって、韋提希が隠したわけです。

いわゆる心の所念を開かない者にとっては、釈尊の御出世ということはわからないわけです。釈尊の出世本懐というものは自己の出世本懐に触れずしてはわからないという問題があるわけです。

わたし自身の出世本懐というのは、わたしの本心にめざめるということにおいて仏陀釈尊の御出世がわたし一人のためと、このように頷けてくるということです。そこに心の所念を知ろしめしてお出ましになった釈尊の姿は、その心の所念を開くまではいかなる者にとっても秘密なのです。公開の秘密です。いわば、隠れて出てきたのではなくして、隠れるような事実として現われるわけです。そこに問題として出てくることは何かというと、釈尊をあらわにするのはわたしだという問題があるわけです。いうならば、仏陀をして仏陀たらしめるのはわたし自身だと、こういう問題が隠れているわけです。

普遍と具体

仏にしてみれば、没して出てくる限りにおいて、永遠に没するかも知れぬというところに仏の生命がけの問題があるわけです。仏は生命をかけておられるわけです。自分はもはや永遠にあの耆闍崛山の真理の場所に帰ることができないかもわからないというかけです。救いが一つのかけになるわけです。とすると仏が生命をかけたことは同時に人間が生命をかける場所できり結ぶわけでしょう。

韋提希の問いに対する平面的な答えは、二人の仏弟子で出ているわけですね。それが答えにならないというところに人間の問題があるわけです。その問題とは、平面的な答えは答えにならないという根元がわたし自身のなかに明らかになる、ということによって答えが見つかるわけです。それまで「我行精進、忍終不悔」であって、仏自身は没しておらなくてはならない、こういう問題があるわけでしょう。

そういう意味で、王舎城の耆闍崛山で説法しておられた釈尊が、韋提希の心の所念を知ろしめして没して王宮に出てきた。正に真理が除苦悩法として宗教の真実として証しされるかどうかの場所へ、釈尊自身がお出ましになったということです。そこに宗教における普遍と具体という問題があるわけです。真に具体的な救いというものは、普遍の真理においてしかないということがありますと同時に、真に普遍的なるものは具体的な事実とならない限り、普遍的という権利がないというわけです。いわば宗教の権利問題です。ほんとうに普遍の真理というものが、普遍だと言いうる権利はどこにあるかというと、それは具体的であるというところをくぐらなければ権利がないのです。一つの哲理であることは許されるかもわからないが、宗教でありうるかという問題があるわけです。普遍なる法が特殊の機を正機として、そこに具体的な除苦悩法としての真実を開くか開かないかという大きな問題があるわけです。

ところが、それだけならば『観無量寿経』という経典は特殊な経典だということで終ってしまいます。つまり、一凡夫のための特殊な経典、いわば大乗経典のなかの極めて特殊な除外例であるわけです。『法華経』とか『華厳経』とか、あるいは『観無量寿経』をくぐらない『大無量寿経』とか、そういう経典から見るならば、『観無量寿経』というのは大乗経典であることはまちがいないけれども、しかし極めて特殊な、例外的な経典だというだけの話でしょう。例外だというだけの話ならば、宗教になり得たかは知らないけれども、例外だというだけの話に終ってしまいます。

ところが、善導はそれは例外ではない、それのみだと言うわけです。この経典のみが、実は具体的な正機を待って宗教の真実となるということを証した経典であって、このような経典は他にないと言うのです。その一経のみだということの証しが、釈尊が山へ帰るということで明らかになるわけです。事実の場所をくぐって再び永遠の真理の場所へ帰っていくというわけです。永遠の真理が具体的な正機を待って真実の救いを成就する。成就するということは、実はそのなかへ埋没することではなくして、真に確かなこととして永遠の真理性を顕現するということです。具体性をくぐって真理性が顕現される、こういうところに、山へ帰るという『観経』の流通分の後に、「耆闍会」を置いているという大きな意味があるわけです。

禁父縁の前に「耆闍会」を置いてもよさそうな気もしますが、そうはしないのです。「王宮会」をくぐって「耆闍会」が開かれてきた、しかもその「耆闍会」は、ただ「耆闍会」でなくして、正しく釈尊についていって、やがて釈尊の教を後の人々に伝える役割を果たすべき立場の阿難尊者が、大乗経典を説く場所において、『観無量寿経』を伝説したということです。これは経典成立史の話では決してありません。いわゆる『法華経』が説かれ、『華厳経』が説かれ、そして『大無量寿経』が説かれたと同じ場所で『観無量寿経』を伝説したというわけです。『観無量寿経』だけ低いのではなくして、同じ位置で同じ場所で、実は同じ大衆に向かって『観無量寿経』を説いた、そこに大乗経典であることが明瞭であるわけです。

ただ他の経典と違うのは何かというと、王宮をともに歩いてきたということです。誰がというと阿難がです。伝持者阿難が王宮をともに歩き、その説法が具体的に真実の救いを成就する事実をまのあたりに見て、その感動をもって説いたわけです。阿難のなかに実《みの》りがあるわけです。充実感をもって説いた経典だということです。

そういう意味では、善導が、あえて「王宮会」に選んで「耆闍会」を置いたところには、実は単に王宮へ出てこられたという一方だけの問題ではなくして、大きな問題は、王宮の救済を成就して、成就の事実を耆闍崛山において証したということです。普遍の真理が具体的な除苦悩法、宗教の真実となったことを、ともに歩み、ともに見つめてきた阿難が自己の内に秘めて釈尊のお供《とも》をして、再び山へ帰ってきた、帰ってきた山で釈尊の言葉を、『法華経』や『華厳経』や『涅槃経』を説くと同じ姿勢で同じ場所で同じ大衆に説いたということです。ここに、「王宮会」という一会を開いたという意味があるわけです。

耆闍会の重み

そうしますと、短い『観経』の、しかも最後の二、三行を切り離して、序分・正宗分・流通分と三分して、善導が言おうとすることには重大な意味があるわけです。いうならば、あの二、三行の「耆闍会」は『法華経』とか『華厳経』に相当する重みがあるということです。そうしますと、あの短いところに序・正・流通があるということは、そのことが大乗経典だということを証明しているわけです。実はその大乗経典なのだということを明瞭にするために、「王宮会」に選んで「耆闍会」を置き、「耆闍会」を序・正・流通の三分に分かっていった、ということがあるわけです。そこに決定的な『観経』の位置づけがあるわけでしょう。だから、五つに分かったという意味がそういうところにあるわけです。

　それでは、善導は『観無量寿経』をそのようなかたちで五門に分けることによって、序・正・流通の三分法というものは全体については否定したのかというと、そうではなくして、そのままが三分なのだと平気で言い切っています。このへんが注意しなくてはならないところでしょう。それは、いちばん終りを見ますと、

　上来に五義の不同有りと雖ども、略して序・正・流通の義を料簡し竟りぬ。(『全集九』四四頁)

と、このように言うています。五門に分けて領解を述べておいて、五門を終ったと言わないで「略して序・正・流通の義を料簡し竟りぬ」と言うています。経典の通途の義を捨てたのではなく、経典の通途の義にのっとっているのだけれども、いわば具体的にそれを明らかにしたのだと言うわけです。しかも、そこでもう一つ注意しておきたいことは、「耆闍会」の流通分の終ったところで、改めてこの『観無量寿経』全体の位置づけを押えていますね。

　然も化は必ず由有り、故に先づ序を明す。由序既に興じて、正しく所説を陳ず。次に正宗を明す。為に説くこと既に周し、所説を以て末代に伝持して、勝を歎じて勧学せんと欲して、後に流通を明す。(『全集九』四四頁)

ここで明瞭に序・正・流通の三分の位置づけをしています。仏の説法教化というものは、必然性をもっていて必ずその説法教化の興るべき由序というものがある。だから、なぜにこの経典が興ったかという、その必然性を見抜かなければ経典の意味はない。だから、その序分に着眼しなければならないということがここで注目されているわけです。

化は必ず由がある。だからして、まずその序を明らかにしなくてはならない。その由序、この経典の説かれる理由が明らかになることを通して、正しく説かれる説法が何であるかが「正宗分」で明瞭になる。その説法がただ説かれたのではなくして、「既に周し」、つまり完全な、いわゆる円融満足の事実、完全円満な事実として説き終ったというところで、初めて末代に伝持するためにこの教えを勧め、そしてこの教えを讃嘆していくことによって「流通分」というものが説かれるのだというわけです。ここで、「序分」は何のためにあり、「正宗分」はそれを受けてどうなることであり、「流通分」はこういうことを明らかにするのだと、このように序・正・流通の三分を押えておいて、

上来に五義の不同有りと雖ども、略して序・正・流通の義を料簡し竟りぬ。（『全集九』四四頁）

こういうふうに善導は言うているわけです。これは短い一節ですけれども、これだけのところに、実は『観無量寿経』の着眼点の全部が尽くされているわけでしょう。そして、この一点の見開きがあるかないかということが一毫千里の差でありまして、『観無量寿経』が単なる大乗経典のなかの一特殊経典となるか、またはこれこそが大乗経典の唯一の宗教的真実を明らかに証している経典に

なるかという分かれ目になってくる。そういうことがここで明瞭になっているわけです。

第二章　感応道交せる事実

――証信序――

又就前序《ツイテサキノシヨノ》中《ニ》、復分《ワカテ》為《ス》二《ト》。一従《リ》「如是我聞」《ト云》一句《クヮ》、名《テ》為《ス》証信序《ト》。二従《リ》「一時」《ト云》下至《ル》「云何見極楽世界」《ニ》已来《ハ》、正明《クス》発起序《ヲ》。初《ハシメニ》言《フ》証信《ト》者《ハ》、即《チ》有《リ》二義。一謂《ニハイハク》、「如是」《セノ》二字《シハ》、即惣標《チソウノヘウス》教主《ヲ》。能説之人《ナリ》。二謂《イハク》、「我聞」《ノ》両字《ハ》、即別指《チノサス》阿難《ヲ》。能聴《チヤウ》之人《ノナリ》、故言《ニイフ》「如是我聞」《ト》。此即雙《レチナラヘテ》釈《スル》二意《ヲ》也。又言《フ》「如是」《ト》者《ハ》、即指《チサス》法《ヲ》。定散両門《ナリ》也。是即定《チレル》辞《コトハナリ》。機行《ノス》必益《スルコトヲ》。此明《ハス》如来所説《ノ》言無《コトハナキコトヲシヤクメウ》錯謬《アヤマリ》。故名《ニク》「如是」《ト》。又言《イフ》「如」《ト》者《ハ》、如《シ》衆生意《ノ》也。随《テ》心所楽《ノケウニ》仏即度《チ玉フニ》之《ヲ》、機教相応《スルヲ》、復称為《ノス》「是」《セト》。故言《ニフ》「如是」《ト》。又言《フ》「如是」《ト》者《ハ》、欲明《スト》如来所説《ノ》、説漸《トクコトセンヲ》如《ク》漸《ノ》、説頓《コトヲ》如《ク》頓《ノ》、説相《コトヲ》如《シ》相《ノ》、説空《コトヲ》如《シ》空《ノ》、説人法《コトヲ》如《シ》人法《ノ》、説天法《コトヲ》如《シ》天法《ノ》、説小《コトヲ》如《シ》小《ノ》、説大《コトヲ》如《シ》大《ノ》、説凡《トヲ》如《シ》凡《ノ》、説聖《トヲ》如《シ》聖《ノ》、説因《トヲ》如《シ》因《ノ》、説果《トヲ》如《シ》果《ノ》、説苦《トクヮ》如《シ》苦《ノ》、説楽《トヲ》如《シ》楽《ノ》、説遠《トオンヲ》如《シ》遠《ノ》、説《ト》近《コンヲ》如《シ》近《ノ》、説同《コトヲ》如同、説別如別《ノ》、説浄如浄、説穢如穢。説《フ》一切《ノ》諸法《ノ》千差万別《ナルヲ》、如来観知《ソレキ》歴歴了然《ネムナルコトヲ》。随心《テ》起行《ニスニヲ》、各益《スルコト》不同《スラ》、業果法然《トソ》、衆無錯失《スヘテシシヤクシチ》、又称為《ノス》是《セト》。故言《ニフ》「如是」《ト》。言《フ》「我聞」《ト》者《ハ》、欲明《ホスト》阿難是《レ》仏侍者《ノシニソ》、常随《ニテ》仏後《ニ》多聞広識《ナリ》。身臨《ミノソンテ》座下《サケニ》、能聴能持《クキ、クタモテ》、教旨《シ》親《シタシクウケテ》承、表《ヘウスルコトヲ》無《ナキコトヲテン》伝説之錯《ノアヤマリ》。故曰《ニイフ》「我聞」《ト》也。又言《フ》証信《ト》者《ハ》、欲《ホス》明《ト》阿難稟《ホム》承《シヨウシ》仏教《ヲ》、伝《テン》

持《チノ》末代《タイニ》一、為《メノ》レ対《タイスルカ》二衆生《ニ》一故《ニ》、如《ク》レ是《ノ》観法《ニ》我《レ》従《ヨリ》二仏一聞《キイテ》、
証‐誠《スルコト》可《ヘキコトヲ》レ信《シンシツ》上、故名《ニク》二証信序《ト》一。此就《レツイテ》二阿難《ニ》一解《ケスルナリ》也。

（『全集九』四四頁）

証信序の決定

先に善導は、

由序既に興じて、正しく所説を陳ず。（『全集九』四四頁）

と言うていますが、ここに非常に力を入れるわけです。仏の摂化には必ず明確な理由がある。その由序が明らかになった時、初めて説法は始まるのだと、こういうふうに押えております。このように押えているということは、善導にとっては、『観無量寿経』という経典はどういう序分をもっておるかということで、その内容が決ってくるというわけです。もっと言えば、その序分をどのように受けとめるかということが、経典をどのような経典として領解するかということになるのだというわけです。

いわば、ただ序文が書いてあって、序文が終ったから本文が始まったという話ではなくて、どのような序をもって経典が始まるかということは、どういう事実に対して説法が行なわれるかということの確認ということなのです。どんなことが説かれているかという関心ではなくて、どういう課題を持ち、どのような現実に生きる人間に対して説法がされているのかということです。その意味で経が説かれるべき理由が序に明らかになっているのであるから、その序をどう読むかということ

が、どういう経典であるかを決定する唯一の決め手になるというわけです。「化は必ず由有り」と言うたその序ですが、その序を大きく分けて善導は、「証信序」と「発起序」と二つに分けた。これも別に善導が独自に分けたのではなくて、経典というのは、どのような経典でもそのような約束にしたがっているわけです。どのような経典でもとっているかたちですが、そのことについて善導は、はっきり独自の決め方をしています。それは、経文のいちばん最初に出ている「如是我聞」という、この四字だけが「証信序」だと言うわけです。これは、善導が特に強調するところですね。そして、発起序は「一時仏在」で始まるところから後が発起序だと、こういうふうに分けるわけです。

普通、大乗の経典の通説といいますか、当たり前の理解でいうならば、六成就全部が証信序なのです。ところが善導はそうは言わないで、六成就全部が証信序ではなくて、「如是我聞」だけが証信序だと、このように決めたわけです。「一時仏」以後は「発起序」であって、『観無量寿経』という独自の経典を起こすところの独自な序だと言うています。このことにつきましては、天台大師智顗とか、あるいは三論の嘉祥寺吉蔵だとかいう人は、六成就全部が証信序だと言うていますけれども、浄影寺慧遠は少々注意深く述べています。証信序といわれるのは「如是我聞」である。しかし六成就の残りの部分は、証信序と決めるわけにもいかないし、発起序と決めるわけにもいかない、両義を兼ねておる。だから、これをどちらかに決めるのは独断だと、こういうようなことを言うています。

善導は違うのです。これは決めなくてはいけないというのです。六成就が全部証信序だというのは漠然とした言い方である。経典の形式論としてなら六つ全部が証信序だと言うてもいい、ところが「如是我聞」が証信序で、後の「一時」からはどちらでもいいというのは、あいまいな言い方だと言うわけです。それは、「証信」ということの意味がわかっていないから、そのようなことを言うのであって、証信序は『観無量寿経』に限っては特に決めなくてはならない、それはどう決めるかというと、「如是我聞」の四字だけが証信序だということだ、こういうふうに押えていったわけです。

このように言われてみるとそのとおりなのですよ。いつ・誰が・どこで・誰に・という四つの条件さえ整えば話は成り立つわけです。その四つの、どの条件が一つ欠けても話は成り立たないけれども、四つ完全に満たしておっても仏説は成り立たないということがあります。人間の話なら四つの条件が整えば成り立つし、それ以上何にも条件はいらないのです。

ところが、仏陀の説法は四つの条件だけでは成立しないわけです。仏陀の説法であるということの条件は、押えてみると「如是我聞」、ここで決まるわけです。「一時仏、在舎衛国、云々」という、このいわゆる時成就・主成就・所成就・衆成就という四つの条件は一般論であって、仏説であることの条件にはならないわけです。それが「証信序」といわれるような仏陀の説法であることはまちがいない、という決め手は四つの条件のところにあるのでなくて、「如是我聞」という、ここにある。これさえ決めれば後の四つの条件は言わないでも決っているわけです。「如是我聞」だけあって、ほかに人もいらなければ仏もいないという話では無いのであって、そんなことは言わないでも決っているはずです。

ここで大事なことは、証信序とは何かということが決まらなくてはならないということです。どこが証信序の部分だという話ではなくて、証信序というのはいったい何か。なぜそれが経文には置かれなくてはならないのかという、証信序ということの内容がはっきりしなければならない。こういうことを言うために、六成就全部が証信序だという考え方は形式論なのだ、かというて「如是我聞」と「一時」以後を分けて「一時」から後の四成就はどちらとも決め難いというようなのは、実は未決定なのだと言うわけです。決めなくてはならないのは、証信序がなぜ経典に置かれなくては成立しないのか、証信とはいったいいかなることなのか、ということを明らかにしなくてはならない。それは、他の話には決して出てこない「如是我聞」という二事、いわば四文字、これだけの意味を明瞭にしておかなくてはならない。このように善導は押えるわけです。もうすでにこのへんのところに善導の経典に対する姿勢が明瞭に出るわけですね。だから、次の書き方をみましても頷かれます。

初めに証信と言うは、即ち二義あり。一つには謂わく、「如是」の二字は、（『全集九』四四頁）と、こういうふうに始まっているでしょう。普通はこのような始め方はしません。そうでしょう。だいたい序分義の最初に、

一に「如是我聞」と云うより一句を名けて証信序と為す。二に「一時」と云うより下「云何見

極楽世界」に至る已来は、正しく発起序を明す。(『全集九』四四頁)

と言うたわけです。だとすると、初めの「如是我聞」を説明するのですから、「初めに証信序というは如是我聞なり。如是我聞というは」と、こういうふうに始めるのが普通です。証信序・発起序と並べたのですから、まず最初には証信序から説明する。そうすると、証信序というのは「如是我聞」であると、「如是我聞」というのはこれこれであると、こういうふうに書いていくのが普通ですね。ところが、善導はそう言わないのです。「証信序というは」と言わないで、

初めに証信と言うは、即ち二義有り。(『全集九』四四頁)

このように言うたわけです。ということは、もうすでに「証信序」という序の説明をしているのではなくて、「証信」ということが明らかになれば、なぜそれが序として置かれなくてはならないかというようなことは必然的に明らかになる。問題は、「証信」とはどういうことなのか、なぜ「証信」というようなことが経典の最初に置かれなくてはならないのか、そのことが明瞭にならなくてはいけないと、こういうわけでしょう。

如是―私心を超えた言

その「証信」とはいったい何かということを押えていく時に、ずいぶん変わった押え方を善導はしているわけです。

初めに証信と言うは、即ち二義あり。一つには謂わく、「如是」の二字は、即ち総じて教主を

標す。能説の人なり。二つには謂わく、「我聞」の両字は、即ち別して阿難を指す。能聴の人なり、故に「如是我聞」と言う。（『全集九』四四頁）

言葉としては妙な言い方ですね。「証信」というのは二つの意味があるというのでしょう。その「証信」というのは二つの意味があるけれどもその二つの意味の一つが「如是」ということだ。こういうふうに言うのです。この「如是」と言うたのはいったいどういうことなのかというと、「如是」というのは、

即ち総じて教主を標す。能説の人なり。（『全集九』四四頁）

と、こう言うています。「如是」が人だということは理屈に合わないことです。「是の如し」という言葉なのですから、「是の如し」が人だというわけにいかないでしょう。「是の如し」は人の言葉であるかは知らないけれども、人であるわけはないですよ。そうでしょう。

「是の如し」と言葉で言う人はおっても、「是の如し」という人はどこにもおりません。しかし、善導はあえて、「如是」というのは総じて教主、つまり仏陀釈尊を表わすのである、そして仏陀釈尊というのは何かというと、能説の人だ、説法をする人だと、こういうふうに押えているわけです。

もうすでにここにずいぶん大事なことが語られているわけです。何が語られているかというと、「如是」というのは普通ならば説法の内容でしょう。「是の如く」と、こう言うのですから、是の如き内容を持った説法なのです。ところが、その「是の如」きという説法の内容であることぐらいは善導は先刻御承知なのです。知っておりながら、あえてそれを人にもっていったわけです。いわ

ゆる法の内容が人だ、いうならば法がすなわち人だと、こういう押え方なのです。

いわゆる一般的に言う人間は、人と言葉とが分かれるわけです。語っている言葉と語っている人とが、一つになるというような言葉が我々に無さすぎるのです。言行一致などと言いますが、言行一致というのは嘘です。嘘と言っては過言かもしれませんが、やはり言行不一致というところに我の悩みがあります。言行不一致なるが故に苦悩があるわけです。言と行とが一つにならない、いわば人がそのまま言葉になって現われない。言葉がそのままその人でないというところに、人間の苦悩があるわけです。

人間は言葉を持った動物です。キリスト教の聖書にも、

太初《はじめ》に言《ことば》有り、言は神と皆にあり。言は神なりき。(ヨハネ伝)

とあって、やはり言葉で始まります。

言葉というのが人間という生き物の決定的な性格です。言葉を持っているが故に語ることができる、語ることによってお互いが頷き合い、お互いがそこで意志を通じ合うことができる、ということは人間の独自のものです。だから、言葉が無くなるところに、実は人間が無くなるのだ、という問題があるわけなのです。だから、問答無用というたところには、もう人間無用ということがあるのだという、深い問題があるわけです。

そういう意味では、言葉が大事にされない時代ほど、人間が大事にされない時代は無いと思うのです。逆にほんとうに言葉が大切にされている時代は、人間が大切にされている時代であるわけで

す。そうしますと、言葉に対しても、それを大切に使う人は、人間であることを大切にしている人だと思います。そういう意味では、徹底して言葉が大切にされる時は、言葉と人とが一つになる時でしょう。生活がそのまま言葉だというようなところに、成就した人間の相があるわけです。

それでは、いったいなぜ言葉がその人と一つにならないのかと、逆に言えば、その人が語りながら、語った言葉がその人自身を正直になぜ表現できないのか、という問題を問うていった時に出てくるものが私心ということです。私心とは自我関心です。自我関心が自分を正直に表白させないという問題があるわけです。ここに深い問題があるのでしょう。人間の苦悩という問題があるわけです。

つまり、人間の寂しさというものの本にあるものは、自分の気持ちをほんとうに語りたいという気持ちでしょう。ところが、気持ちをほんとうに語りたいという要求があればあるほど、ほんとうに語れないという自分が、逆に見えてくることがありますね。だからそこには、親しい人間関係のなかにあっても、ほんとうに語れないというもどかしさと、しかもほんとうに語りたいという要求との葛藤があるわけです。その葛藤の故に、苦悩しているという問題があるわけです。その葛藤の本はいったいどこにあるのかというと、語りたいというところに突き上げてくるような本能の要求があり、しかも語れないというところには、その要求を押えるようなもう一つの問題がある。それはいったい何なのかということを問いつめてゆくと、はっきり知られてくるのが私心です。

そうすると、実は私心を超えた言葉が仏陀の説教だという問題があります。私心を超えることのできない人間に私心を超えしむるような教えがある。その私心を超えしめるような教えはそれ自体私心を超えている、ということです。私心・我執を超ええない人間の苦悩を救う言葉は、我執を超えた言葉でなくてはならないわけです。

そういう意味では、いつ・どこで・誰が・誰にという、ただの会話の問題ではなくて、会話不能になるような世界に生きている定本の救いとなる言葉なのです。だから、教えは言葉ですけれども、その言葉を聞く時に聞いた者自身が、その言葉によって救われていくということであるわけです。それは、言うまでもなく、その救う言葉が実は私心を超えた言葉だからなのです。こういうことで善導は、「如是の二字は、総じて教主を標す。能説の人なり」と、いわば人法不二だということを言うわけです。だから、仏陀の言葉のみが仏陀を全現する。覚者の言葉のみがその人のすべてを語る。すべてを語った言葉に触れた時、人間は自己自身を語りえない存在であることを深く内に見つめさせられて、そこから救いへの道が開かれてくるわけです。だから、そういう意味では、「如是」というところに、すでに実は人法不二、つまり私心を超えた言葉、私心を超えることのできない人間の世界の教えとなる言葉、それを善導は押えて、

総じて教主を標す。能説の人なり。（『全集九』四四頁）

と言うわけです。

解釈としては無理な解釈です。「如是」が教主であって、能説の人だというのは、ずいぶん飛躍したことです。ところが、それで言い当てているのは以上のようなことであるわけです。

さて、次にこの「如是」のところには「総じて」という言葉を使っています。「総じて」というのは、押えて言うならば普遍ということです。私心を超えた言葉のみが普遍の言葉であり、その普遍の言葉が、実は仏陀の教えなのだというわけです。だから、「如是」と言うた時には、どんなにすがたが変わった経典であっても、それが仏陀の言葉だと言える時には「総じて」という言葉で押えられるわけです。いわば総じて仏陀だけしか言えない言葉なのです。

だから、そういう意味では、「如是」と言うことによって、もうすでに「如是」は単なる法を語るのではなくて、総じて仏陀を語るのだ、仏陀の言葉は仏陀だ、仏陀の言葉は実は仏陀の人格の全表現だと、こう言うわけです。いわゆる人法が不二だと言うわけです。それが「証信」の一つの要素であるのです。

我聞―個別の機

もう一つの要素は「我聞」です。そこで「我聞」の方の解釈は今度は逆に、

「我聞」の両字は、即ち別して阿難を指す。能聴の人なり。（『全集九』四四頁）

「如是」の方は「総じて教主を標す。能説の人なり」と、こう言いましたが、「我聞」の方は「総」ではなくて「別」です。今度は特別なのです。別してこれは仏弟子阿難を指す言葉だ。それは能聴の人をあらわすと、このように言いますね。これも徹底した領解だと思います。

「如是」として語られた普遍の法が、どこで成就するのかというと、普遍の法として成就するの

ではないのです。人法不二の言葉がどこで成就するかというと、教えを成就さすか、成就させないかの決め手は「我聞」というところにあるというわけです。「我聞く」ということが無いところには、教えはあれども無きが如しです。「我聞」のところに「如是」は成就する。ところが「我聞」は、「総じて」というわけにはいきません。「我聞」はわたしの問題なのです。親鸞一人の問題です。「我聞」、「我聞く」という言葉は、全責任を持った言葉です。しかもその「我聞く」は、実は阿難が代表しているわけですが、皆が阿難になるわけです。だからして、「我聞」というのは、「別して阿難を指す」と言われます。

その「別して阿難を指す」ということは、目連も聞いた、あるいは舎利弗も聞いたという話ではないのであって、阿難が聞いたということです。いわば親鸞でいうならば、「親鸞一人がため」として聞いたということです。「親鸞におきては」という言葉がありますけれども、あくまで「親鸞におきては」ということであって、他の人がどう聞いたかの問題ではない、他の人がどう聞くからわたしもこう聞くという問題ではないわけです。

人間は個別的なものです。親子・兄弟・夫婦といっても、親が救われたからというて子供は救われないですし、夫が救われたからといって妻も救われるかというと、そんなわけにいかない。一人一人が救われなくてはならないわけです。一人一人が救われていくということは、一人一人がほんとうに主体的なところで救いが成就するということです。一般論としての救いというものはありえない、これが宗教問題です。宗教の問題はわたしの問題です。わたしが今、このままでいいのかどうか、という問題は、「総じて」の教えが「別して」のわたしのところに成就するかしないかで決まるのです。

そういう意味からすると、先に「能説之人」と言いましたが、この「能」という字は仏教学では大事な字だと思います。「能」というのは、今日の言葉でいえば、能動・積極・主体というような意味ですね。われわれは普通ならば所説であり、所聴です。『大無量寿経』で阿難の問いに対して釈尊が、

諸天の汝を教えて来たして仏に問わしむるや。（『真聖全一』四頁）

と言われるようなものです。「能」という一字はそうでないのです。

諸天の来たりて我を教うる者有ること無けん。自ら所見を以て、斯の義を問いたてまつるのみと。（『真聖全一』四頁）

こういう自信ですね。そういう意味では、宗教の問題というのは、教える方が積極的で聞く方が消極的だということはありえないと思います。特に「聞」の宗教といわれる『大無量寿経』の序分を見てもわかりますように、聞いたことの方が出発点になるわけでしょう。

阿難が聞いたということによって、「善く聴いた」というて始まるのが『大無量寿経』ですからね。そうしますと、聞くことが積極的なのです。もっと極端な表現をとりますと、聞く人の積極性が教えを開発するのです。だから、「如是」が成就するというのは「我聞」のところで成就する。その「我聞」は別して阿難を指す。能聴の人だ。このように言われる阿難は聞かずにおれない阿難

であり、それは他に選ぶ阿難です。それは他の人と同じような苦悩を持って聞く阿難ではない、わたしの問題をわたしが解決しなくてはならないという課題的存在である阿難です。

このように、「如是我聞」というわずか四字を「如是」・「我聞」という決定的な二つの意義があるとし、総・別、能説・能聴で押え、その二つの意義が明らかにならなければ証信の序という意味が出てこない。いわゆる経典が成立するという唯一無二の条件として、「如是我聞」という言葉がある。その「如是我聞」は単なるレッテルではなくて、そこに教説の成就する二つの決定的な意義があるというわけです。

如是──教法の無錯謬

ところが、その「証信」ということの内容である「如是」と「我聞」とを今度は別々に分かちながら、その意味を明らかにしていこうというわけです。まず最初には、「如是」と「我聞」をそれぞれに分けて、「如是」ということについて善導は、三つの方向から「如是」の意味を明らかにしているわけです。第一には、

又「如是」と言うは、即ち法を指す。定散両門なり。是即ち定れる辞《ことば》なり。機行じて必ず益することを。これは如来の所説の言錯謬無きことを明す。故に「如是」と名く。(『全集九』四四頁)

これが第一義です。これは前の「如是」の解釈と照らし合わせてみるならば、人法不二ということで比較して言いますと、前の方は特に人というかたちで押えたのだといえます。ところが今度は、

その人によって人法不二として明らかにされる教え、つまり法を中心にして語っていこうとするわ

けです。表現の形式としては、そういうことだと思います。

そうすると、まず第一に「如是」ということで押えられてくるものは、「是の如し」というので

すから『観無量寿経』そのものに即していうならば、『観無量寿経』のなかの正宗分に説かれてい

る定散両門の益を説いている説法の内容です。その次に、

是即ち定れる辞なり。機行じて必ず益することを。これは如来の所説の言錯謬無きことを明す。

故に「如是」と名く。(『全集九』四五頁)

と、このように言うています。どういうことかといいますと、「如是」と指し示したものが定善・

散善という、『観無量寿経』の中心になって説かれている教えであるには違いない。ところが、こ

こで「如是」と押えた意味は何かというと、「如是」なる仏陀の説法が「錯謬無きことを明」らか

にするのだというわけです。仏陀の説法というものは、無錯謬、つまりあやまちがないものであり、

完全無欠だと、こういうことをここで表わそうとするわけです。

仏陀の教説は無錯謬だということで何を言おうとしているのかといえば、錯謬あるものでは人間

は救われないということを言うわけです。誤りなきもの、完全無欠なものでなくては、不完全なる

人間の救いにならないというわけです。ところが、完全無欠のものというのはいったいどこで成就

し、どういうかたちで成就するのか。また、客観的に仏教は完全無欠だという評価ができるものだ

ろうかというわけですよ。キリスト教・仏教・神道等々と並べておいて、これが完全無欠だと人間

が証明しようとしても証明のしようがないわけです。もし決めたならば、これは独断です。たとえば仏教は完全無欠だと、たとえどれだけの材料を集めてきて精密に証明しても完全無欠を証明することはできない。なぜかといえば、証明する人間が不完全なのですから、不可能なことは明白です。不完全な人間がどれだけ材料を集めてきて間違いないと言うても、言うたこと全体が実は独断であるわけです。

ところが、その不完全な人間において、しかも仏教のみが完全無欠だ、無錯謬だということの言える立場が一つあるというわけです。その立場をここではっきりさせていこうと善導はするわけです。その内容は、如来の所説は無錯謬だということを言おうとするのですが、その誤り無きことを言おうとしていることはいったいどこかというと、「機行じて必ず益することを」という一点で言おうとするわけです。人間がその教えの如くに道を開き、教えの如くに行ずれば、必ず行じた人、その人が救われるという事実がある、この事実が仏教が完全無欠であるということの唯一無二の証明だと、このように言うわけです。

ここでもう一つ問題になるのは、

是即ち定れる辞なり。（『全集九』四五頁）

と書かれてある文章の「是」の受け取り方です。前後の文章と関連して読みますと、普通には、「如是」というのは即ち法を指す、この法というのは定散両門の教えである、是れは即ち定まれる辞《ことば》である。どのように定まれるかというと、機行ずれば必ず益するということが定まっているのである。

このように言えば説明的で非常にわかりやすいでしょう。

ところが、親鸞はそのようには読まないのです。親鸞は「是」を「これは」と訓じていないのです。ということは、「如是」の「是」を押えているわけです。いわば、「是の如き」と言っている「是」は、単なる指示の言葉ではないのです。「是」という言葉の意味というよりも、「是」と押えた事実はいったい何を押えているのかということであり、それは定まれる言葉であるということです。

少しやっかいなことかも知れませんが、二つの読み方があります。

一　是即ち定れる辞なり。機行じて必ず益することを。（本文）

二　是即ち定むる辞なり。機行ずれば必ず益す。（脚注の文）（『全集九』四五頁）

今申してきたように、「是は即ち定れる辞なり」と、このように言えば、「是」というのは、先の定散両門を受けて「是《これは》」と、こういうふうに言うてきたのでしょう。ところが、もし「是《ぜ》」と読ますのならば、「是は即ち定れる辞なり」ではなくて、「是は即ち定むる辞なり」と、このように言わなくてはならないですね。「是《ぜ》」と、こう押えたのは、定むる、決定するという言葉である、こういうわけです。

ところが脚注の文を見ると、「定むる辞なり。機行ずれば必ず益す」と、こういうふうに続きます。

しかし、親鸞の加点本（本文）は、「是《ぜ》即ち定れる辞なり。機行じて必ず益することを」と読んでいます。「是《ぜ》」として押えたということは、何を押えたのかというと、「機行ずれば」ではなくて、「機行じて必ず益することを」という現在の問題を言うているわけです。機が行ずれば、すなわち人間が行をすれば、必ず利益がある、ということを定めた辞だ、という説明が普通なのでしょう。

ところが、親鸞は、いわば無理に読ましているのです。「是即ち定れる辞なり」で文章が切れなくて、次に続いているわけです。つまり、「是即ち定れる辞なり。機行じて必ず益することを」というわけです。どういうことかと申しますと、「機行じて必ず益することを」、これまでを押えて、それが定まれる辞である、つまり決定されている辞だというのです。わたしが努力して、機が行じるだろうか、行じないだろうか、というような不決定の辞ではない、「機行じて必ず益する」ということが定められているということです。定められているというのは、どこで定められているのかというと、人間の行の高低において定められるのではないのです。仏陀の教えとして定められているということです。

それはさらに、機行じて必ず益が与えられるということには誤りが無い。誤りが無いというのは、人間の努力の結果、誤りが無いというのではなくて、その人間の機行じて必ず益するということが、定まれる事実としてあるというわけです。仏の言葉として定まれる事実としてあるというわけです。そういうところに、もう「如是」ということの内容が、一つの深い信念の言葉として披瀝されているというわけです。

このへん、善導はどのように読んだのですかね。中国人ですから、仮名を横にふっていませんの

で、どのように読んだか知りませんが、普通漢文を読む時ならば、「是《ぜ》」と読むのなら、

是《ぜ》即ち定むる辞なり。機行じて必ず益する。

これでいいわけです。このように説明していいわけです。これを親鸞は、いうなれば善導の精神を汲みとって、

是即ち定れる辞なり。機行じて必ず益することを。（『全集九』四五頁）

と、こう言うて、その事実を押えて、

これは如来の所説の言錯謬無きことを明す。故に「如是」と名く。（『全集九』四五頁）

こういうふうに押えていったわけです。ここらあたりを見ますと、実に生き生きとした精気が流れていますね。おそらく善導の精神というのは、それを言おうとしたのでしょう。無錯謬ということ、つまり仏陀の言葉に誤りはないと客観的に言うのではない、仏陀の言葉に誤りがないということを自分が証し人となって語っているのだ、ということです。そして、その一点が人間の決定ではなく、如来の辞として決定されているのだと、こういうふうに押えていくわけです。これが第一の「如是」の解釈です。

所念への応答

第二番目の「如是」の解釈は、今度は「如」と「是」とを分けて解釈していくわけです。

又「如」と言うは、衆生の意の如し。心の所楽に随いて仏即ち之を度したもうに機教相応する

を復称して「是」と為す。故に「如是」と言う。（『全集九』四五頁）

この文で押えられている第二番目の問題の中心はどこにあるかと申しますと、「機教相応」ということです。「如是」と、こういうふうに、救いが決定する辞がこれだけだと指示されていくということは、具体的には機と教とが相応するというところにおいて成り立つ。教えを聞く人と、その教えとが相応する。これが「如是」ということの意義なのだと、このように第二に押えていきます。

まず第一に機教相応ということはいったいどういうことを言うておるのかというと、「衆生の意の如く」と書いています。衆生の意の如くに仏陀の説法があるということです。これが大事な一点でしょう。

衆生の意の如くに仏の説法があるということが、実は機教相応ということなのです。機教相応といいますと、ややもすると聞いているわたしと説いている仏とが、どこかで一つになることだと考えますが、そうではないのです。如来の言葉が衆生の意に相い応ずるという事実を機教相応というのです。

人間の方に、仏に相応していく能力があるのではなくて、実は能力ということで言えば、無能の人間の意に応じて仏陀の説法があるというわけです。そういうことで言うならば機教相応の内容は、善導の領解を通して言うならば、実は相応する能力のゼロの人間のところに相応が成就するということです。

そうすると、衆生の意の如くに実は仏陀の説法があるというのが「如是」ということの意味だと、こういいますけれども、だからというて、人間の思いのままというか、恣意の如くにあるというのでは決してありません。金が欲しければ金儲けの方法を教えてやるというような恣意ではないのです。恣意ではないということが次に押えられているのでしょう。

心の所楽に随いて仏即ち之を度したもうに、（『全集九』四五頁）

と言うています。すると、意の如くというのは、人間の思いのままにということではなく、仏が見た衆生の意の如しということです。

そうすると、人間の心の内に願うている願い、その人間の心の内に願われている願いに応じて仏は説きたもうというわけです。おそらくこういうふうに言うているところには、善導自身のなかで見とられていることがあるわけです。あの序分のなかで、韋提希が一室に閉じ込められたなかから、耆闍崛山の方に向かって、仏陀に阿難と目連とを自分のところによこしてくださいと請い願う。それに応えて釈尊自身が王宮へ出てこられるわけですが、経文に、

爾の時世尊、耆闍崛山に在まし、韋提希の心の所念を知ろしめして、（『真聖全一』四九頁）

と言うています。韋提の心を見そなわしたというより、韋提の心の所念を見そなわしたと言うてあります。

人間の意識の上に現われている願い、いわば欲望ではなくて、その欲望の根源にあって人間を動かしているような願い、その願いに応じて釈迦牟尼仏陀は王宮へ出てくるというふうになっています。それがここでは押えられるわけです。

そういう意味で、機教が相応することの具体的事実は人間の心に応ずるのだけれども、それは人間が知っている心に応ずるのではない。自分自身の意識している心に応ずるのではなく、意識の根源にあってそれが解決されなければ、意識の前面にあるすべての問題が解決されないというような、そういう根源に答えてくる言葉。そこに機教相応ということがあるわけです。

清沢満之は、それを「人心の至奥より出づる至盛の要求」という言葉で言い当てたわけです。いちばん奥にあっていちばん激しい要求、それが前面に出た時には、有れども無きが如き姿なのでしょう。ちょうど二河譬喩の白道のようなものです。そういう姿で出てくるわけです。そういう心の所念、その心の所楽に随うて仏陀の説法がある。そこに機教相応ということがあり、人間の救いを成就する言葉、それが「如是」であると、このように押えられていることなのです。このように、はじめに機教相応ということで「如是」を押えていくわけです。

融通無碍なる教法

又「如是」と言うは、如来の所説、漸を説くこと漸の如く、頓を説くこと頓の如く、相を説くこと相の如し、空を説くこと空の如し、人法を説くこと人法の如し、天法を説くこと天法の如し、小を説くこと小の如し、大を説くこと大の如し、凡を説くこと凡の如し、聖を説くこと聖の如し、因を説くこと因の如し、果を説くこと果の如し、苦を説くこと苦の如し、楽を説くこと楽の如し、遠を説くこと遠の如し、近を説くこと近の如し、同を説くこと同の如し、別を説くこと別の如し、浄を説くこと浄の如し、穢を説くこと穢の如し、一切の諸法の千差万別なるを説きたもう、如来観知して歴歴了然なることを明さんと欲す。心に随いて行を起すに、各益することと同じからず、業果法然として、衆て錯失無し、又称して是と為す。故に「如是」と言う。（『全集九』四五頁）

先には「衆生の意の如し」と、こう言うておりますが、ここの解釈ではむしろ「如来の意の如く」でしょう。あえて言うならば、先には「衆生の心に応じて説く」と、こう言ったのですが、この今のところの解釈では「如来の説法は如来の意のままだ」と、こういうことですね。こんどは「漸を説くこと漸の如く、頓を説くこと頓の如く、相を説くこと相の如し」と、こう言うのですから、如来の説法は自由無碍だというわけです。漸教に合う人間に対しては漸教を説く、頓教を聞ける人間には頓教が説ける。いうならば融通無碍であって決して限定されない、無限定だというわけです。

その無限定ということはいったいどういうことかというと、漠然としていて誰が聞いても同じだということではないのです。無限定ということは、各個別々だということです。一人一人に応じているということが、無限定ということです。

ところが、それが特殊なところから出た答えではないのです。普遍というものがその人の悩みの答えとしてある時には、具体的にその人の悩みへの答えという具体性を持って現われてくる。それがここに「漸を説くこと漸の如く」というところからずうっと展開をして示されていることなのです。そういう意味では正しく千差万別なのですよ。千差万別の人間に応じる教えだからして、教えもまた千差万別なのです。

ところが、千差万別の人間に応じる教えだから教えも千差万別であることは、教えがバラバラだということではなくて、実は真に普遍の教えであるからして千差万別の相をとりえるのです。言葉を換えて言うならば、真に無私の教えである。だからしていかなる人の心にも無限定に、その人に応じていくことができるということです。そういうことを明らかにしているのが「如是」という意味である。このように押えていくわけです。

ここに「漸を説くこと漸の如く」という型で二十句の対応が示されていますが、いちいち細かくは申しませんけれども、その二十句の内容というのは、仏教全体の説法のすがたを語っているわけです。だから、もっともっとその対応は多くてもいいわけです。ともかくそういう意味では教えは融通無碍であって、それぞれの人に応じて千差万別のすがたをとるというわけです。

ところが、ここでも親鸞は独自な訓点をつけております。この文を普通に訓点をつけて読むならば、次のようになるでしょう。

又「如是」と言うは、如来の所説を明さんと欲す。漸を説くこと漸の如く、（乃至）浄を説くこと浄の如く、穢を説くこと穢の如し。一切の諸法を説きたもうに千差万別なり。

これならわかりがいいでしょう。先には「如是」というのは機教相応だと言うたのですから、今度は「如是」というのは如来の所説はどういうものであるかということを語るのだというわけです。だから、如来の所説を明そうとするのが「如是」ということの意味だ。その如来の所説というのが融通無碍で、「漸を説くこと漸の如く、（乃至）穢を説くこと穢の如し」というようなものが如来の説法だ。押えて言うならば、一切の諸法を説きたもうに千差万別であると、これでいいわけです。説明ならばこれでいいわけです。

ところが、親鸞はそれを説明として読まないわけです。

如来の所説、漸を説くこと漸の如く、（乃至）浄を説くこと浄の如し、穢を説くこと穢の如し。一切の諸法の千差万別なるを説きたもう。（『全集九』四五頁）

と、このように読んでいます。「如来の所説、漸を説くこと漸の如く、云々」と続けて読んでいったということは、如来の説法というものは漸には漸を、頓には頓を、というかたちで応じていくというふうに動的に読んでいったわけです。

そして、「一切の諸法を説くこと千差万別なり」という説明ではなくて、「一切の諸法の千差万別なるを説きたもう」と、このように言うたわけです。これは先の読み方とはずいぶん違うでしょう。一切の諸法を説くのに千差万別のすがたで説いてきたというなら、これは説明です。ところが、親鸞はそうではなくて、一切の諸法の千差万別なるを説くのだと、こう言います。

そうすると、この時にも実は仏陀釈尊の教えのなかに、一切の諸法の千差万別を見そなわす智眼があるということが押えられているわけです。人間にただ応じたというのではなくて、応ずるには応ずる眼がなくてはならないというわけです。仏の智眼が一切の諸法の千差万別であるということを明らかにして、そのうえで説くのだと、こういうわけです。

だから、そうなりますと「一切の諸法の千差万別なるを説きたもう、如来観知して歴歴了然なることを明さんと欲す」と、このように意味が続いてくるわけです。ところが、「一切の諸法を説くに千差万別なり」と、ここで切るならば、「如来の観知歴歴了然たり」とこのように押えていけば、説明としてはこれでいいわけです。だからして、心に随って行ずれば必ず益することが不同であると、このように説明になっていくのです。

親鸞の領解はそうではなくて、「一切の諸法の千差万別なるを説きたもう」のは、一切の諸法の千差万別なるを知りたもうからである。すなわち「如来観知して歴歴了然」と、すべてのことを知りたもうからして、「頓を説くこと頓の如し」というかたちになっていったのだ。そういう融通無碍の説法なればこそ、「心に随いて行を起すに、各益すること同じからず」で、その人その人の独自の利益というかたちで、それが応えられてくるというわけです。

それは、「業果法然として、衆て錯失無し」、その人の仏法の行業に応じて、自然法爾に利益が与えられてくるというわけです。どういうことかと申しますと、無理矢理に一つの鋳型の決った救いのところへ人間が引っぱり込まれるのではなくて、その人の上に救いが自然法爾に成就する、これがほんとうの救いということですよ。救いというのは鋳型にあわせることではないのです。

そういう意味では、宗教というものはイデオロギーではないのです。イデオロギーだと、イデオロギーに従わなければならないという問題がありますね。ところが、教法は衆生に応ずるのです。応ずるということは、一切諸法の千差万別なるを知ろしめしたうえでの言葉なるが故に、一切の衆生の意に応ずるというわけです。ですからして、錯失、つまり誤りがないわけです。

我聞―我の否定道

こんどは「如是我聞」の「我聞」ですが、「如是」と「我聞」とに分けて、「我聞」は別して阿難を指す、そして、能聴の人を表わすのだと言いました。ところが、特にここで明らかにしようとするのは、「如是我聞」の「我聞」というところには経典を伝受する阿難の言葉に誤りがないということを明らかにしようとしているのだ、ということです。善導の文に即して言うならば、「如是」が教法の無錯謬性を表わすとするならば、「我聞」は聞の無錯謬性を表わすということです。経典を伝受するのに誤りが無いというのですから、そういう意味では「如是」が成就するのは「我聞」のところに成就するということに間違いはないわけです。そこで、無錯謬ということはどこで表わされているかというと、

能く聴き能く持って、教旨親しく承けて、伝説の錯り無きことを表することを明さんと欲す。（『全集九』四五頁）

と、こう言うのですから、能く聴き能く持って教えの旨を親しく承って、そして伝えることが間違いが無い、ということを明らかにしている。このように言うていますように、「能聴能持」ということがあるわけです。そうすると、「能聴能持」というのは、「我聞」というところに「如是」のことがあるわけです。そうすると、「能聴能持」というのは、「我聞」というところに「如是」の説法がそのまま生きた言葉として用いているということがありますね。善導は「如是」のところに

力点を置いて説明しましたから、「我聞」のところではそれだけで終っているわけです。

ところが、曇鸞は逆に、こんどは「如是」の解釈より、「我聞」の解釈に力点を置いています。

『浄土論』の、

世尊我一心　帰命尽十方　無碍光如来　願生安楽国　（『真聖全一』二六九頁）

この文の「世尊我一心」の「我」という一字を解釈するのに、龍樹の『大智度論』の「如是我聞」の解釈のところを持ってきたわけです。「世尊我一心」というのは、天親が教に従った心ですね。教えを聞いた心を表白したのです。その時に「我」と、このように名告った、その「我」を解釈するのに曇鸞は、わざわざ龍樹の『大智度論』のなかに出ている「如是我聞」の「我」の解釈を持ってきたわけです。ということは、曇鸞の気持ちのなかでは「世尊我《われ》一心に」と表白している、その仏弟子の言葉は、そのまま経の初めに「如是我聞」とある言葉とイコールだと領解されたのでしょう。

いわば経の初めに「如是我聞」とあるのを言葉を換えて表わされたのが「世尊我一心」だ。だから、「世尊我一心」という世界以外に、実は「如是我聞」という教えはどこにもないのだと、こういう領解があるわけです。

さらに曇鸞は、本来仏教は無我の教えである、無我の教えであるのに、なぜ「我」というふうに天親は言うたのか、という問いを出しまして、「我」というても三つの相違がある。それは自大語と邪見語と流布語という三つの用い方があるというわけです。そして、自大と邪見であるならば、これは確かに我執の「我」だ、ところが流布語は「わたしが」と、このように言うだけであって、別に頑張って言うているのでもないし、自己主張しているのでもない。「わたしが」と言うより他に自分を指し示す言葉がないから「我」と言うのだ。ここで、「世尊我一心」という「我」は、自大の言葉でもなければ、邪見の言葉でもなくて、流布語に従って語った言葉なのだ。こういうふうに分けています。

あの時に曇鸞が自大と邪見とではなくて流布語だと、こういうふうに言うたもとにあるのは、龍樹の『大智度論』です。しかし、龍樹の『大智度論』の場合には、この自大が慢となっています。慢と邪見と名義だと言うています。名義とは文字通り「わたし」がというだけのことだというわけですね。自大とは慢だ、邪見というのはよこさまな考え方だと言うています。

そして、親鸞はやはりこれをそのまま承けて、

邪見憍慢の悪衆生、信楽受持すること甚だ以て難し。（『全集一』八七頁）

と、このように言うているでしょう。あの時の「邪見憍慢の悪衆生」というのは、邪見憍慢以外のあり方として人間はありえないということを言うているわけです。そして、教えに遇うことを通して邪見憍慢の世界からの否定道が始まるのだということが言えると思うのです。そうすると、「世尊我一心に」というような表白をする宗教的なめざめの時に、初めて人間は悪戦苦闘しても超えることのできない、邪見と憍慢の世界から自己を解放していく道というものが開けてくるわけでしょう。そういう意味では、親鸞はこの言葉に応じながら「邪見憍慢の悪衆生、信楽受持すること甚だ

以て難し。難の中の難斯に過ぎたるは無し」と、こう言うたわけです。

そうすると、これは逆に言うと、「難の中の難斯に過ぎたるは無し」という、難信の信が成就するということは具体的にはどういうことかというと、邪見と憍慢との世界から自己自身を解放していくという事実が、自分の生活の内面に成就してくるということであるわけです。

「俺はもう威張らないようになった」と言うのではなくて、「俺はもう威張らないようになった」と言うて威張っておる心から解放されていくということです。それが結局、邪見と自大から自己を解放するということであるわけです。わたしは完成したというのではなく、わたしは未完成だという一歩が始まるというわけです。そういうところに、邪見でもなく自大でもなく流布語としての「我」の成就が、真の「我」の成就だと言うているわけです。

実はここで善導は、曇鸞のように具体的には言いませんけれども、「能く聴き能く持って、教旨親しく承けて、伝説の錯り無きこと」と言うている。「能く聴き能く持って」ということは何かというと、「我」の否定道と同じことだと言うわけです。教えを能く聴き能く持つということは、教えを自分がいっしょうけんめい持っているということではなくて、教えが、その人の一生を素材として教えそのものが持たれているという事実を語るわけです。積極的に言うと、自分という存在が教えを証す唯一無二の素材となるということです。

だからそれは、逆に言うならば、教えによって教えられていくわたしになっていくというわけです。自我の否定道というものがわたしの上に成就していく、そしてわたしの生涯を尽くさしめる、それが「我聞」、すなわち「我聞く」と経典に示されることの意味だと、このように押えてくるわけです。

そういう意味では、「如是」が成就するのは「我聞」である。「我聞」というのは、自分の上に教えが能く聴き能く持たれるという事実として成就するのだ。だからして、「如是我聞」の四字をもって経典成立の唯一無二の条件とするのである。このように善導は押えてくるわけです。

証誠可信

いちばん最後には、証信序の「証信」ということを、今まで「証信と言うは」というかたちで説明してきましたから、今度はもう一度それを押えなおしまして、

又証信と言うは、阿難仏教を稟承し、末代に伝持して、衆生に対するが為の故に、是の如く観法に我れ仏従り聞いて、証誠すること信ず可きことを明さんと欲す。故に証信序と名く。

（『全集九』四六頁）

と、こういうふうに言うています。これは、そのまま読んでいけば「証信」ということが改めて押えられたわけで、証信というのは、阿難が仏陀の教えを承り、仏陀の教えを明らかに末代に伝えようとして、衆生に対して「是の如き観法に我れ仏従り聞いて」、そして「これが間違いがないということを証誠するから、皆さん方信じなさい」、そういうことを明らかにしているのが証信ということであって、それが最初に置かれているところに経典の意義があるのだと、こういうことなので

す。一応そのとおりの説明なのです。
ところが、ここでも親鸞は領解を通して独自の読み方をしておられます。
証信と言うは、阿難仏教を稟承し、末代に伝持して、衆生に対するが為の故に、是の如きの観法、我れ仏に従いて聞く。
このように読むのが普通です。ところが親鸞は、
是の如く観法に我れ仏従り聞いて、
と、無理な読み方ですが、このように読ましています。つまり、このように『観無量寿経』の教えに、我れ仏より聞いて、というのですから、読み方としては無理ですけれども、そこに実は阿難の「如是我聞」という証信ということの精神を具体的に語っているわけです。
是の如く観法に我れ仏従り聞いて、(『全集九』四六頁)
というのを、言葉をもし置き換えて言うならば、
是の如く我れ仏従り観法に聞いて、
ということになります。
そうしますと、普通に説明しますと、阿難は仏教を承って、末の世に伝持して、未来の衆生が救われるように、このような定散十六観の教えを我は仏から聞いた。ということです。ところが、親鸞の領解は具体的なのです。未来の衆生の為にということで、仏からこのように聞いたという説明のみにとどまらないのです。つまり、仏説である観法を聞いて正に救われた我が是の如くここにい

る。自身の上に証された事実こそ、真に未来の衆生の救われる道だ、というわけです。

そういう意味から言うならば、「証誠可信」と言いますけれども、証誠ということは別に自分が誰かに証明するということではなしに、自身に証明されるということです。自らを素材とし、自らの上に教えが成就するという、そのことのほかに、他に信ぜしむるというようなことはないというわけです。いわば自信教人信ということが、証誠ということの具体的内容であるわけです。

ですから、改めて証信とは何かといえば、自信教人信ということです。だから、「如是我聞」とは、阿難に即していうならば、自信教人信です。自信教人信の言葉のみが実は唯一の教えなのです。そういう意味では、「証誠可信」と言いますが、これは「わたしはこのように聞いた、みな信じなさい」と言うて、外に言うているのではなくて、「是の如く我聞く」という全体が自信であるし、「是の如く我聞く」という全体が教人信である。こういうところに実は教法が真に教法として成り立つ所以があるわけです。いわば、教えが成就するということの、欠くことのできない条件というものはこれしかないわけです。押えて言えば、「自信教人信の誠」以外に教法を教法たらしめるものはどこにもない。その他にあるとすれば、それは全部後からつけたことになる。この一点を押えて教法が明らかにされていかなければ、明らかにされた経典そのものが、実は教法でなくなるという誤ちさえ犯すことがあるのです。

このような一点を善導は押えて、最初の「如是我聞」、これだけの言葉に「証信序」という役割を担わしめて、明らかにしていったということであるわけです。

第三章　興法の大地

――化前序――

(1)　はじめに

二就《ツイテ》㆓発起序《ノ》中《ニ》㆒細《クハシク》 分《ワカテ》為《ス》㆑七《ト》。初《メ》従《リ》㆓「一時仏在」㆒下至《ル》㆓「法王子而《ニ》為《キ》上首《シユニ》」㆒已‐来《ハ》、明《ス》㆓化前序《ノセムシヨヲ》㆒。二従《リ》㆓「王舎大城」㆒下至《ル》㆓「顔《ケン反》《クエン反》 色《シキ》和《ワ》悦《エチニ》」㆒已‐来《ハ》、正《ク》明《ス》㆓発起序《ノ》禁父《キムフ》之《ノ》縁《ヲ》㆒。三従《リ》㆓「時阿闍世」㆒下至《ル》㆓「不《フ》令《リヤウ》 復《フ》出《ニ》」㆒已‐来《ハ》、明《ス》㆓禁母縁《キムノヲ》㆒。四従《リ》㆓「時韋提希被《ヒ》幽閉《エウヘイト云》」㆒下至《ル》㆓「共《ク》為眷属《ニ》」㆒已‐来《ハ》、明《ス》㆓厭苦縁《エンクヲ》㆒。五従《リ》㆓「唯願為我広説《ト云》」㆒下至《ル》㆓「教我正受《ニ》」㆒已‐来《ハ》、明《ス》㆓其《ノ》欣《コン》浄《ノ》縁《ヲ》㆒。六従《リ》㆓「尒時世尊㆒(ママ)即便微笑《ミセウト云》」㆒下至《ル》㆓「浄業正因《ニ》」㆒已‐来《ハ》、明《ス》㆓散善顕行縁《ヲ》㆒。七従《リ》㆓「仏告阿難等諦‐聴《ト云》」㆒下至《ル》㆓「云何得見極楽国土《ニ》」㆒已‐来《ハ》、正《ク》明《ス》㆓定善示《シ》観縁《ヲ》㆒。上‐来雖《ニトモ》㆑有《リト》㆓七段《タンノ》不同㆒、広料㆓簡《シ》発起序《ヲ》㆒竟《ヌ》。(『全集九』四六頁)

化前と発起

善導は『観無量寿経』の「発起序」を七段に分けて確かめていこうとしているわけです。読んでわかるように、この発起序のいちばん最初のところには、はっきり「化の前序を明す」と言うていまして、その「化の前序」というところに、一般に通序といわれる場合の証信序の「如是我聞」を除いた、あとの四の事柄が収められているわけです。ですから、その通序のなかの「如是我聞」を除いた、あとの言葉、それを発起序のなかへ収めてはおりますけれども、それは化前序という独自の言い方を善導はしているわけです。

その化前序のことを、従来、「遠発起序」と、こういう言い方をしますね。「遠」というのは遠いということです。つまり、遠い発起序だというわけです。それに対して、「王舎大城」という言葉から始まってくる王舎城の悲劇の内容と、そこから展開する散善顕行縁・定善示観縁というところまでの六縁ということで統摂している序分を「近発起序」と言っています。だから、そういう意味では、化前序は遠発起序であり、六縁の序は近発起序であると、このように押えてきているわけです。ともかくも、発起序というものは、その経典における独自の序分という性格をもつ、いわゆる別序という性格をもつわけです。

その発起序のなかに、化前序と、そして六縁という言葉をもって表現される序の部分と、内容が二つに押えられているということは、これはきわめて特異なことと言わなくてはならないわけです。そのことは、善導の領解の言葉を少し注意をしてみましても十分にわかることだと思います。

まずその化前序という、こういうふうに言うておりますし、その次の禁父の縁のところから始まってくるいちばん最初の言葉には、「正しく発起序の禁父の縁を明す」とある。いわゆる「正明」、「正しく明す」と、こういうふうに押えているわけです。つまり、「明す」という言葉と「正しく明す」という言葉の使い分けに注意をしてみますと、証信序のなかに通序として収められるべき六成就のうちの四成就を発起序のなかに収めたわけですから、それは収めたということにおいて大きな意味をもつことは明らかであるわけです。

正しく『観無量寿経』を発起せしめるべく展開されている序分は、王舎城の悲劇に始まるところの事柄であるという、この確かめは、たしかに重要なことであり、忘れてはならないことだと思うのです。ところがその場合、遠発起序とか近発起序とかいう押え方にわれわれがあまりこだわりをもちすぎますと、せっかく善導が「如是我聞」の一句のみを証信序と押えておいて、そして、

一時仏、在王舎城耆闍崛山中、与大比丘衆千二百五十人倶。菩薩三万二千。文殊師利法王子而為上首。（『真聖全一』四八頁）

という、いわゆる四成就といわれる事柄を発起序のなかにどうしても収めなくてはならなかったという重要な意味を、われわれの意識のなかであいまいにしていく危険性があるように思うのです。

ともかく、善導は発起序ということを明らかにする時、明瞭に、

初め「一時仏在」より下「法王子而為上首」に至る已来は、化の前序を明す。（『全集九』四六頁）

と、こういうふうに書き出しているわけです。この化前序ということの位置づけというものは、非常に重要だということだけは明瞭であるわけです。化前序という部分に示されている事柄は、これは必ずしも『観無量寿経』に限ったことではないことで、その部分がもっと詳しく説き明されている経説もありましょうし、あるいはこのように短く説き示されている経説もありましょうが、そこ

に書かれている事柄は、いつ・だれが・どこで・だれに語ったかという四つの条件が示されていることだけはまちがいがないわけですね。

そうすると、内容的に申しますと、善導は『観無量寿経』という経典は一巻の経典であるけれども、その説法の会座は二つの会座にまたがっているということを押えていましたね。いわゆる、王宮会と耆闍会です。そういうことで申しますならば、この四成就といわれる部分は、いわゆる王宮会でのできごとというわけにはいかないわけです。やはり耆闍崛山におけるできごとです。耆闍崛山という山におけるできごとという事柄を通して明らかにされていることは、いわゆる一代仏教ということなのでしょう。耆闍崛山というのは、やはり一代仏教が説き明かされるところの場所であります。いわゆる、仏教の真理性が公開される場所であるわけです。そのことをあえて善導は発起序のなかに収めたわけです。ところが、収めつつもなおその会座の違いということを明らかにしている。そこにひとつまずわれわれは注意をしなくてはならないと思うのです。

人間の悲劇性

王舎城の悲劇といわれますけれども、その王舎城の悲劇はあくまでも人間の上に起こった人間的できごとであると、そういうことを明瞭にしておかなくてはならないわけです。王舎城の悲劇は決して天界に起こった仮空のできごとではなくして、人間の上に起こるべくして起こった人間的できごとである。しかし人間における事件ではあるが、その人間の事件の根本解決はあくまでも仏事としてしか成り立たないということです。人間の事件というものは、それについての解釈は人間内的にいくらでもできるけれども、そのことの解決は仏事としてのみ成就するものであるということが、ここで言われるのです。

だいたい人間というものは、人間の上に起こってくるできごとを人間的に解決できるという、そういう思いをもっております。そして人間的に解決しようとするわけですね。それを個人的なレベルで言うならば、身の上相談的に解決をしていこうということになりましょうし、社会的にそのことを言うならば、政治的な解決を求めたり、あるいは経済的な方法による解決を求めるというようなことで、人間のできごとを人間的に解決できると思い、そうしようとするわけです。そして、そのことが解決ができなくなった時には、そこで人間的解決ができないということで人間は絶望をする。そしてそれ以上のものを見出すことはできない。これがわれわれのふつうの発想なのでしょう。

そういう発想のところにひそんでいるものはいったい何なのかというと、事柄は自己の上に起こった問題であるにはちがいないが、その事柄をあくまでも自己の問題としていないということがあるわけですね。人間の上に起こった問題を人間の問題として問おうとしない。だから、問題は人間の上に起こっているのですけれども、その問題の解決を常に責任の転嫁と自己弁解、自己弁明というかたちで行なっていこうとするわけです。だから、人間の問題を人間の問題としてとらえないで、むしろ人間における問題として解決を人間的にしていこうと、こういうふうに考えるわけでしょう。いわゆる人間における悲劇としてしか受けとめることができなくて、人間の悲劇性ということを見定めることができないわけです。

ところが、善導は王舎城の悲劇を仏法においてのみ解決される事柄として押えていこうとするわけです。王舎城の悲劇は人間の上に起こった悲しきできごとということではなくして、それは人間存在の悲劇性であり、その悲劇性を転じて真に解決せしむるものは仏法以外にないのだということを明瞭にしようとするわけですね。そのことは、親鸞が善導の意を受けとめながら、『教行信証』の総序のところではこんなふうに言うているでしょう。

然れば則ち浄邦縁熟して、調達、闍世をして逆害を興ぜしむ。浄業機彰われて、釈迦、韋提をして安養を選ばしめたまへり。斯れ乃ち権化の仁、斉しく苦悩の群萠を救済し、世雄の悲、正しく逆謗闡提を恵まんと欲す。（『全集一』五頁）

こういうふうに総序では言うています。また「化身土巻」では、

達多・闍世の悪逆に縁って、釈迦微笑の素懐を彰わす。韋提別選の正意に因って、弥陀大悲の本願を開闡す。（『全集一』二七六頁）

こういうふうに言いますね。あるいは『和讃』を見ますと、「観無量寿経和讃」には、

弥陀釈迦方便して　阿難目連富楼那韋提
達多闍王頻婆娑羅　耆婆月光行雨等。
大聖おのおのもろともに　凡愚底下のつみびとを
逆悪もらさぬ誓願に　方便引入せしめけり。

釈迦韋提方便して　浄土の機縁熟すれば
　雨行大臣証として　闍王逆悪興ぜしむ。（『全集二』四八頁）

と、このように親鸞もそのことを確かめています。

人間における悲劇ではなく、人間の悲劇であると、こう押えた時、その人間の悲劇は人間内的には解決できない。人間の悲劇が浄邦の縁と転じ、その悲劇の中心として生きている人間自身が、浄業の機と転ずるということ以外に道はない。だから、人間の悲劇は浄邦の縁と転じ、人間は浄業の機となる。ここに人間の問題というものの深さがあるわけです。そのことがまず化前序を置こうとする善導の気持ちであろうと思うわけです。

教法摂化の場

もう一つ考えられることは、人間におけるすべてのできごとは業縁のもよおし以外にはないということです。そういう意味では業縁のもよおしである限りにおいて、人間はすべて偶然性を生きるというよりほかに言いようがない。しかし、そのような偶然性を生きる、いわゆる業縁のもよおしにおいてのみ生きるというその人間は、すでにして、人間の分別に先立って、仏法において答えられた問題を生きているのだという、深い仏法への信頼ということがそこにはあるというていいと思うのです。

いわゆる王宮の教化が開かれるということは、たまたまそうであるというのではなくして、王宮ということにおいて代表されている、そういう人間の遇縁の事実は仏法教化の場としてあるのである。だから、人間の事実がすべて仏法的事実となる必然性をもってそこにあるのである。そういうことへの深い信頼があるわけです。それが発起序の最初に化前序として四成就を置いたということのひとつの意味なのでしょう。

さらに経典に即していうならば、善導は『観無量寿経』を一経両会の経と見ているわけですから、そうしますと、その化前序は遠く王宮会をはさんで最後のところに示されてくる耆闍会と相応するということがあるわけでしょう。つまり、耆闍崛山というのは仏法の普遍の真理が語られている場所だと言いました。その仏法の真理が正しく実業の凡夫の大地に具体化されて、そしてその真理が正に真実となる。ここに『観無量寿経』という経典のもっている意味があり、『観無量寿経』をして浄土教興起の経典であるということを明らかにしようとしたのであると、このように考えることができると思うのです。そういう意味では、『観無量寿経』をして浄土教を興起する経典だという意味は、決して悲劇を機縁として宗教が開かれるのだというような、いわゆる即時的な、また内容的にいうならば、偶然的な宗教の成立を語ろうとするのではないわけです。いわば人間存在の問題、それはすべてすでにして宗教的事柄である。ただ、そのすでにして宗教的事柄であるということが、その人間の悲劇という事実のなかから開示されるかどうか、ということが最も重要なことであるということでしょう。もしそうでないならば、『観無量寿経』という経典の王舎城の悲劇というようなできごとを、経典の独自の序、いわゆる発起序としてなぜ置いたのか意味がわからなくなってくる。正に王舎城の悲劇、人間の悲劇が発起序であるということが言える所以は、その人間の上に起こってくる悲劇、それ自体が仏法的事柄であるということを、まずわれわれが明らかに知るということがない限り成り立たない。そういうことを善導は明瞭にしようとして、証信序の内に収まるべきはずである四成就の経説を、そのまま『観無量寿経』発起序の第一のところに置いた。その第一の位置づけを通して、あとの王舎城の悲劇から始まる発起序を、縁という一字に統一して六縁というかたちの展開をしているわけでしょう。

ところで、化前序を待って王舎城の悲劇といわれる人間の問題が、必然性をもった教法摂化の内容となる。そういう発起序の位置づけは、くどいようですけれども、もしこの善導のように確かめられないならば、人間の問題が宗教の門を開く必然性というものを、われわれはどこにも見出すことはできないわけです。遇縁存在である人間が、宗教に出遇うということの必然性が全くどこにもないと言わなくてはならないのです。

ところが、善導が確かめる如く遇縁存在である人間の事実は、それに先立ってすでにして、そのことのすべてが仏法的に解決されるべくしてある。換言すれば、仏法における教法摂化の場として人間存在がある。こういうふうに押えられた時、人間存在がすでにして宗教的実存としてのみ開示されなくてはならないという必然性が出てくるわけです。正に善導が発起序を六縁という、縁という一字で統一して押えたところに、明らかに業縁存在であるという、一点の夢も見ることのできない事実を押えているということがあるのです。それと同時に、その縁という一字で統一したということは、人間は仏法に遇うべき存在、つまり機縁として存在しているという、そういう意味とを重ねているわけでしょう。そのことをわれわれによく知らせてくれるのが王舎城の悲劇といわれる事柄を縁という字で統一すると同時に、それに続いて散善顕行の縁、定善示観の縁という二つの事柄を、やはり縁という字で押えているということであるわけです。

ここでは明らかに教法が開顕されてくる縁ということを散善顕行縁、定善示観縁というふうに押えたわけでしょう。いわゆる正宗分の経説は定善・散善という二つの事柄として性格づけられてくるわけですから、正宗分の経説を開くべき縁としてこの二縁が置かれたということ、すなわち六縁のなかにつつまれているということは、人間存在が業縁の存在であるということと同時に、仏法の機縁としてある身であるということを押えるわけです。そういった、いわゆる遇縁ということと、仏法の機縁であるということと、この二重の意味を、そこに明らかにしていこうとしているのだ。こういうふうに言うてもいいと思います。

(2) 時成就

二次《ニ》解《ケセ》二化‐前序《ヲ》一者《ハ》、就《テ》二此《ノ》序《ノ》中《ニ》一、即有《リ》二其《ノ》四一。初《メニ》言《フ》二「一時《ト》」一者《ハ》、正明《クスキ》二起‐化之《ノ》時《ヲ》一。仏将《マサニ》四説《下ハムト》レ法《ヲ》一先託《ツタクシ下フ》四於二時処《シヨ》一。但以《テ》三衆生開悟《ヲカイコスルコト》必《ノ》藉《スヨルヲ》二因縁《ニ》一、化‐主臨《ノソムテキニ》三機一待《（ママ）マタマフオ》《マチ下フ反》二於四時処《シヨ》一。又言《フ》二「一時《ト》」一者《ハ》、或《ハ》就《ツク》二日夜十二時、年月四時等《ニ》一。此《レ》皆是《レ》如来応《ノ》レ機摂《ニ》‐化時《シ下フ》也《ナリ》。言《フ》二処《ト》一者《ハ》、随《テ》二彼《ノ》所宜《シヨキニ》一、如来説《下フコト》レ法《ヲ》、

或在《ハマシく》㆓山林処《ニ》㆒、或在《ハマシく》㆓王宮聚落《シュラク》処《ニ》㆒、或在《ハマシマシ》㆓曠野塚《クワウヤチヨ》間《ケン》処《ニ》㆒、或《ハ》在㆓多少人天処《ニ》㆒、或《ハ》在㆓声聞・菩薩処《ニ》㆒、或《ハ》在㆓八部《フ》・人・天・王等処《ノロニ》㆒、或《ハ》在㆓純凡若《シュンホンニャク》多一二処《ニ》㆒、或《ハ》在㆓純聖若多一二処《ニ》㆒。随《テ》㆓其《ノ》時処《ニ》㆒、如来観知《(ママ)》不《セス》㆑増《ソウセス》不㆑減《ケン》、随㆑縁授《サツク》㆓法《ヲ》㆒。各益《ヤクス》㆓所資《シヲ》㆒。斯《コレ》乃《チ》洪鐘《コウシュ》雖《トモ》㆑響《ヒヽクト》、必待《スマチ》㆑扣《タヽクヲ》而方《ニ》鳴《ナル》。大聖垂《タレ下フ》㆓慈《シヲ》㆒、必待《スマチ》㆑請《ヲ》而当《マサニ》㆓説㆒、故名《ク》㆓「一時《ト》」㆒也。又「一時《ト》」者《イフハ》、阿闍世正起《クシ、》㆑逆《ギャクヲ》時《ナリ》。仏在《テ》㆓何《イツレノ》処《ロニカ》㆒、当《アタテ》㆓此《ノ》一時《ニ》㆒如来独《ヒトリ》与《トモニ》㆓二衆《シュト》㆒、在《マス》㆓彼《ノ》耆闍《キシャニ》㆒。此即《チ》以《テ》㆓下《ヲ》㆒形《アラハス》㆓上《ヲ》㆒意也《コヽロナリ》。故曰《イフ》㆓「一時《ト》」㆒。又言《フ》㆓「一時《ト》」㆒者《ハ》、仏与《トモニ》㆓二衆《ト》㆒、於《ノ》㆓一時《ノ》中《ニ》㆒、在《ノ》㆓彼耆闍《ニ》㆒、即聞《チキカシメ下》㆔阿闍世起《オコスコトヲ》㆓此悪逆《ノ》因縁《ヲ》㆒。此即《チ》以《テ》㆑上形《ヲアラハスシモヲコヽロナリ》㆑下意也。故曰《フ》㆓「一時《ト》」㆒。

（『全集九』四七頁）

序―重層的展開

まず最初に注意されることは、書き出しです。

二、次に化前序を解せば、この序の中に就て、即ち其の四有り。（『全集九』四七頁）

と、こういうふうに書き出しています。この「二」というのはいったい何に対して「二」と言うのかということです。つまり、「二」というのですから、「一」があるわけです。その「一」はいったい何を指すのか。これがどうもはっきりしないと先輩も言うておりますし、そう言われてみますと、「二」というふうに書き出さなくてはならない理由がはっきりしてこないのです。おそらくそこには、事柄が重層していると申しますか、重なり合っているということがあるのではないかと思うのです。

序分を明らかにする時に、第一にまず証信序を明らかにし、そして第二に発起序を明らかにする。そういう意味で、証信序が「一」であり、発起序が「二」である。したがって、化前序はその発起序のなかの「一」である。そして禁父縁が「二」になっている。だから、禁父縁のところは、

二に父を禁ずる縁の中に就て、（『全集九』五二頁）

と書きだされておりますように、禁父縁のところは「二」となっています。そうすると、「二、次に化前序を解せば」と、こういうふうに書き出して、そしてそれが終って父を禁ずる縁のところで「二」と、やはり示されています。もちろんその時に、その禁父縁のところの「二」は「次に」という言葉を受けて「二」と、こう展開されていったのだということも言えないこともありません。けれども、やはり第一は証信序であると、そして第二が発起序であると、こういうふうに証信序・発起序を一・二と、このように展開させて、発起序が化前序から始まるわけですから、その化前序のところに「二」と、こういうふうに置いたと、こういうことがここでは考えられます。したがって、その発起序のなかの「一」であって、父を禁ずる縁というのは「二」であると、こういうことですね。

しかしそれと同時に、化前序は他の発起序と選んで証信序を受けるという意味で証信序を「一」とし、この化前序を「二」としたと、こういうこともやはり考えられるでしょう。その意味では「二」と、こういうふうに言うているところに、その「二」が証信序を直ちに受けることにより、「即ち其の四有り」で、四成就ということが仏説の定規となるということをも内につつんで「二」

と書き出しをしたのではないかと、こんなふうにも考えられるわけです。そういうところに、一、二、三、という番号のうち方というだけではなくて、そういうことを通して実存的な確かめをしているのだと思います。

いわゆる単に経文の次第展開について順序を示したというだけではなくして、そこに一つは六成就と発起序という事柄、さらには「如是我聞」一句を証信序として、そして「一時」以降を発起序とするという事柄、さらには四成就を化前序としてあとの父を禁ずるの縁以降を六縁とおさめることによって、そこにもう一つ確かめをしている。いうならばそういう重層的な確かめをしているということへの一つの配慮を、この「二」という一字に見ることができるのではないかと思うのです。

教化の成就

まず最初は「一時」という、いわゆる時の成就ということですが、その「一時」ということについて善導はていねいな確かめをしていくわけです。そこでは善導は四つの事柄として「一時」、つまり「時」ということを明らかにしていこうとしているわけです。

まず第一は、

初めに「一時」と言うは、正しく起化の時を明す。仏将に法を説きたまわんとして先ず時処に託したもう。但衆生を開悟すること必ず因縁に藉るを以て、化主機に臨んで時処を待ちたもう。

（『全集九』四七頁）

と、これが第一にあげられている「一時」ということについての意味です。これは文字通り如来摂化の時ということを明らかにしていくという意味では、次の三つの解釈をこういうふうに統摂していると言うてもいいと思います。衆生摂化のために如来が説法したもう、その時であると、こういう押え方ですね。「正しく起化の時を明す」と、こう言うのですから、この「時」というのは、単に漠然と「一時」と言うのではなくして、正しく如来が衆生のために教化に立ち上がったその時である、こういう押え方をするわけです。

ところが、そのことについて聖道の諸師方は、この「一時」というのは『観無量寿経』の経説が説き起こされる時、すなわち『観無量寿経』の経説起化の時であると、こういうふうに見ていこうとするわけです。

ところが、善導は化の前の一代教起化の時であるという意味と、そして『観無量寿経』の起化の時であるという意味とを重ねて、「正しく起化の時を明す」と、こういうふうに見ていくわけでしょう。だから、「起化の時」とこういいます時に、その教化の時、教えとそして教えを聞くということの成就するその時、その時を単に偶然的な時としては見ないのであって、正に「起化の時」と、このように押えて、その時こそ人間存在の上に宗教性が開示される時である。正に宗教的実存として人間がそこに自己を見出す時である。人間を宗教的実存として開示する時であるというわけです。そういう意味において、その「一時」というのを単にある経典を説く時とか、あるいは諸々の経典を説く時とか、いうならば空間化された時間として見るのではなくして、あくまでも実存の時間、宗教的時間だと押えていくわけです。だから、教えが成就する時であり、その教えが成就する時こそ、衆生の信が成就する時であるというわけです。

ところで、仏の説法は「時」ということのなかに「処」ということも含んで「時」というわけです。「処」ということを「時」という一字のなかに含むということが、実は「時」を観念化させないわけでしょう。だから、仏の説法はその「時」と「処」とを待つということがあるわけです。その「時処」ということを待って説法は成立する。換言して仏教の真理ということでいうならば、仏教の真理はいつでも・どこでもということにおいて、その真理の普遍性というものがあるわけですね。

ところが、そのいつでも・どこでもということで表現される仏教の真理の普遍性が、単にいつでも・どこでもというだけにとどまるならば、普遍の法に人間存在がかかわるべき必然性が見出されてこないわけです。とすると、そのいつでも・どこでもという普遍性をもって明らかにされている法の真理というものは、いつ・どこでという決定的な限定を生きている機の個別性の上においてのみ成就するということで、いつ・どこでという、そのことが非常に重要な意味をもつわけです。

そのことと同時にまた、機の成就ということは法の普遍性においてのみ成り立つということがあります。つまり、人間が宗教的存在となるということは、単にその人間の個人的な資質というようなものではなくて、人間であるというそのことが、そのまま宗教的存在であるということを明らかにするのは、あくまでもそこに開示されてくる仏法の真理性が普遍的であるからなのです。人間という存在が正法の正機として自己を成就するということは、正法それ自体が普遍的であるということにおいてのみ成り立つと、こういうことです。そういう意味で「正しく起化の時を明す」と、こういうふうに押えるわけでしょう。

そして、そのことを次に具体的に確かめていく時、はっきり、

仏将に法を説きたまわんとして先ず時処に託したもう。（『全集九』四七頁）

と、こういうふうに言います。だから、如来が法を説こうとする時、何よりもまず時と処とを生きるという、そういうふうに存在を待つということがなくてはならないと、このようにいうわけです。だから、ただ虚空に向かってものを言うているというようなことではなくて、時と処を生きている実在、したがって時と処ということを内実としているという、その具体的な機の事実を待って教法は開示されてくるわけです。

そして、そのような時と処とを生きているという、機の事実を待つということによって開示されてくるその内容は、いったい何かというと、

衆生を開悟すること必ず因縁に藉るを以て、（『全集九』四七頁）

ということです。衆生を開悟する、悟らしめるということは必ず因縁によるのであるということが一つ押えられています。だから、衆生が有縁の法を聞き、自らの心を開き、身に法益を悟るという、いわゆる衆生開悟ということは必ず因縁によるというわけです。いわば、能説の人となりたもう仏の説によって、衆生が能聴の人となるという、その因縁の和合において成り立つ、こういうふうに

言うわけですね。だから、衆生開悟ということを内容として時処に託するということは、そのまま必ず因縁によるという道理の証しであると、こういうことが非常に大事なことなのでしょう。

それは、さきの「証信」ということについての領解のところで、「如是」という二字を能説の人と押え、「我聞」という二字を能聴の人と、このように押えたですね。正に教と機です。教と機の成就において機教相応という事実を見ていました。その時、衆生自身において言えば、全く不思議なる宿縁の開発ということでありますし、如来において言えば、機に臨んで時処を待つ、ということであるというわけです。

そういう意味では、聞法ということは人間が私的な心をもっては決してできないことだということができますね。聞法は一点の私心もあっては成り立たない。と同時に、真の仏陀の説法ということも、たとえそれが大覚世尊といえども、一点の私心がそこに加わるならば不可能であるということがあるわけです。聞法も私心においては成り立たない、と同時に仏の説法も私心がそこに介在するならば不可能になるという、非常に厳粛な一点があるわけです。

ですから、「化主機に臨んで時処を待ちたもう」というて、時と処とを内実として生きている機を待ち続けるわけです。いわゆる時と処を内実として生きている人間存在が、仏法の正機となるということを待ちたもうという、その待つというところに悲願とか悲心とかいわれることがあるのでしょうが、そういうことがなくては説法ということは成り立たないということを、「一時」ということのなかで明らかにしようとするわけです。

親鸞は『教行信証』の「教巻」で真実教ということを六句の讃嘆ということで明らかにしておりますが、そこに「時機純熟の真教」「如来興世の正説」という言葉がありますね。それを今のところへ当てはめて言いますならば、「時機純熟の真教」にして初めて「如来興世の正説」たりうるのである。そのほかはすべて真実の教と呼ぶに足りないというわけです。宗教とは如来が待ちたもうという教えであり、宗教とは如来によって待たれるという機の上に開かれる事柄である。あえて言うならば、正に待ちたもう如来の教と待たれる衆生の機との出遇い、そこにたまたまという出遇いの事実があり、そのたまたまという出遇いの事実の底には、待ちたもう教と待たれる機との出遇い、必然的な出遇いというものがある。その必然的な出遇いが具体的には「一時」、つまり今、わたくしとしてのこの時という、時の有難さということが知られるわけでありましょう。そういうことがまず第一に確認点として善導が押えていることなのです。そしてそれが、ある意味で申しますと、「一時」という事柄についての善導の通じての領解であるわけです。

処を内実とする時

次には、

又「一時」と言うは、あるいは日夜十二時、年月四時等に就く。これ皆是れ如来機に応じて摂化したもう時なり。処と言うは、彼の所宜に随って、如来法を説きたもうこと、あるいは山林処に在しまし、あるいは王宮聚落処に在しまし、あるいは曠野塚間処に在しまし、あるいは多少人天処に在しまし、あるいは声聞・菩薩処に在しまし、あるいは八部・人・天・王等の処に在しまし、あるいは純凡若多一二処に在しまし、あるいは純聖若多一二処に在します。其の時処に随って、如来観知増せず減ぜず、縁に随って法を授く。各所資を益す。斯れ乃ち洪鐘響くと雖も、必ず扣くを待ちて方に鳴る。大聖慈を垂れたもう、必ず請いを待ちて当に説くべし、故に「一時」と名づくなり。(『全集九』四七頁)

というて、これが第二番目の領解です。ここでは善導は明らかに化前一代の説法の時という具体性をもった「時」の内容を確かめているわけです。それは、「日夜十二時、年月四時等」によって性格づけられるような「時」だと、こういう押え方ですね。

これは非常に平凡といえば平凡な押え方ですね。時というのはいったいどういうことかといえば、「日夜十二時、年月四時等」というのを「時」というのだというのです。これは言わなくてもあたり前だといえばあたり前のようですけれども、意味があるわけです。われわれは「時」と言うた時に、わたしは、今何年何月のどういう時に生きているのかということが、われわれにとってははっきりしておらないわけでしょう。生きているという「時」が流れていってしまうのですね。それを「日夜十二時、年月四時等」によって性格づけるということをもって、時の具体性を示している。

しかし、それはただ「一時」というのはそういうことだというふうに、時の具体性を押えたというだけではなくて、その「時」を押えることによって「時」を生きるという人間において、その時こそ説法の時である。したがって、説法の時は、単に人間が観念しているような時間というのではなくて、如来説法の処を内実とする、そういう「時」であるということです。いうならば、流転する時が如来摂化の時として切断される。流転の時、いわゆる空しく過ぐる時が転じて還滅の時となる。いわば転成です。転成は如来の教えに遇うということによって成り立つわけです。たとえば、親鸞が法然との出遇いを、

曠劫多生のあいだにも　出離の強縁しらざりき
本師源空いまさずば　このたびむなしくすぎなまし　（『全集二』一二八頁）

と、このように深い感動をもって語っているような、そういうことでしょう。正に空過すべき時を生きているという、その身が如来摂化の時を生きる存在となったという、そこに、流転の時が転じて還滅の時となった、そういう頷きを「一時」ということのなかにわれわれは読みとっていかなくてはならない。だから、わざわざその「時」ということの内容として処ということを押えているわけでしょう。

処と言うは、彼の所宜に随って、如来法を説きたもう。（『全集九』四七頁）

と、こういう一句がここに収められているということは、時が単なる空間化された時ではなくして、処という具体性をもった時であるということであり、その具体性の上に如来はかの所宜、つまり如来は所被の機に応じて宜しきにかなうところの法を説くのである。したがって、衆生はその有縁の教に遇うということによって流転の時を転ずるのである。こういうことであります。

それからあとは、説法の時を処というかたちを通して、具体的に一つ一つ善導はていねいに押え

ていくわけですね。

如来法を説きたもうこと、あるいは山林処に在しまし、あるいは王宮聚落処に在しまし、（『全集九』四七頁）

というようなかたちで押えていくわけです。いわば如来説法の時というのは、如来説法の時機を内実として生きる存在の上に具体性をもって開かれてくる。したがって、漠然と時と言うているのではないということがここで明らかにされていて、その明らかにされている内容は全部、説法は所宜にしたがう、つまり機に応ずるということを語っているわけでしょう。

しかし、そこでもう一つ善導が確かめていることは、

其の時処に随って、如来の観知増せず減ぜず、縁に随って法を授く。各所資を益す。（『全集九』四七頁）

と言うて、如来の教法が所宜に随って開示されてくるとはいうても、所宜に随うことによって教法、つまり法の真理性が増えたり減じたりするということはない。法はあくまでも不増不減である。それ故に縁に随って法を授くることによって各々所資を益するということをいうわけです。所被の機の質というものの上に各々の利益が与えられるわけですが、その時その処を生きる人間の千差万別性のところに具体的に利益が与えられるからというて、法それ自体が変化するということはない。逆に言うならば、法が不変であるからこそ縁に随って自在であることができるわけでしょう。それ故に、不変の法が縁によることによって可変の機の具体性、個別性の救いを成就するわけです。こ

こに機受により法は教えとなるということがあるわけですね。機の上に受けられるということにおいて仏法は真に仏教となるということがあるわけでしょう。

それを善導はきわめて巧みな譬喩をもって語るわけです。大聖世尊の垂慈、つまり一代説法を説き出されたというそのことを、洪鐘、大きなつり鐘にたとえているわけです。つり鐘が大きいということは、それをいかにたたくかということにおいて証される。したがって、大きくたたけば大きなつり鐘は、大きくたたく人の上に大きな音となって聞こえてくる。小さくたたけば小さくたたく人の上に小さな音として聞こえる。しかしそれは、つり鐘がたたく人によって大きくなったり小さくなったりするということではない。しかし、必ずそれはたたくということを待たなければつり鐘は鳴らないという事実がある。そういうことを例として出すわけです。

ここで善導は、「一時」ということが説法の時であるということのもっている必然性と、そして具体性というものを語っているわけでしょう。

斯れ乃ち洪鐘響くと雖も、必ず扣くを待ちて方に鳴る。大聖慈を垂れたもう、必ず請いを待ちて当に説くべし、故に「一時」と名づくなり。(『全集九』四七頁)

と、こういうふうに「必ず請いを待ちて当に説くべし」ということが、この「一時」ということのもっている説法の時ということの内容だと、こういうふうに押えていくわけです。

起逆の時

そして、次にまた「一時」ということを押え直すわけです。それは上の解釈を受けてくることでありますが、同時に以下の二つの「一時」についての領解が語られるわけです。これはお互いに照らし合っているということがあるわけです。

さきに起化の時ということを明し、そしてその起化ということの内容を具体的に示してきました。それを受けて、正しくこの『観無量寿経』という経文の序分に示されてくる、王舎城の悲劇というできごとのもっている意味を確かめていくかたちで、時ということが明らかにされてくるわけです。

又「一時」と言うは、阿闍世正しく逆を起こしし時なり。仏何れの処にか在しまして、この一時に当たって如来独り二衆とともに、彼の耆闍に在します。これ即ち下を以て上を形わす意なり。故に「一時」と曰う。（『全集九』四八頁）

こういう解釈をしておりますね。これは宗教的時間であるところの「一時」の、文字通りの宗教性、機教相応性ということを、具体的に王舎城の悲劇、阿闍世の逆悪ということにかかわって語っていくわけです。

そこで、その「時」とは具体的に『観無量寿経』を通していうならばどういう時かというと、阿闍世が正しく逆を起こすその時である。人間の問題が事件というかたちであらわになる、その時であるというわけです。人間の問題が事件としてあらわになるその時である。その時こそ仏陀は「如来独り二衆とともに、彼の耆闍に在します」というのですから、如来は仏法の真理を声聞弟子たちを対告衆として語りつつある時であったというふうに押えますね。

ここに「独」という字があります。仏法の真理を語りつつある如来のみが王宮の事件を明らかに知られていたということです。そして、王宮の事件、人間の悲劇そのものが不請というかたちをとりながら、切々と仏法を求めているということを如来が知ろしめされた時である、こういう押え方です。

いうならば、耆闍崛山における説法は、単なる真理についての説事ではなくして、仏法の真理を語るという、その普遍のできごとのまっただなかに、如来は一人の苦悩する存在の心の所念を知ろしめしての悲心というものが切々としてたたえられていたのである。こういうことがここで善導によって押えられるわけです。

ここに「下を以て上を形わす意なり」と言うていますが、下すなわち王宮の事件をもって、すなわち山上の説法の本意をここに明らかにしたのであるという、非常にすぐれた善導の領解があるわけです。

前の領解を受けて、

又「一時」と言うは、仏二衆とともに、一時の中にして、彼の耆闍に在しまして、即ち阿闍世この悪逆の因縁を起こすことを聞かしめたもう。これ即ち上を以て下を形わす意なり。故に「一時」と曰う。(『全集九』四八頁)

といいます。これは上を受けて出てくるわけです。「一時」というのは、耆闍崛山上で一代の説法を説いていたその時である。しかし、その説法をしている仏の心には王宮の悲劇の因縁がすでにして知ろしめされていたのである。かくて一代仏教というのは、正しく『観無量寿経』発起化前の序として位置づけられるべきであると、このように押えてくるわけでしょう。

だから、以上の二義で普遍の法と個別の機との感応ということが明らかにされており、凡夫は如来を見たてまつることはできない、しかし如来は限りなく凡夫を見そなわしている。仏に見そなわされた凡夫が真に仏の大悲摂化の教えに気づく時、仏の大慈悲心に生きる存在となる。正に機教相応の具体相というものがそこにある。こういうことをすでに王宮の物語に先立って、善導はその意味を確かめているわけでしょう。

(3)　主 成 就

言《イフ》「仏」《ト》者《ハ》、此《レ》即《チ》標《ヘウ》定《シャウ》化主《シュヲ》、簡異《イノ》余仏《ニ》独《ヒトリ》顕《ス》釈迦《ヲ》意也《ナリ》。（『全集九』四八頁）

化主の確認

こんどは、仏、いわゆる六成就で申しますと主成就であります。その仏については、

「仏」と言うは、これ即ち化主を標定し、余仏に簡異して、独り釈迦を顕わす意なり。

（『全集九』四八頁）

と言うています。仏という言い方は、これは言うまでもなく諸仏の通称ですね。ところが、今ここで仏と言うのは、単に通称という意味で仏と、こういうふうに言うたのではなくして、徹頭徹尾、教主たる世尊、すなわち釈迦牟尼仏陀を指しているのだということを善導は確かめているわけです。

ここで、娑婆の化主と言い、能化の人と善導が押える仏は、あくまでも人間として、この現実に誕生してくださった釈尊以外にはない、こういう押え方です。だからその意味では、仏説というこ とは鬼神の説とも天仙の説とも変化の説とも聖弟子の説とも簡ぶのである。さらにここの言葉を通していうならば、諸仏とも簡ぶのである。こういうことがわたしは非常に大事なことだと思うのです。こういう押え方を通して、善導は仏教の宗教的構造、すなわち仏教のもっている宗教性の厳密な構造というものを語っていると言うてもいいと思います。

救主は阿弥陀である。しかし、教主は釈尊である。そして、その教主釈尊の語りかけてくださる阿弥陀の本願、その教えによって万人があやまりなく救済されていくという事実を証誠し勧誠する。その役割をもった存在、それを諸仏という。だから、救主は阿弥陀。教主は釈尊。証誠勧信主は諸仏。こういうふうに明確に峻別をしているわけですね。こういうことが、実は宗教に関する厳密性ということでしょう。

(4)　処成就

三従《リ》二「在王舎城」《ト云》二已‐下《ハ》、正明《ス》二如来遊《ユ》化之《ノ》処《ヲ》一。即《チ》有《リ》二其《ノ》二一。一遊《アソンテ》二王城聚落《シユラクニ》一、為《ナリ》三化《クエセムカ》二在俗《ソク》之《ノ》衆《ヲ》一。二遊《（ママ）アソン下》二　耆《フキ》山等《ノ》処《ニ》一、為《ナリ》三化《セムカ》二出家之《ノ》衆《シユヲ》一。又在家者《ノハ》、貪《トム》二求《クス》五欲《ヨクヲ》一、相続《ソクメ》是常《レナリ》、縦《タトヒ》発《トモ》二清‐心《ヲ》一、猶《ナホ》如《シ》三画《エカクカ》二水《ミツニ》一。但以《タテ》《ミレハ反》随《テ》レ縁《ニ》普益《クヤクシ》不《ス》レ捨《ステ》二大悲《ヲ》一。道‐俗形‐殊《カタチコトニメ》、無《シ》レ由《ヨシ》二共‐住《トモニチユスルニ》一。此《レヲ》名《ク》二境《キヤウ》界住《チユト》一也。又出家者《ハ》、亡《マウシ》レ身《ヲ》捨《ステ》レ命《ヲ》断《タチ》レ欲《ヲ》帰《ノ》二真《ニ》一、心若《シテ》二金剛《ノ》一等《ナリ》二同円‐鏡《キヤウニ》一。悕《ケ》二求《メ》仏地《ヲ》一、即《チ》弘《ク》二益《ス》自‐他《ヲ》一、若《シ》非《サレハ》三絶《セチ》二離《リスルニ》　諠《ケウ》塵《ヲ》一、此《ノ》徳無《シ》レ由《シ》三可《ヘキニ》二証《ス》一。此《ワ》名《ク》二依《エ》止住《シチユト》一也。

（『全集九』四八頁）

「住」と「在」

これからが三番目の、いわゆる処成就といわれるところです。これはかなりていねいに領解を述べられています。ここで押えていることは、「正しく如来遊化の処を明す」ということです。さきの時の成就というところでは、「正しく起化の時を明す」と押えられていますし、次の主の成就のところでは、「これ即ち化主を標定す」と押えてくる、それに相い応ずるようにして「正しく如来遊化の処を明す」と言うています。

最初に、細かいことのようですが、『観経』では「在王舎城」とありますし、『大無量寿経』では「住王舎城」となっています。この「住王舎城」という時の「住」と、「在王舎城」という時の

「在」とは、意味が違うと、従来、言われております。天台大師の『観経疏』によりますと、「在」というのは「しばらくとどまる」という義であり、「住」というのは「久しくとどまる」という義だと、こういうふうに言うています。

そこで思いますのに、『大無量寿経』の方は「住王舎城」と言い、『観無量寿経』の方は「在王舎城」と、このように言うというところから、『大無量寿経』が根本経典であって、『観無量寿経』はその根本経典を明らかにする位置にある経典だというふうな領解も、そのへんから読みとっていくことも、全く不可能だというわけではないということが考えられます。ともかく、今は「在」と「住」とはやはり意味が違うということだけを指摘するにとどめることにします。

釈尊の遊化と教化

ところで、ここでは、仏陀が説法するために在しますという、その在しますという、その処ということについて大別して二つあると、こういうふうに善導は押えていくわけです。いわゆる遊化の処、それはいろいろあるだろうけれども、大きく分かつと二つである。それは境界住と依止住であると、こういうふうに言います。それは、この『観無量寿経』に即して言うならば、王舎城の王宮とそして耆闍崛山であると、こういうことでもありましょう。そして、境界住というのは在俗の衆を化せんがために仏陀が遊化する処であり、依止住というのは出家の衆を化せんがために仏陀が教化する処であると、こういうふうに押えるわけです。だから、境界住という言い方は、きょう仏陀が伝道のために一時的に住する処と、こういう意味でしょう。

ここで境界というのは、国の境界というような、境界線という意味ではなくて、むしろ領分です。領分というても、それはあくまでも摂化の領分であって、衆生の摂取化益の領分という意味でしょう。境界住は仏陀が伝道のため一時的に住する領分だと、このように押えるならば、依止住は仏陀の本拠です。仏陀が仏陀たりうるところの本拠である処ということでしょう。

ここでことさらに「如来遊化の処を明す」と押えておいて、その「遊化の処を明す」ということの内容として、境界住と依止住という二つのことで、それを確かめていこうとしているところには深い意味があるわけです。一見しますと、二つの場所があって、その二つの場所で釈尊というお方は説法をなさった方だと受けとりかねないわけです。

一つには、いわゆる耆闍崛山という山上で出家の人々を対象としてお話をなさった。したがって、出家の人といわれる者は、「身を亡じ命を捨て欲を断ち真に帰して、心金剛の若くして円鏡に等同だ。そして、常に「仏地を悕求して、即ち自他を弘く益す」と、こういう人々であって、その人々は、いわゆる「蹈塵を絶離するに非ざれば、この徳証すべきに由無し」と、こう言われるように、いわゆる在家を超絶したところに生きている、そういう出家の人を対象として仏法を説いておった。だから、そういう人々を対象として仏法を説くその場所を依止住と、こう言うのだ。

それに対していうならば、在家の者のために説法をする処を境界住と、こういうのだ。在家の者というのは、「五欲を貪求す、相続して是れ常なり、たとい清心を発すとも、なお水に画くが如し。

但以て縁に随って普く益し大悲を捨てず」と、こういうふうに読みますならば、それは衆生が随縁によって利益を受けるから大悲心を捨てないのであると、こういう意味になるわけです。

それでいいのですけれども、そのことについて、わざわざ親鸞が「以て」の字に「オモンミレバ」という左訓をつけているわけです。このように「但以てみれば縁に随って普く益し大悲を捨てず」と言うた時には、それは単なる状況を説明したのではなくして、不捨の大悲ということの積極的な意味をそこで頷いていると言うことができると思います。このように領解をするならば、境界住と依止住というのは、二つの如来の説法の処だということだけではすまされないように思うのです。

ここに境界住をまず明らかにして、次に依止住を押えることを通して、処の成就ということを明瞭にしたという善導の気持ちを推し測って申しますと、それは如来の説法の性格というものを決定づけているのだと、このように考えたいのです。つまり、どのような濁乱、どのような騒乱、どのような在俗のまっただなかにあっても教化が可能であるのは、それは仏陀が常に寂定無為の境界を自己の所住としているからであるということを語っているわけでしょう。

だから、こういうふうに説法の処を明らかに押えることによって、これから展開されてくる王舎城の悲劇といわれるような、ああいう人間のどうにもならない現実、欲望のうずまくまっただなかで、如来が仏法を説くことができるということは、その如来自身が自ら依止としている処が寂定無為涅槃界だからだ、ということをここでは語っているのだというふうに、わたしは領解をしたいわけです。

だから、そういうことが、やがてあとの方に出てくる王舎城の王宮におけるできごとということが、この『観無量寿経』の発起序となる由縁なのですね。そうでないと、王舎城の王宮に起こったできごとというものも、きわめて特異なできごとになってしまいますし、その特異なできごとの場所へ釈尊がわざわざ耆闍崛山から出てきて説法なさったという、その説法もまた非常に特殊なものになっていってしまう。そうではなくて、正に仏陀の御心はいかに耆闍崛山の上にあって仏法の真理を語っている時であっても、その真理を語る御心は大悲の心である。その大悲の心は寂定無為涅槃の境界を自己の所在として発された大悲の心である。その大悲の心が何のおそれもなく、何のまどいもなく、人間の具体的な迷妄のまっただなかに真実の教法を開示することができるわけです。そういう意味で言うならば、仏の説法の性格を境界住・依止住ということで明瞭にすることを通して、次の六縁として示される発起序の必然性、普遍性というものをここでまず明らかにしているのだと、こういうふうに領解すべきであろうと思うのです。

(5) 衆成就

四従《リ》二「与《ヨ》大比丘衆」《ト云》一下至《シモル》二「而《ニ》為上首《シュニ》」一已‐来《ハ》、「与《ヨト》」一者《ハ》、仏身兼《カネタリ》二衆《シュヲ》一、故《ニ》名《テ》為《ス》レ「与《ト》」。二者惣《ソウ》大。明《ス》二仏《ノ》徒衆《トシュヲ》一。就《ツイテ》二此衆《ノ》中《ニ》一、即分《ワカテ》為《ス》二二《ト》一。一者《ハ》声聞衆、三者《ハ》相大。四者《ハ》衆大。五者《ハ》耆年《キネム》大。六者数大。七二者菩薩衆《シュナリ》。就《テ》二声聞衆中《ニ》一、即有《リ》二其《ノ》九《ツ》一。初言《ニフ》二者尊宿《シウ》大。八者内有実徳大。九者果証大。問‐曰。

一切経首《ノハシメニ》、皆有《テ》此等《レラノ》声聞以為《セルハ》猶置《ユチト》、有《ルヤ》何《ナンノ》所《ユヘ》以《カ》。答曰。此有《ニリ》別意。云何《カ》別意《ナル》。此等《ノ》声聞、多《ク》是《レ》外道《ナリ》。如《キ》『賢愚経《ケンクニ》』説《カ》、優楼頻螺《ウルヒンラ》迦葉領《リヤウノ》五百《ノ》弟子《ヲ》、修事《シス》邪《シャ》法《ヲ》。伽耶迦葉領《ノ》二百五十《ノ》弟子《ヲ》、修事《ス》邪法《ヲ》。那《ナ》提迦葉領《ノ》二百五十弟子《ヲ》、修事《ス》邪法《ヲ》。惣《メ》有《リ》一千。皆受《ウケテ》仏化《ヲ》、得《リ》羅漢道《ヲ》。其二百五十者《ハ》、即《チ》是《レ》舎利《ト》目連《ノ》弟子《ナリ》。共《トモニ》領《ノ》一処《ニ》修《シュ》事《シス》邪法《ヲ》。亦受《ウケテ》仏化《ヲ》、皆得《リ》道果《ヲ》。此等《レラノ》四衆《ヲ》合《メ》為《ス》一処《ト》。故有《ニリ》千二百五十人也。問曰。此衆中《ノノニ》亦有《リ》非《サル》外道《ナラ》者《ノ》。何故《ナンカソ》惣《ソウメ》標《ヘウスル》。答曰。如《キ》『経《ノ》』中《ニ》説《カ》、此諸《ノノ》外道常《ハ》随《ニテ》世尊《ニ》不《ス》相捨離《ヒシャリセ》。然《ルヲ》結集《ケツシフ》之《ノ》家《イヘ》、簡《エラヒトル》取外徳《ヲ》、故有《ニリ》異名《イ》。是《レ》外道者《ナルノハ》多《ク》、非《アラサル》者《ノハスクナシ》少。又問曰。未審《イフカシ》此等《ノ》外道常随《ニヘルハ》仏後《ニ》、有《ル》何意《ナニコ、ロカ》也。答曰《ク》。解《スルニ》有《リ》二義。一就《テ》仏解《ニケシ》、二就《テ》外道解《ニス》。就《テ》仏《ニ》解者《セハ》、此《レ》諸《ノ》外道邪《シャ》風久《ヒサシク》扇《アフクコト》、非《スレ》是一生《ノミニ》。雖《トモ》入《ルト》真門《ニ》、気《ケ》習由在《シフナヲアリ》。故《ニ》使《シム》如来知覚《セシメテサラ》不令《メ》外化《セ》。畏《オソラクハソンノ》損衆生正見《ノ》根芽《コンケヲ》、悪業増《ソウ》長《シ》、此《シ》世《セ》後《コ》生《ニ》、不《サルコトヲ》収《オサメ》果実《ヲ》。為《ニ》此《ノ》因縁《ノ》、摂《セフシム》今《ラ》自近《チカツケテサラ》不聴《ユルサ》外益《ヲ》。此《レ》即就《チツイテ》仏《ニ》解竟《ケシヌ》。次就《ニツイテ》外道《ニ》解者《セハ》、迦葉等意《ノコ、ロ》、自唯《ラタ、》曠劫《ニ》久《ヒサシク》沉《シツウテ》（ママ）生死《ニ》、脩《シュ》還《クエンメ》六道《ニ》苦《クルシミ》不可《ヘカラ》言《フ》。愚癡《チ》悪見《ニメ》、封《フ》執《シフシ》邪風《シャフウニ》不《スメ》値《アハ》明《メイ》師《シニ》永流《ナカクナカレタリ》於苦《ク》海《ニ》。但《タ、シ》以《テ》宿《シウ》縁《ヲ》有《テ》遇《タマ〳〵》得《ルコトアヒ下フコト》会《ヲ》慈尊《ニ》、法沢《タクシ》無私。我曹《ワタクシワカトモカラ》蒙潤《カフテウルヲヒヲ》、尋《ツイテオモフニ》思仏之《ノ》恩《オン》徳《ヲ》、砕《クタクミヲ》身之極《キワマリ》悃然《ハウセンタリ》。致《イタス》使《シムルコトヲ》親《マノアタリ》事《ツカヘテレイキニ》霊儀無《ナカラ》由《ヨシ》暫《シハラクモカハルニ》替。此即就《レテ》外道《ニ》解竟《シヌ》。又問曰。此等尊《レノソン》宿《シウ》、云何名《ソクル》「衆所知識《シュシヨ》」《ト》。答曰。徳高《タカキヲ》曰《イフ》尊《ト》。耆《オイタル反》年《キネムナルヲ》曰《イフ》宿《シウト》。一切《ノ》凡聖知《シリ》彼内徳過《ノスクレタルコトヲ》人《ニ》、識《シル》其外相殊異《シュイナルコトヲ》、故名《ニク》「衆所知識」《ト》。上来雖《トモ》有《ト》九句《クノ》不同、解《シ》声聞衆《ヲ》竟《ヌ》。次解《ニケスルニ》菩薩衆《ヲ》、就《テ》此衆中《ノノニ》、即有《チリ》其《ノ》七。一者標《ハヘウシ》相《ヲ》、二者標《ハヘウシ》数《ヲ》、三者標《シ》位《キヲ》、四者標《シ》果《ヲ》、五者標徳、六者別顕《ヘチニハス》文殊《ノ》高徳之位《クラヒヲ》。七者惣《ソウメ》結《ケツス》。又此等《ノ》菩薩、具《クノ》無量《ノ》行願《ヲ》、安《アン》住《シュシ》一切功徳之法《ノヲ》、遊《ユ》歩《フメ》十方《ニ》、行《シ》権《コム》方便《ヲ》、入《テ》仏法蔵《ニ》究竟《ス》彼岸《ヒカンヲ》。於《テ》無量《ノ》世界《ニ》化成《ノナル》等覚《ヲ》。光明顕曜《ヨウメ》普照《クス》十方無量《ノ》仏土《ヲ》。六種《ニ》震動《メ》、随《テ》縁《ニ》開示《シス》。即転《チテンシ》法輪《リムヲ》、扣《タヽキ》法鼓《クヲ》、執《トリテ》法剣《ケンヲ》、震《フルヒ》法雷《ノライヲ》、雨《フラノ》法雨《ウヲ》、演《ノヘテ》法施《セヲ》、常以《ニテ》法音《オンヲ》、覚《サトラシメ》諸世間《ノヲ》、摑《クワク》《ツカミ反》裂《レチシ》《サク反》邪網《シヤマウヲ》《アミ反》、消滅《ス》諸見《ヲ》。散《サンシ》諸塵労《ノチンラウヲ》、壊《ヤフリ》諸《ノ》欲塹《ヨクセムヲ》、顕明《メ》清白《ヲ》光融《ユシ》仏法《ヲ》、宣流《センルメ》正化《ヲ》、愍傷《ミンシヤウメ》衆生《ヲ》未《タ》曾《カツテ》慢恣《マンシセ》。得《エ》平等法《ノヲ》、具足《シ》無量百千三昧《ヲ》、於《オイテ》一念頃《ノアヒタニ》無《シ》不《ト云コトシユヘンセ》周遍。荷負《カフ》群生《クンヲ》愛《アイスルコトヲ》之如《ク》子《コノ》、一切善本《ノ》皆度《シ》彼岸《ニ》、悉獲《クエテ》諸仏《ノ》無量功徳《ヲ》、智慧開朗《ラウニメ》不可思議《フナリ》。雖《トモ》有《リト》七句《クノ》不同《シ》解《ニ》菩薩衆《ヲ》訖《オハヌ》。上来雖《ニトモ》有《リト》二衆《シユノ》不同、広《ク》明《シ》化前《ノサキノ》序《シヨヲ》竟《ヌ》。（『全集九』四九頁）

仏とともにある存在

こんどは衆の成就ということですが、この衆の成就というところもまた非常にていねいな解釈を善導はしているのです。しかし、あまり細かいことはここでは申さないことにいたします。

四「与大比丘衆」と云うより下「而為上首」に至る已来は、仏の徒衆を明す。この衆の中に就て、即ち分かつて二と為す。一つには声聞衆、二つには菩薩衆なり。声聞衆の中に就て、即ち其の九つ有り。初めに「与」と言うは、仏身衆を兼ねたり、故に名づけて「与」と為す。二つには惣大。三つには相大。四つには衆大。五つには耆年大。六つには数大。七つには尊宿大。八つには内有実徳大。九つには果証大。（『全集九』四九頁）

と、こういうふうに「与大比丘衆」という仏とともにある衆の性格を押えていこうとするわけです。

まず第一にここで押えられていることは、一つは「与大比丘衆、千二百五十人倶」という、その大比丘衆の性格と、文殊師利法王子を上首とする三万二千の菩薩と呼ばれる存在の性格とを、ここで明らかにしようとするわけでしょう。だから、その全体で、いわゆる大比丘衆千二百五十人ということと、菩薩三万二千ということと、その二つのことを通して「仏の徒衆を明す」というのですから、仏弟子の性格を明らかにするわけです。仏弟子ということの性格を声聞衆と菩薩衆という二類の事柄として確かめをしていこうとしているのだと、こういうふうに善導は押えていくわけでしょう。

そして、まず声聞ということについて押えていくわけですが、声聞衆ということを明らかにするのに九つの押え点があるといいます。

いちばん最初に、「大比丘衆と倶なりき」という「与」という字をまず押えて、「与」というのは、

仏身衆を兼ねたり、故に名づけて「与」と為す。(『全集九』四九頁)

と、こういう解釈をしています。従来、声聞という呼び方は、声聞根性というようなこともいわれますが、本来的には声聞という言葉、それ自体が仏弟子ということを語っていると思うのです。仏陀の声を聞くことをもって生命とするというような、そういう基本的な、そして非常に素朴な性格を声聞という言葉はもっているのだと思います。

善導はその声聞ということの性格を明らかにする第一に、「与大比丘衆」の「与」という字に注目して、「与」というのは、仏身が衆を兼ねているということだといっています。だから、「与」

というのは、仏身とともにあるということにおいて「与」という言葉で性格づけられているのだと、こういうふうに押えています。このことは非常に大事なことであって、

大比丘衆千二百五十人と倶なりき。菩薩三万二千ありき。文殊師利法王子を上首と為せり。（『真聖全一』四八頁）

と、こういうふうに言いますけれども、それだけのことを一言で押えて言いますならば、「大比丘衆千二百五十人と倶なりき」という「与」という一字に注目することによって、仏弟子の性格を言いあてるわけです。つまり、「与」ということが実は仏身とともにある存在、しかも仏の生命とともにある存在、仏身とともにあることをもって自己自身の存在の意味としている、そういう在り方、それが仏弟子だと押えるわけです。

こういうふうに、善導がこの化前序のところでわざわざ押えたということは、単に通序という意味での、いわば六成就の一つの条件というようなことではない。徹頭徹尾、仏法を聞く存在である。仏法を聞かずしては生きることも死ぬこともできない存在だと、そういうことがここで明らかにされなくてはならないことなのです。このように押えておいて、そういうことを化の前序として確かめることによって、そのあとの六縁という言葉で統摂される王宮の人間の問題というものが宗教的事柄として、いわゆる仏道を生きる存在を公的に開示する事柄として、性格を決定していくことができる。こういうふうに領解をしていこうとしておられるわけでしょう。そういう意味をもって、「与」という字をまず押えていくわけです。

仏弟子の性格

そして、二番目から「大比丘衆千二百五十人」ということですが、その性格が八句をもって示されていくわけです。

まず最初は「惣大」です。惣大というのは、言うてみれば総句といいますか、あるいは総摂して押えるということですね。そういう意味でいうならば、あとの七句は別して示すということになるでしょう。そうしますと、総じて示すということがまず第一の確かめであるというわけです。

三つめは「相大」です。「別して」の最初は相を明らかにするということです。相とは外儀勝相で、徳を具えて、行相威儀厳重であるということです。だから、相大というのは、比丘衆としての相、つまり外儀が勝相で、すぐれた相をもっていてその徳を具えている。その行相の威儀は厳重であると、そういうことが一つ確かめられることである。

その次は「衆大」です。『大智度論』の第三巻目にこんな解釈があります。

梵に僧伽という。ここには翻じて衆という。

といいますから、この「衆」という字も、単に今日の言葉でいう大衆という意味の衆、いわば烏合の衆という意味の衆ではなくして、あくまでも僧伽です。僧伽ということをここでは「衆」という言葉で押えているのであるというふうに確かめているわけでしょう。

千二百五十人というのも、烏合の衆がそれだけ集まっていたという話ではなくて、あくまでも僧伽であって、仏法に統理された大衆、そういう意味だと、このようにここで押えているわけです。

次が「五つには耆年大」です。耆年というのは、長く仏弟子として仕え、そして長老となった出家の人々という意味です。そのような長く仏弟子として仕え、長老となった大衆が多いという意味で、耆年大ということが出てくるわけでしょう。

そして、その次が「数大」で、その数が非常に多いというわけです。千二百五十人という多くの耆年衆がそこにおられたということですね。これも、ただ言葉についての解釈を一つづつていねいにしているということのようでありますけれども、善導の気持ちとしては一つの内容を押えているわけでしょう。いわば仏弟子として仏法のもとに統理されることがない限り、存在することのできない人間存在の問題性というものを確かめていこうという気持ちが、もうすでにこういうところに現われていると、このように領解していいと思うわけです。

ここでは、千二百五十人という数が出ておりますから、その数が多いということを示しているのに違いありませんけれども、それに託して、やがて一切の生きとし生けるすべての人間存在、生きとし生けるすべての存在、いわば大衆はすべて仏法のもとに統理されることをもって、自己の存在の意義を見出すべく生きているということにまで、問題の普遍性というものを開いていこうという、そういう気持ちもここにあると思うわけです。

そして、七番目は「尊宿大」です。尊宿大というのは、徳が高くて、年齢も多い仏弟子ということでしょうが、特にこういうことをここでわざわざ出しているということは、実は長老として尊重される徳を有する人々がここにはいるのだということです。いわゆる尊重される徳を有する人々ということが、ここでの一つの確かめ事になっているわけでしょう。

さらに、尊宿大を受けて、第八番目の「内有実徳大」、第九番目の「果証大」と、この二つで内容を押えているわけでしょう。内には真実の徳を具備しているということ、そして大阿羅漢果を証している比丘であるということ、そういうことが「八者内有実徳大。九者果証大」ということで明らかにされているわけです。

このように見てきますと、いわゆる声聞衆についての確かめが九つの事柄としてされているわけです。短い経文ではありますが、その経文にしたがいつつ確かめてゆく、その確かめを通して、一言でいうならば、仏弟子ということが明らかにされているのであります。その仏弟子ということが明らかにされていることの内容を一つ一つ確かめていくことによって、実は人間存在は仏弟子となることをもって自己を成就する存在である。そのことの普遍性というものを、王宮の悲劇という具体的人間の事実を「浄邦縁熟して、浄業機彰れて」という事柄の内容としていくに先立って、その必然性を語っているのだと、こういうふうに言うてもまちがいでないのではないかと思います。

仏弟子の前身

ところで、それだけの確かめをしておいて問いを一つ提起しています。その問いは、

一切経の首に、皆これらの声聞有って以て猶置と為るは、何の所以か有るや。（『全集九』四九頁）

こういう問いが立てられていますね。この問いは、読んでわかりますように、『観経』にのみ、こ

ういう千二百五十人の仏弟子たちがおられたということが語られているというだけではなくして、およそ仏説といわれる仏の一代経典というものは、最初にこういう性格の大比丘衆が列記されてある。それはいったいどうしてなのかという問いです。

善導はここでなぜこのような問題を提起したのかははっきりしませんけれども、思われるのは、別段この『観無量寿経』の発起序のなかに化前序というものを設けて、そのなかに衆の成就ということを組み込んで語る必要はことさらないのではないか、という疑問がうかがわれますね。だいたいどの経典でもそのようなかたちになっていることであるから、あえて注目する必要はないのではないかと、こういうふうな感情というものが一般に動くのではないかということ、それを善導は見とっていたのではないかという気がします。

われわれが善導のこういう解釈というものを知らないで経典を読みますと、どの経典の始めにも同じようなことが書いてあるのですから、ことさらこのようなていねいなことをして解釈をしなくてもいいのではないかという気持ちがやはり動くわけです。

そこで善導は、『観無量寿経』の上に「千二百五十人と倶なりき」と書いてある、そのことに託して、なぜ千二百五十人というふうに衆を列記するのかということを確かめていくということによって、実は声聞衆といわれる人々の性格を明らかにするわけです。

これに別意有り。云何が別意なる。此等の声聞、多く是れ外道なり。（『全集九』四九頁）

「答えて曰く」として、このように言うわけですが、これは大事なことだと思いますね。つまり、これには別の意がある。それは何かというと、これらの声聞、これらの仏弟子となっている人たちの多くは外道であったというわけです。仏道に目を開くことがなかった存在であるというて、『賢愚経』の取意の文を持ってきます。

『賢愚経』を見ると、釈尊の十大弟子の一人である優楼頻螺迦葉は、もともと五百の弟子を領するようなすぐれた指導者であった。ところが、その五百の弟子を領しながら、優楼頻螺迦葉は仏法以外の邪道の法に修事していた。それは拝火外道であったといわれていますけれども、その拝火外道の信奉者であった。こういうことがある。

それから、やはり同じく十大弟子の一人である伽耶迦葉も、やはり拝火外道の一人であって、この伽耶迦葉のもとに集うていた弟子は二百五十人であった。

さらに、那提迦葉も同じように拝火外道の信奉者であって、その那提迦葉も二百五十人の自分の徒弟を持っていた。その三迦葉の弟子の数を全部集めると、ちょうど一千人になると、こういうことですね。

では、残りの二百五十人というのはいったい何なのか。これは親友であった舎利弗と目連との二人についていた弟子が、実は二百五十人いたのだ。そして、舎利弗・目連はその二百五十人の弟子たちとともに宿作外道の教えを聞いておった人たちである。ところがその舎利弗・目連も仏弟子となることによって、その弟子であった二百五十人の人々も仏陀の教化を受けて阿羅漢果を証することとなったわけです。

こういう意味で、拝火外道の徒であった千人も、宿作外道の徒であった二百五十人も、みな仏弟子となった。しかし、それぞれその出生と申しますか、その始めは異なるにしても、今仏道を修する仏弟子となったということにおいて、ここに「大比丘衆千二百五十人と倶なりき」と、こういうふうに言われるのであるというわけです。

このように、『観無量寿経』の経説にのっとりながら一つの確かめをしているわけです。ここで大事なことは、かつて外道であった人々が正に仏法、つまり仏陀の教説のもとに転じて僧伽の人となったということを、ここで明らかにしようとしているということです。

外道的存在

ところが、そこでまた一つ問いを提起しているわけです。その問いは、

この衆の中に亦外道ならざる者有り。何が故ぞ惣じて標する。（『全集九』五〇頁）

というわけです。つまり、この仏弟子衆である僧伽のなかには、もともと外道ではなかった人々もいるにもかかわらず、なぜ特に外道であった人々が廻心して仏弟子となったということをもって惣標するのかと、こういう問題の提起ですね。これもなかなかおもしろいと申しますか、大事な問題の提起をしていると思うのです。それに答えるのに、

『経』の中に説くが如き。（『全集九』五〇頁）

というています。これもさきの『賢愚経』などに出ている事柄ですが、その『経』の中にこういう

ことが説いてあるというわけです。

この諸の外道は常に世尊に随って相い捨離せず。然るを結集の家、外徳を簡び取る、故に異名有り。是れ外道なる者は多く、非ざる者は少なし。(『全集九』五〇頁)

これが答えです。たしかにその通りであって、もともと外道であった者が仏道に帰依したという人ばかりではなくして、初めから仏道に帰依したという仏弟子もないというわけではない。しかし、実は経典編纂者によって仏弟子の列名を簡び取るということのなかで、多く外道からの転向者がそこに名を連ねているということがある。だから、もともと外道に仕えることなくして仏道に直ちに仕えることになった存在もいるけれども、もともとは外道に仕えることをもって救いをそこに見出そうとした人々が転じて仏道に仕え、仕えることによって真の救いに頷くことができたという人々の方がずっと数が多い。だからして、ここではその数が多い転向者、いわば廻心者によって代表せしめているのだと、こういう答え方です。

たとえて申しますと、憍陳如《きょうちんにょ》という弟子が経典に出てまいりますし、あるいは釈尊の子どもであった羅睺羅《らごら》、これも出てきます。これらは外道につきしたがったという話はないわけです。ところが、そういう人たちがやはり十大弟子のなかに名を連ねているわけですから、全部外道からの転向者だというわけにいかないということももっともな問いであるわけです。

善導はその常識的な問いをとらえて、具体的に外道に仕えたか、あるいは仕えなかったかということが問題なのではなくして、仏道に遇うまではすべての人間は外道的存在なのだということを、ここで言おうとしているわけでしょう。だから、もっと積極的に言いますと、外道に仕えてまでして自己の問題を解決しようとする人、その人々の方が、外道にも仕えないで漠然と生きている人々よりはもっと積極的に自己を問うた人だと言うてもいいという気持ちさえ、善導のなかにはあったのではないかという気がするのです。と同時に、今申しましたように、たとえ具体的に外道に仕えようが仕えまいが、仏道に遇うまではすべて人間存在というものは外道的存在だと、こういうことがここでは確かめられているのだと、このように領解すべきだろうと思います。

喜びと恐れ

こういうふうに押えることによって初めて、仏道に仕えるようになった存在の在り方を決定づけざるをえないのだということを、次に言おうとするわけです。

又問うて曰く。未審、此等の外道常に仏後に随えるは、何の意か有るや。（『全集九』五〇頁）

と問いを立てるわけです。おかしいではないか。すでに外道から仏道に廻心したのだから、いつまでも常に仏後に随う必要はないではないか。どうして外道から仏道に転向した者がいつまでも常に仏後に随い続けているのか。そこには何か意味があるのかと、こういう問いを出して、善導は二つの義をもって押えていくわけです。

答えて曰く。解するに二義有り。一つは仏に就て解し、二つは外道に就て解す。（『全集九』五〇頁）

というのです。一つは仏の側からそのことを領解することができる。もう一つはかつて外道に仕えていたという声聞弟子の心根を通して領解することができるというわけです。この言い方も「仏に就て解し、外道に就て解す」と、このように言うて、いわゆる「仏に就て解し、外道からの廻心者に就て解す」とは言っていません。「外道に就て解す」と言うています。問題は、仏につくか外道につくかということを押えることによって、問いの底にかくれている、いうならば非主体的な問題があらわになるのだというわけです。

まず、仏について解するというのはいったいどういうことなのかというと、

諸の外道邪風久しく扇ぐこと、是れ一生のみに非ず。(『全集九』五〇頁)

と言うています。「諸の外道邪風久しく扇ぐこと、是れ一生のみに非ず」ということを仏は知ろしめしているというのです。たとえ今生において仏に帰依した存在であろうとも、かつて邪道に帰したという存在の性というものは、決してこの一生で尽きるような浅いものではないということを、仏陀は十分に知ろしめしておられる。だから、

真門に入ると雖も、気習由在り。故に如来知覚せしめて外化せしめざらしむ。畏らくは衆生正見の根芽を損して、悪業増長し、此世後生に、果実を収めざることを。この因縁の為に、摂して自ら近づけて外益を聴さざらしむ。これ即ち仏に就て解し竟んぬ。(『全集九』五〇頁)

このように言うています。たとえ外道から廻心して仏道に帰したというても、かつて外道につき随っていたという、その心根は決して一生で断滅するというような浅いものではないことを、仏はか

ねて知ろしめしているというわけです。つまり、真実の仏法の門にたとえ入ったというても、かつて外道につき随っておった習気というものは、なおその存在の内深くにあるのである。だから、如来はそのことを知ろしめして、自分のそばを離れて勝手に人々に教えを説くということを許さなかったのだ。なぜかというと、そうすることによって、その人々は仏法に名を借りて自己の存在の底深くに習気として残っている外道の思いを語るということにもなりかねない。したがって、それを聞いた人々は仏法にことよせて、実は全く仏法とは似て非なることにつき随っていくことになり、やがて真実に証りを得るということがなくなるであろう。それはこの世におけることのみではなくして、この世の生を終ってからもそうである。こういうことがあるからして仏陀は常に自分のそばに近づけて、自分から離れて勝手に人々を教化することを許さなかったのである。これが仏についで解するということの意味だというわけです。ここには善導自身の信条というものがあるのでありましょう。

次は外道について解するということですが、これはさきの「仏かねて知ろしめして」ということが、そのままかつて外道につき随っていたその人自身の自覚内容として、深い恐れとして知らされているということでしょう。

迦葉等の意、（『全集九』五〇頁）

というのは、三迦葉ならびに舎利弗・目連等、いうならば千二百五十人の大比丘衆の意のなかにはこういうことがあるというわけですね。

自ら唯曠劫に久しく生死に沈みて、六道に修還して苦しみ言うべからず。愚痴悪見にして、邪風に封執して、明師に値わずして永く苦海に流れたり。但し宿縁を以て遇慈尊に会いたもうこと得ること有って、法沢私無し。我が曹潤いを蒙って、尋て仏の恩徳を思うに、身を砕くの極まり悩然たり。親のあたり霊儀に事えて暫《しま》らくも替わるに由無からしむることを致す。これ即ち外道に就て解し竟んぬ。（『全集九』五〇頁）

これはそれほど詳しく解釈をする必要はないと思います。『教行信証』の総序のなかにも、たまたま行信を獲ば、遠く宿縁を慶べ。もしまたこのたび疑網に覆蔽せられれば、かえってまた曠劫を径歴せん。誠なるかなや、摂取不捨の真言、超世希有の正法、聞思して遅慮することなかれ。（『全集一』七頁）

という言葉がありますように、「遠慶宿縁」の喜びがあると同時に、「もしまたこのたび疑網に覆蔽せられれば」という存在自体の恐れがあるわけです。つまり、再びもし転落をすることがあったならば、曠劫流転を免れることができないであろうという、深い存在の恐れというものをもっているわけです。

ちょうど、この外道から廻心して仏道に帰した人々は、心のなかにはっきりと自分が仏道に帰したからもう大丈夫だというような、そういう憍慢の心というものはないのであって、仏道に帰したことによってますます外道に転落するであろう自分の根性というものを知っているということです。いわば、深い存在の恐れと、にもかかわらず、仏法に遇いえたという感動とがあるわけです。その悲喜交流のなかに、だからこそ「まのあたり霊儀に事えて」、仏陀のそばに常に事えて、しばらくの間も仏陀を離れることができないのである。仏陀を離れるということを正当化する何らの理由もない。常に仏とともに生き、仏とともに死んでいく。それが仏法に遇うた仏弟子の意である。こういうことが外道についていた身が仏道に廻心したという、その事実のなかで知られる恐れと喜びとの呼応の事実である。だからこそ、常に仏法に帰した者は仏とともに生きる存在になるのである。その仏とともに生きる存在であるということにおいて、具体的に一時も仏法を離れては生きることができないという、存在の恐れ、存在の不安というものを生き生きともちつつ生きている。したがって仏法のもとに限りなく新しき存在として出遇うていくという、そういうところに僧伽的人間、いわゆる仏弟子といわれる存在の意味があるのだと、こういうことをここで押えているわけです。このことは非常に大事なことを押えていてくださっているのだと思うのです。

尊貴なる存在

ところが、次にまた一つ問いが出てきますね。

又問うて曰く。此等の尊宿、云何ぞ「衆所知識」と名づくる。（『全集九』五一頁）

さきに声聞衆を九つに分かつた時に「尊宿大」というのがありましたね。そこで、千二百五十人という数多くの仏弟子が多くの人々から尊ばれるのはどうしてなのかと問うわけです。それに対して、

徳高きを尊と曰う。耆年なるを宿と曰う。（『全集九』五一頁）

と答えるわけです。つまり、その身につけている徳が高いということを「尊」というのであり、しかも長老であるということを「宿」というのである。だから、

一切の凡聖彼の内徳人に過ぐれたることを知り、其の外相殊異なることを識る、故に「衆所知識」と名づく。（『全集九』五一頁）

といいます。この人々は内徳外相ともにすぐれて、仏法に帰依した人々として生きているということをすべての凡聖が知っているから、尊んで師と仰ぐのであると、こういうふうに押えておられます。

このことも経文に即して解釈をしているようですが、実はそのことを通して、ある特定な人についてものを言うているというよりも、むしろ真の僧伽的存在、僧伽的存在となった人々、僧伽を生きる人々、それは真に人々に尊ばれるべき存在である。それはただ他人が外から見て尊いというだけの話ではなくて、真に尊ばれるべく自己の存在の意義を領いた人々であると、こういうことを善導は考えていたのではないでしょうか。

本来、僧伽とは、われわれがそこに身を置いたということにおいて、われわれの意識のなかで私有化することを許さない事柄なのです。われわれがかたじけなくも僧伽の一員とせしめられたということであって、その僧伽の一員とせしめられて、ならしめられたというところに、ほんとうに存在の尊貴性ということが明らかになる。そういう意味では、真に尊ばるべき存在、それは何であるかというたならば、仏弟子として生きる存在、それ以外にはない。そして、その仏弟子として生き

る存在とは特定な人間かというと、そうではない。すべて人間存在は仏弟子として生きるべく苦悩し、仏弟子として生きるべく争っているのであるということまで、善導は言おうとしているのでしょう。だからして、この一段を非常にていねいに押えながら、

上来九句の不同有りと雖も、声聞衆を解し竟んぬ。（『全集九』五一頁）

と、こういうふうに決着をつけられたのだろうと思います。

仏道精神としての菩薩

さて、次に経典に、

菩薩三万二千ありき、（『真聖全一』四八頁）

とありますから、その菩薩衆について領解をしようというわけです。

次に菩薩衆を解するに、この衆の中に就て、即ち其の七有り。一つには相を標し、二つには数を標し、三つには位を標し、四つには果を標し、五つには徳を標し、六つには別して文殊の高徳の位を顕わす。七つには惣じて結す。又此等の菩薩、無量の行願を具して、一切功徳の法を安住し、十方に遊歩して、権方便を行じ、仏法蔵に入って彼岸を究竟す。無量の世界に於て化して等覚を成る。光明顕曜して普く十方の無量の仏土を照らす。六種に震動して、縁に随って開示す。即ち法輪を転じ、法鼓を扣き、法剣を執りて、法の雷を震い、法雨を雨らして、法施を演べて、常に法音を以て、諸の世間を覚らしめ、邪網を摑裂し、諸見を消滅す。諸の塵労を

散じ諸の欲塹を壊り清白を顕明して仏法を光融し、正化を宣流して衆生を愍傷して未だ曽て慢恣せず。平等の法を得、無量百千三昧を具足し、一念の頃に於て周遍せずということ無し。群生を荷負して之を愛すること子の如く、一切の善本皆彼岸に度し、悉く諸仏の無量功徳を獲て、智慧開朗にして不可思議なり。七句の不同有りと雖も菩薩衆を解し訖んぬ。(『全集九』五一頁)

と、こういうふうに言われております。ここでは、三万二千の菩薩衆の徳を七つに押えていくわけです。

ここで注意をしておきたいことは、さきに声聞衆ということをあげて、次に菩薩衆ということをあげるわけですが、声聞衆と菩薩衆という二種類の人間がいるというふうに領解をするのは、善導の『観経』の領解の精神から考え直してみますと、実体的にとらえすぎていると言わなくてはならないように思うのです。そうではなくて、まず押えておくべきことは声聞衆の性格なのでしょう。声聞衆の背景となって、その声聞衆を生き生きと、常に仏弟子たらしめている大乗菩薩の精神の象徴というものを、菩薩三万二千と数えられるその菩薩衆の性格づけのところで明らかにしていこうとしているのではないかということが思われます。

いうならば、仏弟子の具体的事実としては声聞衆しかないわけです。教えを聞く、あるいは教えから離れることができないという、声聞衆という存在、それしかないわけです。しかし、それは同時に大きな求道の危機というものがあるわけです。それは、教えから離れることができないということにおいて教えを執するという危機があり、教えから離れてももう大丈夫だと思い誤ることにおいて仏法から転落するという危機がある。いわば、二乗に堕するという、そういう危機感があるわけです。だからこそ、その危機感をもって生きる存在が、真に仏道によって生きなくてはならないその時、その危機感を超克して真に仏道によって生きるという、そういう存在の精神、それを仏弟子の精神というのであり、その仏弟子の精神こそ、実は大乗菩薩道という言葉で語られるような在り方であって、正に自立する仏弟子の精神であると、こう言うていいと思います。それは、言葉を換えて言うならば、仏法をして大乗無上の法たらしむる精神、それがここに語られているわけです。

だから、この菩薩を解するということがなかったならば、声聞衆を解するということの意味は、少なくとも化前序においてはなくなってしまうということが、善導がここで押えている重要な要素だと思います。しかも、よく見ますと、ここに説かれておりますことは、だいたい『大無量寿経』の証信序のなかに説かれている菩薩の徳を略出しているのです。

ということは、言葉を換えて申しますと、『観無量寿経』という経説は、実は『大無量寿経』という経説を背景とし、『大無量寿経』の法の具現を経の内実としている経典であるということを、善導は明らかにしているといってよいでしょう。この文の逐一の解釈はいたしませんが、精神はそういうことだということだけははっきりさせておかなくてはならないと思います。

菩薩の性格

ところで、本文に、

菩薩衆を解するに、この衆の中に就て、即ち其の七有り。（『全集九』五一頁）

としてまず第一に押えられていることは、相です。「相を標す」というのですから、相を示している。相というのは、さきの声聞衆ではなくして、これはあくまでも菩薩衆であるということを示しているのだということです。声聞をして真に仏弟子たらしむるものは菩薩である。だから、菩薩の精神において初めて声聞は真に仏弟子となるのだという、その相を表わしているわけです。

次は「数を標す」。これは、声聞の千二百五十人というのに対して、菩薩は三万二千だという数で示されているということに注目をしているわけです。

そして、その次には「三つには位を標し、四つには果を標し、五つには徳を標す」と、こういうふうに、三、四、五という三つが示されておりますけれども、経文そのものを見ますと特別に、位を標し、果を標し、徳を標すということに当たる文章はないわけです。だから、古い学説では、このあたりは善導が『法華経』の序分を思い起こしながら補ったのではないかともいわれております。ともかくそこには、菩薩の位と、菩薩の証果と、そして菩薩の功徳ということが語られている。あくまでも菩薩の位であり、菩薩の証果であり、菩薩の功徳であるということがある。これが、実は菩薩三万二千というふうに語られていることの確かめ点だというふうに善導は押えていくわけでしょう。

そして、六つめには、

別して文殊の高徳の位を顕わす。（『全集九』五一頁）

と、こう言います。これは経文で「文殊師利法王子を上首と為す」と、こう言うていますから、文殊師利法王子が上首となるような菩薩だと、こういうわけです。ところが『大無量寿経』では「皆普賢大士の徳に遵う」と、こういうふうに言っていますから、この場合は普賢大士の徳に遵う菩薩という性格づけがされているわけです。

いうならば、これは菩薩の性格、あるいは菩薩道の内容を、『観無量寿経』においては文殊、『大無量寿経』においては普賢というかたちで示しているのでしょう。だから、そういう意味では、この化前序での善導の確かめを通していうならば、『観無量寿経』という経典は智慧の経典なのです。そして、『大無量寿経』という経典は慈悲の経典なのです。さらにいえば、『観無量寿経』という経典は仏智所生の事実を明らかにする経典であり、『大無量寿経』という経典は如来出世の本懐、つまり大悲の本願を中心とする経典であるということができるわけです。

言い換えるならば、『観無量寿経』は仏智によって照らし出された人間存在の救いを明らかにする経典であり、『大無量寿経』は大悲の願を中心とする法を顕現する経典であるということです。善導がわざわざ「文殊の高徳の位を顕わす」という言葉をここに置いて、第七番目には「惣じて結す」と、こういうふうに押えてきた意味はこのようなことにあると思うわけです。

そして、「又此等の菩薩」と言うて、改めてさきほど申しました『大無量寿経』の証信序のところに述べられている菩薩の行徳というものを略説するかたちで菩薩の性格を表現しているわけです。

最後に、

上来に二衆の不同有りと雖も、広く化の前の序を明し竟んぬ。（『全集九』五二頁）

とあります。ここで特に親鸞の「広く化の前の序を明し竟んぬ」という送り仮名のつけ方を心してみますと、以上のことが領解できるのではないかと思います。あくまでも仏陀教化の前の序が「化前序」ということである。こういうことでありましょう。

第四章　人間における存在課題の開示

——禁父縁——

(1) 起化の処

二《ニ》就下禁《キンスル》二父《ヲ》一縁《ノ》中《ニ》上、即有《リ》二其《ノ》七一。一従《リ》二「尓時王舎大城」《ト云》一以《イ》‐下、惣《ノ》明《ス》二起《キ》‐化《ノ》処《ロヲ》一。此《レ》明《ス》下往古《コノ》百姓《シヤウ》、但《タヽシ》城《ノ》中《ニ》造《ツクルニ》レ舎《シヤヲ》、即為《ニ》二天火《クワノ》一所《ル》レ焼《ヤカ》、若《シ》是《レ》王家《ノ》舎宅《タクニハ》、悉《ク》無《シ》二火近《ヒチカツクコト》一、後《ノ》時《ニ》百姓、共《トモニ》奏《ソウスラク》二於王《ニ》一、臣《シン》等造《レハ》レ宅《ヲ》、数《シハ〳〵》為《ニ》二天火《ノ》‐所《ル》レ焼《ヤカ》、但《シ》是《レ》王舎《ノミ》悉《ク》無《シ》二火《ヒ》‐近《クコト》一、不《ス》レ知《ラ》三有《コトヲ》二何《ナンノユ》所‐以《ヘ》一、王告《ツケ下ハク》二奏《ソウ》人《ニ》一、自《シ》‐今《コム》以《イ》‐後《コ》、卿《ナン》‐等《チラ》造《ム》レ宅《ヲ》之時《ハ》、但《タヽ》言《イヘ》我《レ》今《マ》為《ニ》レ王《ノ》造《ルト》レ舎《イヘヲ》、奏‐人等《ラ》、各《ヲノ〳〵》奉《ウケテ》二王勅《ノチヨクヲ》一帰《カ》‐還《ヘテ》造《ルニ》レ舎《ヲ》、更《サラニ》不《ス》レ被《レ》レ焼《ヤカ》、因《ヨテ》レ此《レニ》相伝《ヒツタヘテ》故中名《ナツケタルコトヲ》王舎《ト》上。言《フ》二「大城《ト》」一者《ハ》、此《ノ》城‐極《メテ》‐大《ニメ》居《コ》民《ミン》九‐億《アリ》。故讃《ニイフ》二「王舎大‐城《ト》」一也《ナリ》。言《イハ》二起《キ》‐化《ノ》処《ロ》一者《トハ》、即《チ》有《リ》二其二一。一謂《イハク》闍王起《オコメ》レ悪《ヲ》、即《チ》有《リ》下禁《キンスル》二父‐母《ノ》一之縁上。因《ヨテ》レ禁《スルニ》則《チ》歎《イトヒテ》二此《ノ》娑婆《ヲ》一。願《カフ》レ託《タクセムト》二無《キ》レ憂《ウレヘ》之世‐界《ニ》一。二則《チ》如‐来赴《オモムイテ》レ請《シヤウニ》、光《リ》変《ヘンメ》為《ナテ》レ台《タイト》影《ヤウ》三現《ス》霊儀《レイキヲ》一。夫人即《チ》求《モトム》レ生《コトヲ》二安‐楽《ニ》一。又傾《カタフケテ》レ心《ヲ》請《スルニ》レ行《ヲ》、仏開《キ下フ》二三福《ノ》之因《インヲ》一。正観《ハ》即《チ》是《レ》定‐門《ナリ》。更《ニ》顕《ス》二九章《シヤウ》之《ノ》益《ヲ》一。為《ノ》二此《ノ》因‐縁《ノ》一故《ニ》、名《ク》二起《キ》‐化《ノ》処《ロト》一也。

（『全集九』五二頁）

宗教開顕の場

善導は禁父縁を七段に分けて、そのいちばん最初に問題にしている一段では、

「尒時王舎大城」と云う従り以下、（『全集九』五二頁）

いわゆる王舎大城に起こってくる出来事の全体を押えて、総じて起化の処、つまり仏法摂化の処を明らかにしているというわけです。

「一時」という時を押えたときに「起化の時」と押えた。そして、その「起化の時」ということを明らかにしているところでも、また「起化の処」ということを明らかにするところでも、善導は同じような方法で問題を提起しています。つまり耆闍崛山における仏陀釈尊の問題を明らかにしていると同時に、一方においては王宮にこういう問題が起こったという指摘の仕方です。王宮に問題が起こった、その時に耆闍崛山においては仏陀はこのようにしておられたと、こういう対応をさせて押えるわけです。

そうすると「起化の時」「起化の処」ということで、善導は、人間存在とは起化の時を生き、起化の処に生きる存在だ、というふうに押えたわけでしょう。いわば真に宗教的時を生き、宗教的場所において存在する。それが人間という存在の根本的な在り方なのだ、というところに立って王舎城の悲劇というものを見ていこうとするわけです。

ここで押えられていることは、人間の悲劇を縁として宗教が開顕されるというだけではなくして、宗教の開かれる縁として人間存在の現実があるという明晰な着眼、宗教的人間観があるわけです。

だから善導の『観無量寿経』観というものは、『観無量寿経』という教説を、いわば王舎城の悲劇というもののなかから漸次に説示されていったということとしてではなく、善導が『観無量寿経』を読もうとした時の眼は、あくまでも明晰な宗教的人間観に立って経典を読んだということです。そのことが明瞭になっていないと『観経』という経典はやはり特殊経典とならざるをえないわけです。そういうことを善導は、まず時とは何か、「起化の時」である。処とは何か、「起化の処」であると押えるわけです。時とか処というのは、別にそういう時とか処が観念的にあるのではなくして、時というのは今ですし、処というのはここでということである。今・ここで・わたしが、というその事実、その事実が起化の時を生き、起化の処を生きているのである。そういう存在を人間存在というのだということだと思います。

ですから、善導はまず第一の問題として、王舎城の悲劇全体を見抜いていく最初に、決定しておかなくてはならないこととして、こういうことを明瞭にしておいたのでしょう。ところで「尓時王舎大城と云う従り以下」というのは、たしかに禁父の縁を七つに分けて解釈していくなかの一つだけれども、同時にそれは王舎城の悲劇全体を包んでいる最初の出発点なのです。だから、「惣じて起化の処を明す」と、こう言ったところには、尓時王舎大城という従り以下なになに至るまでという締め括りがないのです。つまり全体が押えられているということですね。

そういう意味では、「起化の処」と押えることによって、実は単に人間における悲劇の解決が宗教なのだという発想を、善導は即時的には取らないわけです。人間における悲劇の解決は必ずしも宗教であるかどうかわからないわけでしょう。宗教とは何かというと、善導にとっては「人間の悲劇性の開顕だ」と、このように押えていくわけです。人間における悲劇の解決の一方法が宗教だと、こういうふうに善導は見ないわけです。そうではなくして、人間が人間であることの悲劇の性《さが》といいますか、人間であることの悲劇の性《しょう》を明らかにして、それを解決する唯一無二の方法を仏教という名で呼ぶのだ、と善導は押えるわけです。いわば人間に起こった悲劇ではなくて、悲劇性ということを言う時に、善導はこれを凡夫という言葉で言い表わしたのです。だから、凡夫ということは、そういう悲劇性で押えた人間自体のことなのです。

(2) 折　指

二従《リ》二「有-一太-子」《ト云》一下至《テ》二「悪友之教《ウシニ》」一已-来《ハ》、正明《ス》四闍王悦《クヤウコツノ》忽之間《ニ》、信三受《スルコトヲ》 悪人所二悞《ノル、コトヲアヤマタ》一。言《フ》二「太子」《ト》一者《ハ》、彰《アラハス》二其位《ノクラヰヲ》一也《ナリ》。言《イフ》二「阿闍世」《ト》一者《ハ》、顕《ス》二其《ノ》名《ヲ》一也。又「阿闍世」《ト》者《イハ》、乃《チ》-是《レ》西-国《ノ》正音《オンナリ》。此地《ノチニハ》往-翻《ホンニハ》、名《ケ》二未生怨《ミオント》一、亦名《ク》二折指《セシシト》一。問-曰。何《ナンカ》故名《ツケ》二未-生怨《ト》一、及名《ヒクル》二折指《ト》一也《ヤ》。荅-曰。此《レ》皆挙《ナアク》二昔《シャク》日《ニチノ》因-縁《ヲ》一、故有《ニリ》二此名《ノナ》一。言《フ》二因-縁《ト》一者《ハ》、元本《モト》父王《ノ》無《シ》レ有《ルコト》二子息《シソク》一。処処《ショ〳〵ニ》求《ムルニ》レ神《ニ》、竟《ツイニ》不《ス》レ能《ハ》二得《コト》一、忽《タチマチニ》有《テ》二相-師《シ》一、而奏《ソウメ》レ王《ニ》言《サク》、臣知《シンシレリヤ》山-中《ノ》有《ニリ》二一《ノ》仙-人一、不《スノ》レ久《ヒサシカラ》捨《スツヘシ》二寿《チヲ》一。命《イノチ》終《オハテ》已《イ》-後、必《ス》当《ニヘシ》三与《タメニ》レ王《ノ》作《ル》二子《ト》一。王聞《キ、テ》歓喜《ス》。此人《ノ》何《イツレノ》時《ニカ》捨《スツヘキ》レ命《ヲ》。相-師荅《コタフラク》レ王《ニ》、更《ニ》経《ヘテ》二三年《ヲ》一、始《ハシメテ》可《ヘシ》二命-終《ス》一。王《ノ》言《ク》、我《レ》今《マ》年老《オヒテ》、国《ニ》無《シ》二継-祀《ケイシ》一。更満《ニミツルマテ》二 三年《ヲ》一、何-由《ナニ、ヨテカ》可《ヘキ》二待《マツ》一。王即遣《チツカハソ》二使《ツカヒヲ》一入《テ》レ山《ニ》、往《ユカシメテ》請《ノ》二仙-人《ヲ》一曰《ク》、大王無《シ》二子一、闕《カケテ》

無《シ》紹継《セウケイ》。処処《シヨシヨニ》求《レトモ》神《ニ》困《タシナンテ》不《ス》能《ハ》得《ルコト》。乃《イマシ》有《テ》相師瞻《ミルニ》見大仙《ヲ》、不《スソ》久《カラ》捨《ステ、》命《ヲ》、与《タメニ》王作《ノナルヘシト云リ》子《ト》。請《ヒ》願《クハ》（セム反）大仙垂《タレテ》恩《オンヲ》早《ハヤクオモムキ下ヘ》赴。使《ツカヒ》人受《ウケテ》教《ヲ》入《テ》山《ニ》、到《イタテ》仙人所《ノロニ》具《ツフサニ》説《トク》王《ノ》請《シヤウスル》因縁《ヲ》。仙人報《コタヘテ》使《シ》者《シヤニ》言《ハク》、我更《レ》経《ニヘテ》三年《ヲ》始《ハシメテ》可《ヘシ》命終《ス》。王勅《ノチヨクニ》即赴《チオモフカ》者《ハ》、是事《ノ》不《シフ》可《カナリ》。使《ツカヒ》奉《ウケテ》仙教《ノヲ》。還報《カヘテスルニ》大王《ニ》、具《ツフサニ》述《ノフ》仙意《ノコヽロヲ》。王曰《ノハク》。我《ハ》是《レ》一国之主《ノヌシナリ》。所《シヨ》有人物《ウノ》、皆帰《クキ》属《ソクス》我《ニ》。今故《マコトサラニ》以《テ》礼《レイヲ》相《ヒ》屈《クツスルニ》、乃不《チス》承《ウケ》我意《カヲ》。王更勅《ニチヨクスラクシ》使者《シヤニ》、卿往《ナムチユイテ》重《カサネテシヤウセヨ》請。請《コハムニ》若不《シスハ》得《ヘ》、当《ニ》即殺《チコロス》之《ヲ》。既《ステニ》命終已《シヲハリナハヘケムサル》、可不与《タメニ》我作《カナラ》子《コト》也《ヘシヤ》。使《ツカヒ》人受《ウケテチヨクヲ》勅、至《テ》仙人所《ノロニツフサニイフ》具、遵王意《ノコヽロヲ》。仙人雖《トモ》聞《キクトツカヒノ》使説《ヲ》、意《コヽロニ》亦不《ス》受《ウケ》。使《ツカヒ》人奉《テ》勅《ヲ》即《チ》欲《ホスルニ》殺《コロサムト》之《ヲ》、仙人曰《ハク》。卿《ナムチ》当《ニ》語《カタル》王《ニ》。我《カ》命《チ》未《タ》尽《ツキ》、王以《テ》心口《クヲ》、遣《ツカハシメ》人殺《セツス》我《ヲ》、我若《レ》与《シタメニ》王《ノ》作《ナラ》児者《ルニコトハ》、

還《カヘテ》以《テ》心口《クヲ》、遣《ノ》人殺《コロサム》王《ヲ》。仙人遵《イヒ》此語《ノヲ》已《ハテ》、即受《チケツシテ》死《ヲ》。既死已《ニハテ》即託《チタクノ》王宮受《ニウク》生《ヲ》。当《アタテ》其日夜《ノニ》、夫人即覚《オホユハラミヌト》有身。王聞《キヽテ》歓喜《ス》。天明《テンアケテ》即喚《チヨヒテ》相師《ヲ》、以《テ》観《ミセシム》夫人《ヲ》、是男《レナンナヤ》是女《レヤ》。相師観已《ミハテ》而報《コタヘテニ》王言《ハク》。是《レ》児、非《ニ、メ》女《ス》。此児於《ノニオイテ》王有《ニ》損《ラムソン》。王曰《ハク》。我之国土《カハ》皆《ナシヤ》捨属《ソクスヘシ》之《レヲ》。縦《タトヒアリトモ》有所損《ロソンスルワレ》吾亦無畏《シオソリ》。王聞《キヽテ》此語《ノヲ》、憂喜交《ウキマシハリ》懐《イタイテ》（オモフ反）、王白《ノ》夫人言《ニサク》。吾共《レトモニ》夫人《ト》私《ヒソカニ》自平章《ラヒヤウシヤウセム》相師《シ》。遵《イヘリ》児於吾有《ニオイテレニアルヘシト》損《ソン》。夫人待《マテ》生《ム》之日《ヲヒヲ》、在《アテ》高楼上《カウロウノヘニ》、当《アタテ》天井中《シヤウノニ》生《テ》之《ヲ》、勿《ナカレ》令《シムルコト》人承接《ウケトラ》。落《オチテ》在《オカハ》於地《チニ》豈容《アニヘケム》不死《セ》也《ヤ》。吾《ワレ》亦無《ナク》憂《ウレヘウルナ反マタ》、声《コヘ》亦不《シ》露《アラハレ》。夫人即可《チカノ》王之計《ノハカリコトヲ》、及《ヨテ》其生時《ノウメルニ》、一如《ハラ》前法《サキノ》。生已《レハテヲチテ》堕地《チニ》、命便不断《チスタヘ》、唯《タヽ》損《ソンスノ》手小指《ユヒヲ》（ママ）。因《ヨテ》即外人同唱《チクワイニンクトナヘテ》言《フ》折指太子《セツシト》也。

（『全集九』五三頁）

無明存在

経典でいえば、

一の太子有り、阿闍世と名づく。調達悪友の教に随順し、（『真聖全一』四八頁）

と、これだけのことですが、それだけのことについて、ずいぶん長い解釈をしているわけです。まず第一に問題にしておきたいことは、いちばん最初に王舎城の悲劇というものを押えていく時に、善導自身は、

正しく闍王悦忽の間に、悪人の悞たるることを信受することを明す。（『全集九』五三頁）

という一言で押えているということです。あの王舎城の現実のなかに起こってくる人間の悲劇というものを、善導は阿闍世王が恍惚の間に悪人の誤たるるところを信受して、あの事件が起こったのだということで押えるわけです。

恍惚の間というのは、夢うつつのうちにということです。夢うつつのうちに悪人に唆《そそのか》されて、あの大罪を犯したのだ、と、こういう一言で悲劇というものの本質を押えているわけです。恍惚の間というのは、無自覚ということでしょう。無明ゆえに起こるのだ、という押え方です。いかなる人間の問題も実は恍惚の間に起こる、だからしていちばん最初の一句に、宗教的人間観の確立のもとで人間を押えているわけです。もし宗教的人間観の確立なしに、恍惚の間に起こったんだと言うた場合には自己弁護になります。

「わしは酔っぱらっていて人を殴ったのだ。あの時はもう酔っていて何のことやらさっぱりわからなくて……。」ということになるのでしょうが、そういう自己弁護ではないのです。そういうことではなくて、人間におけるできごと、人間における事件、そのことが人間自身からいうならば、

もうにっちもさっちもいかないことであるわけですが、それを弁護しようとする。親が子供を殺した、子供が親を殺したという事実は、弁解無用なのです。弁解無用であるものを弁解というかたちで解決していこう、あるいは責任転嫁というかたちで解決していこうとするところに、因難が更に因難を生むわけなのです。その弁解無用の事実を弁解無用として受けとめられるようなところにしか解決ということはないわけです。そうすると、その事実を自己がどうして受けとめていくかというと、そこに恍惚の間という言葉、つまり無明存在としての自己というものが、どのくらい明らかにされるか、ということになるわけです。

だから、「恍惚の間に」という一言のなかに善導は、人間の悲劇性とは仏教的に言うと人間の無自覚性であり、無明存在の事実であると押えるのです。とすると、人間の悲劇性が解決するということは、無明が破られるということがない限り、人間の問題はどんなに解決を求めていっても真の解決にならないということです。

このような人間観に立って、善導は悲劇の起こったのはなぜなのかと尋ねていくのです。そして、まず阿闍世が提婆に唆されたから起こったのである、というわけです。事実はそれ以外の何ものでもない。しかし、それに先立つものがあるわけです。それに先立つものは何かというと、提婆に唆されるような阿闍世がいるということです。そして、阿闍世を唆すような提婆がいるということです。提婆に唆されるような阿闍世がいるということを抜きにしたら事件は起こらないわけです。その提婆に唆されるような阿闍世というのはいったいどういう阿闍世なのかというと、恍惚の間に生きる阿闍世、いわば無明存在としての阿闍世であるわけです。こういうふうに善導は、この一句のなかに、すでに縁という言葉で連ねられていく、あの悲劇の問題を悲劇性として押えていくわけです。

無自覚といいましたが、『起信論』などの言葉にしたがって言うならば、未覚です。この未覚というのと恍惚の間というのとは、ずいぶん感情的に違うようですけれども、めざめない存在というのは夢を見ている存在ということですね。だから、未覚という事実を恍惚の間という言葉で善導は表現したわけです。

もう一言つけ加えますと、よくこういうことを言いますね。凡夫というのは何かというと、迷える仏だ。仏とは何かというと、悟れる凡夫だ、と、こう言います。善導はこのような観念論を破るのです。「迷える仏」というようなことで済むか、というわけです。迷える仏がその辺にウロウロしていて、迷える仏が人殺しをした、そういうことで人間の問題が済むかということを、善導はまず最初に押えたいわけです。

いわゆる無明存在というものを、「迷える仏だ」というようなことで終らせていけるとするならば、宗教とはほんとうに人間にとって大事な問題を解決するものになるのか、あるいはごまかすものになるのかわからなくなるということがあるわけです。それを「迷える仏だ」という、「仏だ」という言葉を使わないのです。「迷えるのだ」と言うのです。それを実業というわけです。迷い以外の何ものでもない。その何ものでもないという一点のところに、実は悲劇が起こってくる。そこに悲劇性というものの意味を善導は見ていくわけでしょう。

だから、そういうことで言うならば、「迷える仏」ではなくして「迷える」という事実を押えておいて、その迷える事実は迷いのなかからは解決がないということが、実はしだいに見定められていくわけです。迷える事実を生きる人間にとっては、迷いのなかに解決はない。とすると、迷いを解決するのは、迷いそのものをめざましめる世界においてしかない。迷える仏ではなくして、迷える事実は迷いそのものをめざましめるような世界に触れなくては解決がない。こういう領解のしかたなのです。そういう意味で最初に総じて人間の問題を押えたわけでしょう。

宿業の名のり

次も善導はたいへん細かく押えていくようですけれども、大事なことなのです。まず、

「太子」と言うは、其の位を彰わすなり。（『全集九』五三頁）

と、こういうふうに書いているところですが、このような書き方はここだけではありません。頻婆娑羅王は王ですし、阿闍世は太子です。韋提希は夫人です。こういうことの一つ一つに善導は注目していています。頻婆娑羅王のところでは、

「王」というは、其の位を彰わすなり。（『全集九』六一頁）

と言いますし、韋提希夫人の問題のところへくると、

「夫人」と言うは、其の位を標すなり。（『全集九』六二頁）

と、こういうふうに言っています。三者ともに位ということを指摘しています。なぜ善導がこのように押えたのかというと、実は位という世間的な人間の地位による差別というものが「怳忽の間に」という人間観のもとで、一挙に撤回されてしまうわけでしょう。王とか、夫人とか、あるいは太子とか、その他もろもろのそれに続くところの人間の、後天的に付加されたものが、絶対的であるかの如く意識する人間の意識全体の足もとを、スカーッとさらうようにして払ってしまうのが「怳忽の間」ということなのです。

「阿闍世」と言うは、其の名を顕わすなり。(『全集九』五三頁)

と、次に言うて、阿闍世という名そのものに着眼して、実は人間の問題の根を明瞭にしていこうというわけです。阿闍世という名は固有名詞です。だが、その固有名詞に託された普通名詞的意味、そういうものを善導は見ていこうとするわけです。

それは、単に阿闍世という名が人間を象徴する名だというように観念化したのではないのです。阿闍世という名のなかに人間の問題を象徴化して話すというのなら、一つの説話に終るわけです。そうではなくして、阿闍世という人間は実在したのです。そして、事実、阿闍世が親を殺すという事件を起こすわけです。そういう意味では、阿闍世の名は阿闍世以外のものに代わることのない名です。それこそ阿闍世という名は実在者の名です。ところが、その阿闍世という名で語られる一人の人間の事実のなかに、実は普遍的な人間の問題、人間の意味というものを明らかにしていこうとするわけです。だから、象徴的ということではなくして、個別存在それ自体のうちに具体的に秘められている普遍的事実、いうなれば個別の存在それ自体のなかに具体的に包まれているところの普遍の人間の事実、それを阿闍世という名を明らかにしていくことを通して明瞭にしていこうとするわけです。

そこで善導は、阿闍世の名を二つに見ている。いわゆる「折指」と「未生怨」という二つの名で押えています。つまり一般の人が阿闍世を呼ぶ場合に、折指という感情で呼んでいるのでしょう。「折指」と、このように呼んでいるのではなくて、やはり「阿闍世」と呼んでいるわけでしょう。しかし、「阿闍世」と言葉では呼んでいるが、「折指」と呼ばれるような感情で呼んでいるわけです。ということは、折指として呼ばれるような感情を起こさしめるようなものが、阿闍世という名をもった一人の人間のなかにあるということです。

あるいは、「未生怨」という場合も、「阿闍世」と、このように人は呼ぶのでしょうけれども、呼ぶ人の感情は「未生怨」と呼んでいるわけです。それもやはり阿闍世という名をもった一人の人間のなかに、「未生怨」という感情で呼ばせるようなものが秘められているということです。

このことは単純な事実をあげればすぐわかることです。たとえば、「廣瀬」といって、わたしを呼ぶでしょう。ところが、「あの野郎、癪《しゃく》にさわる奴だなあ」という感情で廣瀬と呼ぶ時には、廣瀬という名のなかにはそういう感情があるのでしょうし、「好きな先生だ」という気持ちで廣瀬と呼ぶ時には、やはりそういう感情で呼ばれる内容が廣瀬という名のなかにあるわけですよ。名は廣瀬という三音で表わされているけれども、そのなかには呼ばれるいろいろな中身があって、それは呼んでいる人の感情であると同時に、呼ばれているものの中身でもあるわけです。

だから、阿闍世という一人の人の名を呼ぶ時に無数の感情をもって人々は呼んでいたに違いないわけです。無数の感情をもって呼んでいたものを統摂していって、善導は二つの名のところへ摂めたのでしょう。「折指」そして「未生怨」と、この二つのところから無数の感情をもって呼ばれる名が生まれるということではないでしょうか。だから善導は、

「阿闍世」というは、乃ち是れ西国の正音なり。この地には往翻して、未生怨と名づけ、亦折指と名づく。(『全集九』五四頁)

と、「亦《また》」の字を置いて、阿闍世という名を二つに分けているわけです。ところが、阿闍世というのは、たしかに西国の正音、つまりインド語に違いありません。それを中国語に翻訳した時に、阿闍世という言葉は未生怨とか、折指とかいうことになるということです。善導は時々こういうことをやる人でして、「この地には往翻して」というけれども、人の名前まで翻訳できますか。たとえば、わたしは「杲《たかし》」という名前でしょう。杲とは日本語です。それをアメリカの言葉に翻訳するというようなものです。名前を翻訳するということはできないでしょう。「阿闍世」という名前は、インドでできようが、アメリカでできようが、日本でできようが、やはり「阿闍世」という名前です。字は変わりますが、名そのものの呼び方は変わらないはずです。

ところが、善導が「この地には往翻して」と言いますと、名前が変わっていくようになりますけれども、だいたい、往翻して二つの名前が出てくるというのはおかしいですよ。一人の人間の名前

が、中国へ行ったら二つになった。日本へ来たら三つになった、こういうことになっては困るわけです。名は一つしかないのです。

あのように善導は書いているが、書いている気持ちのなかにあるものは、そのような表現を通して善導自身の領解、あるいはその他の経典を通して、阿闍世という名に託して語られている人間の問題というものを、二つの視点において押えたということがあるのだと思います。だから、「この地には往翻して、未生怨と名づけ、亦折指と名づく」と押えておいて、問いを立てるわけです。

問うて曰く。何が故ぞ未生怨と名づけ、及び折指と名づくるや。(『全集九』五四頁)

と問いを立てておいて、昔日の因縁をあげるわけです。一人の人に一つの名が生まれたということは、その一人の人の歩んできた歴史があるということです。過去、久遠劫来歩んできた歴史の表現として名が与えられる。その名が、実は呼ばれる名なのです。名づけられた名というよりも呼ばれる名です。そういうことがあるわけです。

自我欲求の正当化

まず第一に、折指ということから善導が明らかにしています。そこで阿闍世を「折指」と、こういうふうに呼ぶ時の領解点はどこにあるかというと、父と母とわたしという関係です。いうなれば折指という名で呼ばれる因縁というのは、父母とわたし、これしかないのでしょう。これを除いてわたしはないわけです。わたしとは何か。父母を縁としてここにある存在だ。これを否定するわけにはいきません。これを否定するわけにいかないというところに実は問題があるわけです。

ということは、わたしという存在がここに誕生しているということは、父母を縁としたということがある。とすると、父母を縁としたわたしは、同時に父母とわたしという関係を切断されるならば、わたしと父母とはいったい何なのか、ということになりますね。わたしと父母との必然性はいったいどこにあるのかということです。偶然関係でものを見るなら、よくわかります。たまたま父母を縁として生まれたというだけのことならば、それで話はすんでしまうわけです。ところが、やがてその問題が、

我宿何の罪ありてかこの悪子を生めるや。(『真聖全一』五〇頁)

というようなことを言わなくてはならないようなところまで繋がっていくのは、父と母とわたしという、この存在の事実としてあるところに、実は一つ大きな問題が秘められているということです。

その大きな問題というのはどんな問題かというと、父母とわたしとの問題がエゴイズムという事柄で、混乱状態を引き起こしていくという一点です。だから父母とわたしという存在の問題は、エゴイズムの超克ということがなければ答えがない。ところがエゴイズムの超克ということは、実は生命そのものを根源にまで突き詰めていくという、突き詰めを通さずしては不可能なできごとであって、ただ頭を下げたというようなところではおさまらないような問題をもっているということです。だから、押えていうならば自我の問題、いわゆるエゴの問題というのは宗教問題なのだということです。

そこで、いちばん最初に問題は何かというと、父の王には子供がなかった。だから、いろいろのところに子供を欲しいといって探し廻った。ところが子供が与えられなかった。ところが一人の占い師に見てもらったら、山にいる仙人がやがて三年経って死んだらあなたの子供になると、こう言うた。そう言われたとたんに子供を欲しいと思っておった頻婆娑羅王は、仙人の生命が三年経ったら終るという事実を無視して殺してしまった。つまり、自分は年をとっている。しかも自分は一国の大王だ。もし三年の後に子供がなかったとするならば、わたしのことはともかくも、このマカダの大国はどうなるであろうか。というかたちで問題をすりかえてしまって、仙人殺害というできごとにことを進めていくわけですね。その辺、細かく見ていくといろいろな問題が出てきます。

いちばん最初に出てくるのは、

我今年老いて、国に継祀無し。更に三年を満つるまで、何に由てか待つ可きや。

（『全集九』五四頁）

と頻婆娑羅王は言うています。三年待つ理由はないと、こういうわけです。しかし、本音はどこにあるのかといえば、「子供が欲しい」というだけのことでしょう。子供が欲しいという、その本音をもってまわるわけです。つまり、自分は位でいうならば国の大王である。国を統治する人間だ。国に跡継ぎがない、王に跡継ぎがないということは国が混乱を引き起こすことになる、というところへもちかえていく。もちかえていって、しかも自分は三年生きれるか生きれないかわからない、年をとっている。そういう具合に自己弁護をしておいて、三年待つ理由はわたしにはないと、こういうわけです。

いわばそういうかたちで自我の欲求の正当化をしているわけです。この正当化というのはやっかいなものでして、自我の欲求を正当化したとたんに人間は、その正当化を納得せしめようというかたちを取る。それが

請い願わくは、大仙恩を垂れて早く赴きたまえ。（『全集九』五四頁）

という言葉なのです。自分は一国の王だ、そして国に継祀がないということは私事ではない。公なことだ。その公事であるからには大王があえて頭を下げる必要はないのであるというて、頭を下げている格好を取って、「請い願わくは、大仙恩を垂れて早く赴きたまえ」と、このように言うわけです。実はそういうところに、正当性というものをほんとうに人々に納得せしめようという傲慢さがあるわけです。

このような自我欲求の正当化というものを、頭を垂れて頼んでいるというかたちにおいて転化していくのです。その正当化というものが不当として突き返されてくることが過《あやま》ちだ、というふうに印象づける一つの方法として転化をしていくわけでしょう。

ところが、いかに正当化しても、その正当化に対して、否、と答えを出すものがある。どんなに正当化しても正当化する限りにおいて否と答えを出すもの、それが事実です。否という答えを出すのは、ある一人の人間の答えではなく、事実です。その事実が仙人の言葉になるのでしょう。

王の勅に即ち赴かば、是の事不可なり。（『全集九』五五頁）

という一言です。仙人が言うには、三年経てば死ぬ。しかし、三年の生命のある者に対して「請い願わくは、大仙恩を垂れて早く赴きたまえ。」と言われても、三年経てば死ぬという事実は曲げることはできない。「勅して即ち赴け」と言われるが、それは不当だと言うわけです。これは仙人の言葉として示されているけれども、仙人の言葉ではなくして事実の言葉なのです。事実の言葉が自我の欲求の正当化ということに対して答えを出すわけでしょう。

その当然の事実を不当とするところに、実は正当化は自己の主張というかたちを取ってくる。そういう転回ですね。その自己の主張が「我は是れ一国の主」である。したがって所有するところの人物は、皆われに帰属している。それを「今故《ことさら》に礼を以て」頼んだにもかかわらず、それに対して承服をしないとは何事かと、こういう具合に言うことになるのです。

エゴイズム

そうすると、「請い願わくは大仙」と言うたことの中身がここで暴露されるわけでしょう。「請い願わくは大仙」と言うたのは、決して国のことを思って言うたのでもなければ、あるいは継祀のことを思って公事で言うたのでもないのであって、実は「子供が欲しい」ということだったわけです。つまり、事実が拒否したとたんに、自我欲求が暴露されてくるわけです。自分の国のもとにいるものはすべて自分の所有物だという我執です。これが、いわゆる我執・我所執という関係でしょう。自分は一国の主だ、したがって自分のもとにある一切の人物は、みな自分に帰属すべきものだと言うわけです。

ところが、これは王が言うているといいますが、こういうことはみんなが言うていることではないですか。いわゆる、我執は直ちに我所執というかたちを取るわけですね。「わたし」というものが中心になった時、すべてのものはわたしに帰属すべきものとして、われわれは見ていこうとするのではないですか。だから自我を中心としたとたんに、みんな大王になるわけです。大王になったとたんに、すべてのものはわたしに帰属するものであるべきだという主張をするわけです。にもかかわらず事実は思いに背く、というところに問題が出てくるわけでしょう。

そうすると、事実は大王が言うているというかたちを取っているけれども、大王という特殊な人間が言うているのではなくして、われわれが言うている問題の根っこがそういう表現で示されているわけです。しかし、それは我執・我所執というあり方で、事実を執していることであって、執しているものである限り、事実はその執の如くにならない。それが事実の事実たる所以なのです。その執の如くにならないものは、あくまでもそれが不当である限り、「不当」というかたちで自我の主張というものを反撃してくる。ところが、われわれの自我というものは、なんとかその反撃を自我の思いの如くにしようとするわけです。いわゆる我執・我所執の世界で自己を主張していっても、事実は意に反して、思いがけないかたちでわたしの現実として現われてくる。その現実を自我、つまりわがはからいで処理しようとする。それが仙人殺害というかたちを取るのでしょう。はからいが事実を圧殺するわけです。仙人殺害ということは、自我のはからいをもって事実を圧殺しようとすることなのです。

ところが、圧殺することによって必ず与えられる罰があるわけです。その圧殺した罰が「不安」なのでしょう。だから不安というのは、そういう深い問題を持っているわけです。それがここでは、仙人が最後の息をひきとる時の言葉として出てきて、その言葉を忘れているかの如くに子供が生まれようとして、韋提希夫人が懐妊をした。そこで、喜んで相師に見せるわけです。いちばん最初に「三年経ったら子供が生まれる」と言うた相師を呼んできて、その三年を待たずに子供が生まれようとする事実を見せたところ、「この生まれる子供はあなたに仇《あだ》をなすであろう」と言われることになるわけです。三年待てないというて自我を主張し、そして事実を自我のはからいによって圧殺してしまった全体が、一挙に「不安」というかたちで下から突き上げられてくるということになるわけです。だから王は、口ではたしかに、

我が国土は皆これを捨属すべし。たとい損するところ有りとも吾れまた畏れ無し。

（『全集九』五五頁）

と言うていますが、言うている全体が「不安」なのでしょう。

だから不安というものは、表面に不安という顔を出した時には、もうすでにそこに不安解決への問いが出てくるわけです。不安が不安である理由は、不安が表へ出せないというところにあるわけです。だから、不安でないという装いがますます不安というものを深くしていくという事実があるわけです。この善導の表現はまさにそのとおりになっています。王はわたしは何も不安がないと言

うわけです。なぜかというと、国のすべてを生まれた子供にゆずるのであるから、たとえどんなに自分に対して子供が反逆しようとも、ぜんぜん不安はないというわけですが、実は畏《おそ》れがないと言わなければならないという不安があるわけです。ところが、人間は一人になるということがあります。そうしますと、外に向かって不安はごまかしえても、一人になった時、不安はごまかせないわけです。不安は一人になった時に拡大されてくるものです。

王はその時の解決をだれに求めたかというと、自分の妻に求めていったわけです。いわばその時の気持ちが大王の本音なのです。自我のはからいのなかに、事実に対する反逆を続けてきた大王が、反逆していた事実から突き上げられた不安というなかに身を置かなくてはならない。その不安を自分自身のなかに問いつめていこうとする時、大王は、夫人に対して、

私《ひそ》かに自ら相師を平章《ひょうしょう》せん。(『全集九』五六頁)

と言うわけです。平章というのは、「平」は平和の「平」ですし、「章」は章明の「章」ですから、治めるということです。ですから平和に治めるということです。いわば無難に治めていこうということでしょう。しかし親鸞が、

私かに自ら相師を平章せん。

と、このように読んだのはどういう意味でしょうか。ひそかに自ら相師の口を止めようということなのでしょうか。普通に読むと、

吾れ夫人と共に私かに自ら平章せん。相師、児吾れに於て損有るべしと噵へり。

（『全集九』五六頁）

と、このようになるわけです。

ともあれ、大王は人に向かっては不安はないと、このように言うたけれども、その不安によって殺されそうになるわけですね。そうすると、ひそかに自分は安心していきたいと思うわけです。ひそかに、人々には見つからないようにして安心できる方法をさがしたい。相師は、生まれてくる子は、われにおいて何か迫害をするであろうと言うた。だから、王は夫人に「おまえは産む日がきたならば、高殿へ散歩するが如くに上がっていって高殿から産み落とせ。」と言ぅわけです。それで、下にだれも居ず、だれも子供を受けないとするならば、高殿から産み落とされた赤児は必ず死ぬだろう。死んでしまえば、流産だということで終っていくだろう。そうしたら、自分も子供によって迫害されるということもないから安心だし、そして「あれは子供殺しだ」という声も聞かれないであろう。うかつに高い所へ上がったために、どこかでつまづいて、ひっくりかえって流産したのだということですんでいくのではないか、と、こういうことを考えついたわけでしょう。

そして、それを夫人は承諾するわけです。そうして王の言うた通りにそれをやって、子供を産む。産んだところが、生命あるものはどんな縁がきても生命があるものなのです。事実とはそういうものであって、どんなに、思いでは殺せるはずであっても、事実はそれに反逆してくるわけです。思いに反して、事実は小指一本折れたというだけで子は生まれてきた、というかたちになって経典は説かれてくるわけです。

意識に先だつ生命

阿闍世の場合は指が一本折れたということですけれども、指が一本折れたということはきわめて象徴的表現であって、いろいろなかたちを取るわけでしょう。具体的に言えば、親がないというかたちであってみたり、あるいは何か他の人と比べてみると自分だけ別な不幸を担っているとか、人それぞれに折指的要素を持っているわけです。完全円満ではなくて、何かの意味で折指的要素をもって生きているという事実は、動かすことのできない事実なのです。しかしながら、その折指的要素をもって生きているということが事実であるにもかかわらず、「なぜ折指でなくてはならないのか」という問いは無限に出てくるわけです。

そういう意味では、阿闍世という一人の人間の誕生の背後には、いつでも秘密がある。いうてみれば闇を背後にして誕生しているというわけです。だから、その闇はどうしたら払えるかということが、人間における根源的な課題であるわけです。人間は気づいてみたら生まれていたのですから、その気づいた意識、いわば自我の意識にとってみれば、生まれたという生命そのものはいつでも深い闇をかかえているわけでしょう。にもかかわらず、その闇をかかえている自己自身の生命の事実というものを、わたし自身が納得するということは、いったいどういうことなのだろうかというところに、人間が問題をもつのではなく、人間存在そのものが課題的存在としてあるということがあるのでしょう。

だからそういう意味では、頻婆娑羅王と韋提希の話ばかりしているようですが、問題にしている事実は阿闍世の問題なのです。阿闍世という一人の人間の背後にあるような世界を問題にしているわけです。背後というのは、後側にということではなくして、生命の内面です。具体的生命の内面にあるような問題ですね。その問題が、いわゆる秘密としてあるわけです。誕生したという事実の内面に実は秘密がある。生きているという事実の内面が暗い、そういう生き方そのものが、その暗さを払わなくてはならないような課題を持った存在だということであるわけです。だからそういう意味では、父と母とのエゴイズムというかたちで頻婆娑羅王と韋提希の問題を阿闍世が客体的することは許されないわけです。乱暴な表現をとるならば、阿闍世にとっては「産んでくれと頼んだ覚えはない」という問題があるわけです。

たしかにそのとおりであって、産んでくれと頼んだ覚えがないと言われれば、産んだ方としては何とも言えないですよ。「おまえに頼まれたから産んだのだ」というわけにはいかないわけです。ところが生まれたという事実は、またこれ動かすことはできないのです。いわゆる自分の生命をここに生あらしめた事実、その事実が意識にとっては秘密なのです。その秘密が解けない限りにおいて、生の問題はいつでもそこへ戻っていくわけです。だからその戻っていく一点を、父母のエゴイズムというかたちで客体化したとたんに、客体化したその人自身が苦悩しなくてはならないという問題があるのです。

人間には父と母とによって生まれる以外に生まれようがないという厳然とした事実がある。しかし意識から翻ってみるならば、「頼んで生まれたのではないのだ。」という、そういうことがある。

だから、頼んで産んでもらったのではないのだという意識で、父母を縁として生まれたという事実を客体化するならば、客体化したとたんに、客体化した人間そのものが事実によって反撃を受ける。そこに苦悩というものがあるわけでしょう。

ですから、善導があえて阿闍世という一人の名に、折指という感情で呼ばれる事実を押えておいて、その折指の昔日の因縁として、頻婆娑羅王と韋提希のエゴイズムということを、強調しすぎるほどに強調していくということは、そういう父母のエゴイズムを客体化するのではなくて、客体化したがるところの阿闍世そのものが問題になっているということだと思うのです。

さらに押えていうならば、阿闍世が出生の秘密から解放されなければ父母は救われないわけですよ。そういう問題をかかえているわけです。阿闍世は父母を縁として生まれたのですから、生まれた阿闍世自身が、その生まれた事実が承服できるという、そういう阿闍世にならない限り、産んだ人間は一言も弁解できないわけです。親は子供から最後のところまで突き詰められたら弁解できないものを持っている、それが親なのです。「わしは産んでくれと頼んだ覚えはないぞ」という、その一言の前で親は一言の弁解もできない。

ところが逆に言えば、親を一言の弁解もできないところまで追いつめたということは、親によって生まれた阿闍世自身も自己自身を追いつめているわけです。つまり、生まれたというきわめて端的な事実に異議を唱えたのですから、異議を唱えた阿闍世自身が厳しく追いつめられるわけです。生まれたという事実は父母を縁としてしかないわけですから、その父母を縁としてしか誕生することはないという事実に、阿闍世が異議を唱えた。その異議に対しては一言も親からの弁明は出てこない。親が弁明できないからというて、阿闍世は「勝った」というわけにいかないわけです。なぜかといえば、その親から生まれたという事実があるからです。

そのように親を追いつめた阿闍世自身が、追いつめたということによって縛られてしまうわけです。秘密を解こうとしたのではなくして、秘密そのもののなかに縛られてしまうということになるわけです。そういうところに善導は、阿闍世の問題を突きつめながら、それを「折指」という名で呼んでいくわけです。やがてそれは、その自我の意識が自己弁解をし正当化をはかろうとした時に「未生怨」という名を見出してきたのです。その「未生怨」という名の因縁のなかから、やがて直ちに父子の愛情を捨てるというところまで突きつめていくわけです。だから、親と子の愛情を捨てるということは、生命の根源を捨てるということになっていくわけです。

(3)　未　生　怨

言《イフ》未《ミ》生怨《オントハ》《アタ反》者、此《レ》因《ヨルカ》提婆達多起《ノオコスニ》悪妬《ト》《ソネム反》之《ノ》心《ヲ》故《ニ》、対《ムカヒテ》彼《ノ》太子《ニ》、顕発昔日《スシヤクニチ》《ムカシ反》悪縁《ヲ》。云何妬《ソト》心《ノ》而起《オコス》悪縁。提婆悪性《ニノ》、為人匈猛《ヒト、ナリクキヨウマウナリ》《アシク反タケシ反》。雖《トモ》復出家《セリト》、恒常妬《ニソネム》仏名《ノ》聞利養《ヤウヲスト》。然《ルニ》父王是《ハレ》仏《ノ》檀《タン》越《オチナリ》、於《テ》一時《ノ》中《ニ》多将《クモテ》供養《クヤウヲ》、奉上《タテマツル》如来《ニ》。謂《イハク》金・銀《コム》・七宝・名衣《ナアルコロモ》・上服《スクレタルキモノ》・百味菓《ミノクワ》・食等《シキナリ》。一一色色《ニ》、皆《ナ》五百車《シヤナリ》。香《カウ》・華《クエ》・伎《キ》・楽《カクシ》、百千万《ノ》衆《シユニシテサン》、讃歎《タンシ》囲《キ》遶《ネウメ》、送《オクテ》向《ムカヘテ》仏会《エニ》、施《セス》仏及僧《ヒソウニ》、時調達《ニテウタチ》見已《ハテ》、妬《ト》心更盛《ニサカリナリ》。即向《チムカテ》二舎利弗所《ノロニ》一。求《ム》レ学《カクセムコトヲ》二身《シン》通《ヲ》一。尊《ソン》者語《カタテ》言《ハク》。人《キ》者《ナンチ》且《ミシハラクカクセヨ》学二四念処《ヲ》一。不《ス》レ須《スヘカラク》三学《フ》二身《シン》通《ヲ》一也。既《ステニ》請《シヤウスレトモ》不《ス》レ遂《トケ》レ心《ヲ》。更向《ニテ》二余《ヨノ》尊者辺《ノヘンニ》《ホトリニ》一求《モトム》、乃至五百弟子《ノ》等、悉《ク》無《シ》レ人教《ル》、皆遣《シム》レ学《セ》二四念処《ヲ》一。請《スルコト》不《ノ》レ得《ヘス》二已《ヤムコト》一、遂《ツイニ》向《テ》二阿難辺《ノホトリニ》一学《ス》、語《テ》二阿難《ニ》一言《ハク》、汝《ナンチハ》是我《レカ》弟《オト、ナリ》、我欲《レフ》レ学《セムト》二通《ヲ》一、一一次第《ニ》教《玉ヘヨ》レ我《ニ》。然《ルニ》阿難雖《トモ》レ得《ヘタリト》二初果《シヨクワヲ》一、未《タ》レ証《セ》二他心《タヲ》一。不《スシラ》レ知《ア》下阿兄《クキヤウノ》私密《ヒソカニ》学《ノ》レ通《ヲ》、欲《ホスルコトヲ》中於《ス》二仏所《ショニオコサムト》一起中於悪計《ノハカリコトヲ》上、阿難遂《ツイニ》即《チヨ》喚《ハテ》向《テ》二静処《ニ》一次第《ニフ》教《ヲ》レ之。跏趺《カフ》正坐《シテ》、先《ツ》教《ヘテモテ》《シム》三将《テ》レ心挙《ヲアケテ》レ身《ヲ》似《ニタラ》二動想《トウサウニ》一。去《サルコト》レ地《チヲ》一分・一寸《スレト》想《オモヘ》、一尺・一丈《チヤウト》想《ヘ》、至《ルニ》レ舎《シヤニ》作《ナセ》二空無礙《ケノ》想《ヲ》一、直《タ、チニ》過《スキテ》上《ノホルト》二空中《ニ》一想《ヘ》、還《カヘテセフノ》摂《ヲ》レ心下《リテ》、至《ルト》二本《トノ》坐処《サシヨニ》一想《ヘ》。次《ニ》将《モテ》レ身挙《ヲアケヨ》レ心《ヲ》、初《ハシメノ》一時去《サルコトヲ》レ地《ヲ》一分・一寸等、亦如《クスヘシ》二前法《ノ》一。以《テ》レ身挙《ケ》レ心《ヲ》、以《テ》レ心挙《ヘシ》レ身《ヲ》、亦随既至《テニリ》二上《リ》空《ソラニオハリナハ》二已、還《カヘテ》摂《セフ》二取《シユメ》身《ミヲ》一下《リテ》、至《ルヘシ》二本坐《ホンノサ》処《ニ》一。次《ニ》想《ヘ》二身心合挙《（ママ）カンメアクト》一。還《ヘテ》同《ク》二前法《ノニ》一、一分・一寸等、周《オハリテ》而復始《ハシメヨ》。次《ニ》想《ヘ》、身心入《シム》二一切《ノ》質《セツ》寻《ケノ》《サヘサヘラル》色境《シキキヤウノ》

中《ニ》一、作《（ママ）ナスコトヲ》二不質《セツ》寻想《ケノヒヲ》一。次想《ニヘ》、一切《ノ》山河《カ》大地等色《ノイロ》、入《ルニ》二自《シ》身中《ノニ》一、如《ク》レ空無《ノム》礙《ケニメ》不《サルコトヲ》レ見《ミ》二色相《ヲ》一。次想《ニヘ》、自身《ハハ》或大《ニメ》偏《ヘン》満《メ》二虚空《ニ》一、坐臥《サクワシ》自在《ナルコトヲ》。或坐《ハシ》或臥《ハフメ》、以《テ》レ手捉《ヲトリ》二動《オコカスト》日月《ヲ》一。或作《ハナテ》三小身《ト》一、入《ニ》二微《ミ》塵《チンノ》中《ニ》一、一切皆作《セ》二無礙《ムケナル》想《ヲ》一。阿難如《シ》レ是《ノ》。次第《ニ》教《ヘ》已《ハヌ》。時調《ニテウ》達《タツ》既受《ニシユ》二得法《シヲ》一已《ハテ》、即《チ》別向《ニムカテ》二静処《ニ》一、七日七夜、一心専注《チユメ》、即《チテ》得《テ》二身通《ヲ》一、一切自在《ニメ》、皆得《ウ》二成就《スルコトヲ》一。既《ニ》得《ヘ》レ通《ヲ》已《ハテ》、即向《チテ》二太子殿《ノテンノ》前《マヘニ》一、在《アテ》二於空中《ノニ》一現《ス》二大神変《ヘンヲ》一。身上《ミノヘヨリ》出《シ》レ火《ヲ》、身下《ノヨリ》出《ス》レ水《ヲ》。或左辺出《ニシ》レ水《ヲ》、右辺《ニ》出《ス》レ火《ヲ》。或現《ハシ》二大身《ヲ》一、或現《ハシ》二小身《ヲ》一、或坐《ハサ》三臥《クワシ》空中《ニ》一、随《テ》レ意《ニ》自在《ナリ》。太子見《ミ》已《ハテ》、問《テ》二左右《ニ》一曰《ハク》。此《レハ》是何《レナン》人《ソヤ》。左右答《ヘテ》二太子《ニ》一言《ク》。此《レハ》是尊者提婆《ナリ》。太子聞《キ、》已《ハテ》、心大《キニ》歓喜《ノ》、遂《ツイニ》即挙《アケテ》レ手喚《ヲヨハヒテ》言《ク》。尊者何《ナンソ》不《サル》二下来《リキタラ》一。提婆既見《ニミ》レ喚《ヨハフヲ》已《テ》即化作《ノテ》二嬰児《ヤウニト》一、直《タ、チニ》向《フ》二太子膝《ノヒサノ》上《ヘニ》一。太子即抱《チイタイテスヒテ》鳴《ヲモテアソフ》レ口捺《ヲ》レ之。又唾《ツハキハク》二口中《ノウチニ》一。嬰児《ヤウ》遂《ニツイニ》咽《ノム》レ之《ヲ》。須臾《シユユニ》還《カヘテ》復《フクス》二本身《ニ》一。太子既見《ニテ》二提婆種種神《カノ》変《ヲ》一、転《ウタタク》加《ハフキヤウチウヲ》二敬重《ヲ》一。既見《ニミ》二太子《ノ》心敬重《ニ》一已《スルヲハテ》、即説《チクニ》二

父《ノ》王供《ク》養《ノ》因-縁《ヲ》一。色別《シキヘチ》五百乗《ノ》車《マニノセテ》載《テ》向二仏所《ニ》一、奉《上ルコトヲ》二仏及《ヒ》僧《ニ》一。太子聞《キ》已《テ》、即語《カタラク》二尊者《ニ》一。弟子亦能偹《クトヽノヘソナヘテ》二具色各《カク》五百車《ヲ》一、供二養《シ》尊者《ニ》一、及施《ヒセヽムコトシユソウニ》二衆僧《ニ》一、可レ不レ如《ヘケムセサルク》レ彼也《ノヤ》。提婆言《ク》。太子此《ノ》意大善《ニヨシ》、自《ヨリ》レ此已-後《ニ》、大《キニ》得《ヘテ》二供養《ヲ》一、心転《ウタヽ》高慢《カウマンナリ》。譬《タトヘハ》如《シ》下以《テ》レ杖《ツエヲ》打《ウテハアシキイヌノ》二悪狗《ク反》鼻《ハナヲ》一、転《ウタヽ》増《マスカ》中狗悪《イヌノアシキコトヲ》上《ア・ナツル反》。此亦如《シ》レ是《ノ》。太子今将《モテ》二利養之杖《ノツエヲウツニ》一打《ニ》二提婆貪心狗《カトムノイヌノハナヲ》鼻《ニ》一、転《ウタヽマスコトヲ》加《ニ》二悪《ヲ》一盛《サカリニステ》。因《ニ》レ此《ニ》一破《ハシ》二レ僧《ヲ》一改《アラタメテ》二仏法戒《ヲ》一、教-戒不-同《ナリ》。待《マテ》下仏普《ク》為《ニ》二凡聖大衆《ノ》一、説-法之時《ヲ》上、即来《キタテ》二会中《エノニ》一、従《シタカテ》レ仏索《ニモトメ》二於徒《ト》衆《シユヲ》一幷《ナラヒニ》諸《ノ》法蔵《ヲ》、尽《コトヽヽク》付《フ》二嘱《ヘト》我《ニ》一。世尊年《トシ》将《サラニ》老《ラウ》邁《マイシタマヘリヨロシクヘシ》。宜可下就《ツイテシヤウナイニ》二静-内《ニ》一自将《ラマサニヤシナイ上ル》養上。一切《ノ》大衆、聞《キヽテ》二提婆此《カノ》語《コトハヲ》一、愕《カク》尒《サハイテチタイメ》迭《シトメ》-互《タカヒニ》相看《ヒミテ》、甚《ハナハタ》生《スキヤウ》二驚怪《オトロキクエヲアヤシム》一。尒時世尊、即対《ニ》二大衆《ニ》一、語《カタテ》二提婆《ニ》一言《ハク》。舎-利・目-連《レンノチ》等即大法将《シヤウナルニソラスラ》、我《ワレ》尚《ナヲ》不《ス》下将《モテ》二仏法《ヲ》一付-嘱上《セ》。況《イハムヤ》汝《チ》癡人《チニンノクラヘルツハキヲ》食レ唾者乎《ノヲヤ》。時提婆聞《キヽテ》下仏対《ノ》レ衆毀《ニクキ》辱《ニクシ下ヘルヲ》一。由《ナラシ》如《ニノ》三毒箭《トクノヤノ》入《ルカ》二レ心《ムネニ》一、更発《ニス》二癡《チ》-狂《ワウノ》之意《ヲ》一。（ママ）藉《ヨテ》二此《ノ》因-縁《ニ》一、即向《チテ》二太子所《ノロニ》一、共《トモニ》論《ロンスノ》二悪計《ハカリコトヲ》一。太子既《ニ》見《テ》二尊者《ヲ》一、敬《キヤウ》-心《ヲモテ》承《シヨウモンス》-問。言《ハク》、尊者今《ケ》-日顔《フケン》-色《シキ》憔悴《セウスイセリスヤ》、不レ同《ニ》二往昔《カラワウシヤクニ》一。提婆荅-曰。我今憔悴《セウスイセルコトハ》、正《ク》為《メ》二太子《ノ》一也《ナリ》。太子敬《ウヤマテトハク》問。尊者為《ニ》レ我有《ル》二何《ナニ》-意《カ》一也《ヤ》。提婆即荅《チ》-云。太子知《リヤイナヤ》不、世尊年老《トシオイテ》、無《シ》レ所《ロ》二堪《カン》一任《ニンセル》一、当可《ニヘシ》下除《ノソイテ》レ之我自作《ラル》中仏《ト》上。父王年老《ノ》。亦可《ヘシ》下除《ノソイテ》レ之太子自坐《ラサシ玉フ》中正-位《キニ》上。新-王新《シントシン》-仏治《トチ》-化、豈不《アニ》レ楽《タノシカラ》乎《ヤ》。太子聞《キヽテ》レ之、極《メテ》大瞋《ニシン》-怒、勿《ヌ》レ作《レト云ナス「》二是説《ノヲ》一。又言《ハク》。太子莫《ナカレイカルコト》二瞋《ヲ》一。父王於《ノオイテ》二太子《ニ》一、全《マタク》無《シ》二恩《オム》-徳一。初《ハシメニ》欲《ホセシ》レ生《セムト》二太子《ヲ》一時、父王即遣《ツカハシ》二夫人《ヲ》一在《アテ》二百尺《シヤクノ》楼上《ロウノニ》一、当《アタテ》二天井《シヤウノ》中《ニ》一生《セシメテ》、即望《チノソメシカトモ》三随《テ》レ地令《ニムルコト》二レ死《セシ》一、正以《クノ》二太子福力《ヲ》一故《ニ》、命根《ミヤウコンス》不レ断但損《タヘタヽソンセリ》二小指《ノミヲ》一。若不《シス》レ信者《セハ》、自看《ラミヨ》二小指《シヲ》一、足《レリ》三以《テ》為《スルニシルシト》二験《ニ》一。太子既聞《キヽテ》二此語《ノコヲ》一、更重《ニカサネテ》審《アキラメテ》言《ハク》。実尒《ニシカリヤ》-已不《ナヤ》。提婆荅《ヘテ》言《ハク》。此若不《レシ》レ実《スハ》、我可《レ》三故《ケムコトサラニキタテナス》来作《マンコヲ》二漫語《ヲ》一也《ヤ》。因《ヨリノ》二此語《ニ》一已《ハテ》、遂《ツイニ》即《チ》信下-用《ヨウス》提婆悪見《カノ》之計上《ミタレカハシキコトヲ》。故《ニイフ》導《ト》上「随《ヒ》中順《スト》調達悪友《ウノ》之教《ニ》上」也。（『全集九』五六頁）

影ある存在

前のところで阿闍世について語る時には、「折指」と呼ばれる因縁を昔日の因縁で語り、その昔日の因縁として示されたものは、頻婆娑羅王と韋提希という父と母であったわけです。

こんどは「未生怨」ということで語るわけです。その「未生怨」と呼ばれるところの因縁を語る時には、あくまでも提婆の問題というかたちで出ています。ところが、提婆の問題が中心であるということは、決して提婆という悪人の問題を告発しているのではないのであって、そういう提婆とかかわっていく阿闍世そのものが問題なのです。そういう提婆とのかかわりを持たざるをえないような阿闍世の問題、それがやはり阿闍世の内面にある事柄なのでしょう。

それは一言でいうと何かといえば、出生の秘密を持った人間が、出生の秘密を自身にとって納得のいくものというふうにしないで、むしろ自我によって解釈可能なものとして置きかえていこうとする意識が、実はそれを為さしめるような縁を待つわけです。その縁として、実は提婆という一人の人間がここでは登場してくるというわけです。

未生怨と言うは、これ提婆達多の悪妬の心を起すに因るが故に、彼の太子に対いて、昔日悪縁を顕発す。(『全集九』五六頁)

このように言うています。だからそういう意味では、昔日の因縁、いわば阿闍世にとっての出生の秘密が、阿闍世自身の頷きとして解けたのではなくして、阿闍世自身の自我にとっては出生はいつでも秘密であるけれども、その秘密が提婆達多が悪妬の心を起こすことによって顕発されたわけです。提婆によってあばかれたということが問題なのです。顕発されることによって、自己自身の問題を正当化しようとする意識が前面に出てくる。こういうかたちをとって示されています。つまり、出生の秘密の謎を公開して頷こうとするよりも、逆に謎を謎のままで正当化していけるような道というものを、いつでもどこかで求めている。闇をひらこうとしないで、闇そのものを、時には自己弁護というかたちで、時には責任転嫁というかたちで、ともかく自我が納得するようなものとしていこうとする営みがある。その営みが実は、ますますもって阿闍世そのものを苦悩のなかへ追い込んでいくということになっているわけです。

阿闍世はそういう問題を持っているわけですが、この時には意識はしていないわけでしょう。前に「折指」というところでは、たしかに昔日の因縁として父母のエゴイズムというものが摘発されていたわけですが、それを阿闍世自身は意識していないわけです。意識していないけれども、存在のなかにはいつでもそういう影がある。だから、突つかれればいつでもそれが爆発するようなかたちで生きているわけです。

そのように深く存在の底に隠している影、したがってそこから突き上げてくる不安、その不安が人間にとってはいちばんの恥部であるし、いちばんの弱点であるわけです。どんなに剛気な人間であっても、生まれたという、その動かすことのできないところに恥部があるし、どんなにすばらしい健康な心根をもって生きていても、その一点が弱点であるわけです。だから、その恥部をつかれた時に人間は、自己の生命に反逆する。その自己の生命に反逆することが、自己の生命をここにあらしめたもの全体への反逆というかたちを取っていくわけです。

邪　見

ところが、ここでまず一つ考えていいことは、提婆は仏弟子になった人だということです。そのことがまず前提にしておかれているわけです。提婆は仏の弟子となっているにもかかわらず、仏そのものを見ることのできなかった存在だということになっております。

人と為り匈猛なり。また出家すと雖も、つねに仏の名聞利養を妬む。(『全集九』五六頁)

こういうふうに言うています。あくまで提婆というのは出家者です。出家者というのは、道を求める人間、つまり仏陀の弟子である。ところが、仏陀の弟子でありながら仏陀を見ることのできなかった存在だということです。いわば仏に遇いながら仏を見ることができなかった。だから、仏が供養されているという事実が、実は提婆にとっては仏の名聞利養としてしか見えないわけです。いわゆる、仏陀をもって仏陀を応供《おうぐ》として仰ぐことができないわけです。だから、いうてみれば仏陀釈尊は、人気者に見えるわけです。ということは、提婆の意識のなかには、釈尊と自分とは力くらべ・知恵くらべをすれば甲乙つけ難いと思っているわけでしょう。

いうてみればそういう意味で、提婆にとっては、釈尊が人々から尊敬されれば尊敬されるほど、仏陀というものを敵視していくようなかたちで釈尊についていた存在なのです。それが提婆という一人の人間の在り方です。ということは、やがて自分も仏陀になれると思っていた存在だということです。いわゆる、仏陀と自分とは同質的存在だという意識で仏陀についていた、そういう在り方として提婆がいるわけです。そういう意味で提婆が考え、見ていた仏、そしてやがて提婆自身が自分のなかにその可能性を意識していた仏というのは何かというと、いわば人気者である仏です。深いところに根をはった人気者なのでしょう。そういう意味では、提婆が釈尊を名聞利養の人と見るということは、いわゆる阿闍世自身の邪見が仏をして仏たらしめずにきたということと通ずるということがある。そこにまた提婆の問題があるわけです。

そのような提婆が、釈尊が供養されているという、そういう事実を見れば見るほど、それが自分の心を安らかならしめないということになってくるわけです。いわば釈尊の徳というものが仏智でなくして才知に見えているわけです。ですから提婆は、人々にとって仰がれる人というものは、普通の人々が為すことのできないようなことを為しうる人である、と、そういうかたちでしか仏を見ないわけです。

ところが仏というのは、いわば何も為さない人なのでしょう。特別なことを何も為さないというのが、覚者といわれる真の仏陀です。覚者というのは特別なことをする人ではなく、いわばいちばん平凡なところにおれる人を仏陀というわけです。だから、そういうことで言えば、宗教的人間という言葉でいうならば、宗教的人間というものは、安んじていちばん特別なことをしないでおれる人間ではないですか。ところが、一般にはそれが逆になっているのです。宗教的人間というと、いちばん特別なことをする人間になってしまっているのではないですか。

仏意に背く仏弟子

その点、親鸞の意識はきわめて明瞭です。

たとい牛盗とはいわるとも、もしは善人、もしは後世者、もしは仏法者とみゆるように振舞うべからず。（『全集四』一三四頁）

と言うています。この文を一見しますと、たとい牛盗といわれても、あの人は仏法者だ、あの人は善人だ、あの人は後世者だと、このように見えるようにみせかけてはいけない、と言うているようにも受けとられます。しかしそういうことならば、親鸞という人はずいぶん道学者的な人になってしまいます。そうではないのでしょう。あの言葉が生まれたということは、宗教的人間というのは見せかけていくような生き方のできない、自己自身に誠実であるような人間ということです。

だいたい、宗教的人間だけが見せかけているのではないですよ。われわれの生き方というのは全部見せかけです。いつでもわれわれの生き方というのは見られている世界で生きています。見られている世界で生きている、ということは見せかけて生きているということです。ところが人間にとってはそれが窮屈なのでしょう。それが辛いのです。いわば自分に正直に生きられないというのは、そういうことなのでしょう。だから、そういう意味では、人間は見られていることを意識して、見せかけて生きるという構造をもっているわけです。その根はどこにあるかというと、「人間」という在り方にあるわけです。いわゆる「間」という在り方で生きるというところにあるわけでしょう。「間」という関係を自己としているからして見られているわけであり、したがって見せかけて生きているわけです。ところが、そのような生き方が自分にとってやりきれないというところから、求道ということが始まるのです。しかしながら、その求道者がさらに見られていることを意識して見せかけていく、こういうことになってくると、どうしようもなくなるわけでしょう。

そこで親鸞が「たとい牛盗とはいわるとも、もしは善人、もしは後世者、もしは仏法者とみゆるように振舞うべからず」と言うたのでしょう。今まで見せかけで苦しみ抜いてきた人間が、もう一度輪をかけて見せかけなくてはならぬような生き方ができるかというわけです。それを突きつめていけば、仏陀とは何かというと、いちばん正直に生きている人、いわばいちばん「見られて」「見せかけて」という世界の桎梏《しっこく》から自己を解放した平凡な人なのです。仏陀は決して光り輝いている人ではなくして、ほんとうの意味で平凡な人なのでしょう。

そうすると、宗教的人間というものを特殊な存在と見る限りにおいて、人間の宗教的覚醒を求める意識は、いつでも特殊者になろうとする意識でしかなくなってくるという問題があります。その代表的な特殊者になろうとする意識は、たとえそれがどんなに謙虚なかたちを取っていても、どんなに深刻なかたちを取っていても、深刻だとか、謙虚だとか、そんなことではごまかされないような問題なのです。額に縦ジワを寄せて深刻な顔をしていても程度はしれているのです。そういうかたちで特殊な存在になろうとしている限りにおいて、それはどんなに頭を下げていても、あるいはどんなに深刻になっていても、たとえ三品の懺悔をしていようが、それ全体が自我・邪見・憍慢の上に立った事柄でしかない、という問題です。

そういう意識で、しかも反逆心をもって仏陀を見れば、「俺も仏陀になれるんだ」ということになるわけです。

それに対して阿難はどうかというと、

阿難初果を得たりと雖も、未だ他心を証せず。(『全集九』五七頁)

と善導は言うていますように、たしかに仏陀のお弟子となっているわけです。そういう意味では、提婆が「逆」であるならば、阿難は「順」です。ところが、頭を下げて釈尊についているからというて、それで仏陀を拝んでいるというわけではないのです。反逆しているのは、勿論それは拝んでおらない。しかし、頭を下げてついているということも拝んでいるというわけにいかない。こういう問題があります。順・逆ともに仏に背いているということがあるわけです。

阿難は仏陀について、初果という、智慧の境地まででは仏陀の心に触れていても、それはなおエゴイズムの根が断ち切れていなかったというわけでしょう。「未だ他心を証せず」というように、他人の心がわからないわけです。ということは、自分しかわからないということです。そういうかたちで仏陀についていた阿難は提婆と結託して手を結んだのではなくして、提婆の言葉の内に隠されているものを知ることができなくて手を貸すわけです。それが実は仏陀そのものを明らかにすることがない世界を、いちばん強力に推し進める推進力になっていくわけですよ。常随昵近《じょうずいじっきん》の仏弟子が、仏教の世界を混乱状態におとし入れる提婆の強力な推進力になっていくわけです。これはたいへんな問題だと思いますね。

釈尊のいちばん傍についていて、いつも釈尊の教えを聞いていたその人が、実は仏陀釈尊に反逆する第一人者になっているわけです。だから、順というかたちにおいて、あるいは逆というかたちにおいて、順逆の現われ方は違いますけれども、順逆ともに仏陀を拝むことができない限り、それはいつでも仏陀に背くというかたちになっているということです。背く心は何かというと、それが自我心というものである、と、このように押えられてくるわけです。

提婆達多の悪計

ところでまず最初に、提婆達多は頻婆娑羅王が帰依している釈尊の教団を見て、妬心《としん》を起こして何を求めたかというと、身通を求めたわけです。身通というのはどういうことかというと、他の人にできないような特殊なことをする能力です。

そこで、まず舎利弗のところへ行ったわけです。その点、さすがに提婆だと思います。最初に智慧第一の舎利弗のところへ行ったというところに、提婆という一人の人間のもっている、よく言うならば鋭さ、悪く言うならば高慢さというものがあるわけでしょう。釈尊の一の弟子である智慧第一の舎利弗のところへ身通を教えてくれと頼みに行ったのです。それに対して舎利弗は、

きみ且らく四念処を学せよ。須らく身通を学ぶべからず。(『全集九』五七頁)

このように言われたわけです。四念処というものの中心になっているものは「無我」ということです。身は不浄である。感覚というものは苦である。心は無常である。そして、すべての存在という

ものは無我であるということに頷く心、頷く智慧、それが四念処です。舎利弗は提婆に対して、身通を学ぼうとほんとうに思うならば、まず四念処を学べと、こういうわけですね。我執にもとづく妬心をもって身通を学ぼうとする提婆に対して、舎利弗は「四念処を学べ」と教えたわけです。

こういうかたちで舎利弗に断られた提婆は、それから五百人の弟子を次々と訪ねていくわけでしょう。ところが、五百人の弟子全員が言うのは四念処を学べという一言だったわけです。つまり、我執を去れ、我執を去ることが仏陀を拝むことであると同時に仏陀となる道なのだ、だから仏陀となろうとするのならば我執を去れというわけです。ところが、提婆にはそれがどうしても了解できないわけです。

そこで提婆が最後に行ったのは、兄弟である阿難のところだったのです。阿難は釈尊の常随昵近の弟子です。逆にいえば阿難は釈尊がいつも傍においていた弟子です。いわば釈尊にとっては離すことのできなかった弟子でもあるわけです。もう一つ押えて言うならば、そのことが釈尊の弱点でもあったわけです。釈尊の弱点というては語弊がありますけれども、いわば提婆が見つめていた一点が阿難という存在であったのです。

つまり敬虔な姿をもって釈尊につかえている阿難のなかに、実は釈尊に背く根を見ていた。しかも、その背く根をもっている阿難を自分の傍におかなくてはならないところに仏陀の大悲がある。その大悲のなかに、実は提婆の反逆の目は仏陀の教団を切り崩していく一点を見ているわけでしょう。そこらの呼応は、なにか恐いほど鋭いですね。

汝は是れ我が弟なり、我通を学せんと欲う、一一《いちいち》次第に我に教えたまえよ。（『全集九』五七頁）

「教えたまえよ」というのは、これは親鸞の振り仮名です。そこに親鸞の領解があるわけです。兄である提婆が弟の阿難に「俺に教えろ」と強制しないで、「教えたまえよ」と言うたというように親鸞は読んでいます。「兄貴が弟に頭を下げたのだから」というわけですね。そこで弟の方は得意になって知っていることを全部教えてしまうわけでしょう。教えてしまった揚げ句の果てが、結果はどうなったかというと、教えられたものを身につけて提婆自身は釈尊の教団を破壊するという方向に向かってゆくわけです。その破壊によって釈尊の教団に選ぶ教団を作ろうとする。しかもそれは、仏陀のもとに宗教的覚醒、宗教的救いを求めている人々の集いと同質に見えるようなかたちの集団を作るのだと、提婆に意図さすことになるわけです。

その意図はこの物語のなかで言うならば、頻婆娑羅王の子、阿闍世に眼をつけていくわけです。その阿闍世に眼をつける時に、阿闍世の心を切り崩す一点は阿闍世の出生の秘密をあばく、その一点において、実は釈尊の外護者全体が崩れていくというものを見ていくわけです。だから出生の秘密そのものをあばくわけですが、あばくにはただあばくわけにはいかない。それに先立って出生の秘密をあばかしめる方法がある。その方法は何かというと、阿闍世そのものに恭敬の心を起こさしめるということなのです。

そういうことで、阿闍世のところへやって来て、空中に現われて小身を示したり、大身を示したり、火を出したり、水を出したりするわけです。そこで、

太子見已って、左右問うて曰く。これは是れ何人ぞや。（『全集九』五八頁）

ということになる。つまり、恍惚の間にあった阿闍世太子が、提婆の示す奇瑞を見てすっかり混乱状態を起こしてしまうわけでしょう。左右に問うというのですから、いわば見定めがつかなくなってしまうわけです。

そういう問いに対してはっきりと提婆が言うたことは、

これは是れ尊者提婆なり。（『全集九』五八頁）

と言う言葉です。この言葉は、他の人が言うたのではなく、提婆自身が言うわけです。いわば「われこそ尊者だ」と言うわけです。その「われこそ尊者だ」という尊者の内容というものは、実は神変自在だというかたちで示されてきたものであるわけです。

ところが、その尊者に対して阿闍世が敬って「どうぞ下りてきてください」と、このようにお願いをする。そうすると、下りてきてどういう姿をとるかというと、尊大な姿をとって下りてきたといわないで、赤ん坊の姿をとって下りてきたといいますね。そして、阿闍世に抱かれて接吻したというかたちで説かれています。ずいぶん凝った描写ですね。「尊者だ」と自称した一人の人が、一人の人間の心をとらえようとした時、とらえようとした一点はいちばん低次元で、いちばん俗っぽいところでとらえたわけです。いわばこれこそ真実の宗教だと、このように名告った宗教が人間のいちばん底辺で押えたのではなくして、いちばん俗の俗である一点で人間をとらえているわけです。そこで太子はますますもって提婆を尊敬する。

既に太子の心に敬重するを見已って。（『全集九』五九頁）

と、このように善導が言うているように、「じゅうぶんわたしを敬った。この人間はもう自分には背かない」という心の根っこをグッと押えておいて、そこで提婆は自分の欲望を示すわけでしょう。

即ち父の王の供養の因縁を説く。（『全集九』五九頁）

そこでは「頻婆娑羅王は五百の車にいろいろな物をもって捧げている」と、こういうふうに言うわけです。「おまえも持ってこい」と言わなくて、「頻婆娑羅王は仏陀釈尊のところへ供養していますよ」と、こう言うたわけです。このように言われた時に、阿闍世は「わたしもやろう」と言うわけですね。わたしも負けない。そのくらいのことはわたしにもできると、こういうかたちを取ってくるわけです。

この辺の描写はずいぶん緻密な心理の動きを示していますね。つまり、宗教にかかわっての緻密な心の内面性というものの描写がされています。この展開が大事なのです。

阿闍世が提婆の神変を見て戸惑うて、「何者だ」と問う。すかさず提婆は「これは是れ尊者提婆なり」と答える。そこで、阿闍世はよろこんで提婆尊者の名を呼ぶ。すると提婆は嬰児となって現われて、やがて太子の心に敬愛の思いが成就したということを見定めた時に、「おまえのお父さんは仏陀釈尊に向かってこれだけの供養をしている」と、こういうふうに言う。それに対して太子は「自分もそのくらいのことはできる」と言う。そこで提婆は「太子この意大いに善し」と、こういうふうに言うて、それを認めていくわけですね。そういう全体を善導は注釈して、あたかも、狂犬病にかかっている犬の鼻をたたくと、ますます狂暴になるようなことをやってしまったと、こういうふうに譬喩をもって示していきます。

ところがそういう意味では、提婆は自分に敬重というかたちを取って、完全に自分にしたがった太子を背後にして、実は釈尊のところへ乗り込んでいくわけです。その乗り込んでいく姿も、ここでは非常に具体的に示されているわけです。どういうかたちで乗り込んでいったかというと、

仏普く凡聖大衆の為に、説法の時を待って、（『全集九』五九頁）

というのですから、仏弟子たちが集まって、仏陀が説法する時を待っていたというわけです。ただ仏陀のところへ個人的に、個人のところへやって来たのではなくして、仏陀が説法をしようとする、その会座へ人々の集まる時を待ってやって来て、仏陀に向かって、「わたしにすべてのお弟子をゆずってくれ。そしてすべての法をわたしに説くことを許してくれ。あなたはもうすでに年をとっておられます。静かな所でお休みください」と、こういうふうに言うたというわけですね。

それを聞いた時、一切のお弟子方が非常に驚いたわけです。この弟子達の驚きに対する釈尊の姿勢というものが大事なのです。

尒時世尊、即ち大衆に対して、提婆に語って言わく。（『全集九』六〇頁）

と、こう言うています。「提婆に対して、語って言わく」ではないのです。「大衆に対して、提婆に語って言わく」と、こう言うています。提婆の心のなかにひそんでいるものを大衆に向かってあらわにしたと、こういうわけです。そのあらわにしたのは、「舎利弗・目連など、これは大法将で

ある。しかし自分はその舎利弗、目連にさえも仏法をまだ付嘱はしていない。いわんやおまえのように唾を食らうような癡人にどうしてゆずることができるか」、と言うわけですが、これはずいぶん乱暴な言い方をしています。

ここでは大衆に向かって、提婆の心の根にあるものをあばいたわけです。それは提婆からいうならば、公衆の面前で侮蔑されたということでしょう。ところが釈尊からいうならば、仏法とは何かということを明らかにしたということなのです。釈尊にあっては提婆を縁として真実の宗教とは何かということを公開したということですが、提婆にとってみれば、それは個人攻撃だということになってくるわけです。

そこで提婆が、どうしたならば釈尊の教団を崩壊さすことができるのか、ということを考えた時に思いついたことが、太子の昔日の因縁をあばくというかたちをとってくるわけです。だいたい、赤児の姿をとった提婆を抱いて、かわいいかわいいというような、そんな意識のところで、あたかも宗教というものに触れたとするような太子に対しては、その太子の心にくさびを打ち込むのはどうしたらいいのかといえば、その心の根っこにあるもののところへくさびを打ち込めばいいわけです。

それには何が最も適切なことかといえば、出生の秘密です。人間は生命そのものに対する深い不安をいつもかかえている。それを突くわけです。その不安はただ偶然に起こってくるのではない。不安はおまえのなかから起こってきているけれども、不安を起こさすのはおまえ自身の責任ではない。おまえ自身に不安を起こさすようなものがおまえの存在の背後にあるのだ、というかたちでその不安の責任を出生の秘密に転嫁させていこうとするわけです。それが昔日の因縁を語るということとなるわけでしょう。

ところが、そのところでも決して阿闍世は、そのような不安をもちつつも提婆の悪計というものに直ちに加担したのではないのです。「このこと言うことなかれ」と言うて、敬重している師匠であるところの提婆に対して、はじめはそれを拒否しています。阿闍世が拒否するのに対して、提婆は「自分は、ただそんなことを言うているのではない。その証拠はあるのだ。その証拠は指を見ればわかるではないか。なぜその指が折れているか知っていますか。」というわけですね。「それは父母がおまえを欲しくて産んだのではない証拠だ。実は殺そうと思ったけれども、おまえの福徳によっておまえはここに育っているのだ」というわけです。

いわば親の力で生きているのではなくて阿闍世自身の福徳で生きているのだと言うわけです。つまり、指が折れているのは父母の責任だ、生まれて生きてきたのはおまえの福徳だということでしょう。ずいぶん乱暴な話ですね。折指という姿として生まれてきたというその事実は、実は責任はおまえにはない。父母のエゴイズムがおまえをそういう姿にしたのだ。しかし、生きることができたというのは、実はおまえの福徳によってできたのだというわけですから、ここには大きな矛盾があるでしょう。

一方では福徳で生まれ、そして生きることができたのだと言うておいて、しかもそういう貴方として生まれたという事実に対しては、おまえの責任ではなくして父母のエゴイズムだと、こういうふうに言うわけです。いうなれば生まれたということはあなたの力だ。しかし、そういう生まれ方をしたというのはあなたの責任ではない。それは父母の責任だというわけです。こういうかたちで、その折指として生きるということに対して、それを正当化せしめようとして、提婆は阿闍世をそそのかしていくわけです。

これは特殊な事柄ではないのです。宗教問題はいつでもこの辺で混乱状態を起こしてくるわけでしょう。不幸だと言うた場合に、その不幸の責任を何かに転嫁せしむるものが、あたかも宗教であるかの如きかたちでいつでも語られてくるでしょう。しかも、その時に責任を転嫁しっぱなしではないのです。その責任を転嫁させながら、しかも生きているということはあなたの徳なのだという一点のところで、その人間の自尊心というものは傷つけないで押えているわけです。

宗教というものは、自尊心を傷つけてしまったならばもともこもなくなるというかたちをとっているわけです。自尊心は傷つけない、しかし、そういう自尊心をもった人間が生きているところの不安の事実は、あなたには責任はない。こういうかたちで人間の生命の弱点へくさびを打ち込んでいって、そして一つの特殊な人間というものを、そこで形成していく、そういうことが宗教というかたちで語られているところに問題があるわけです。その言葉のもとで、阿闍世は頻婆娑羅王に背き、やがてその頻婆娑羅王に背く阿闍世を背景にして提婆は仏陀釈尊に背くという、そういう、反逆ということがそこから行なわれてくることになるのです。

実は「折指」という名で表わされた一点のところで、人間の出生の秘密というものが、人間のいのちにとってどういうかかわりをもっているかが明らかにされ、その出生の秘密からの解放、つまり出生の秘密というものがほんとうに自己自身のいのちのなかで領かれる世界を明らかにするのが、実は真実の宗教であり、覚道なのです。そういう自覚道であるところに宗教の本意があるはずであるにもかかわらず、逆に出生の秘密が責任転嫁というところへ持ち込まれていき、それが、あたかも救いであるかの如き意識をうえつける。そのことによって、その人間を特殊な存在として形作っていってしまう。そういう在り方がここに示されているわけです。だからそういう意味では、人間は何かの意味で「折指」であり、「未生怨」なのでしょう。

人間存在における根源関係

さらにもう一つ押えておきたいのは、善導は「折指」と「未生怨」という二つの内容で語られる阿闍世を通して、人間存在の実存的解明ということを見ていると思うのです。だからこれは決して、折指という名の因縁として父親と母親のエゴイズムというものをあばいたという話ではない。あるいは、未生怨という名の因縁のところに、いわゆる悪友といわれる提婆達多の憍慢邪見というものをあばいたというだけの話ではないのです。話の内容はそうなっているけれども、押えている一点は、阿闍世という名において、その二つが語られているということです。阿闍世という名において、その名の昔日の因縁として、折指ということがある。その折指という因縁は、父母と子という関係のところに一つ問題があるわけです。

また、提婆達多との因縁を語る未生怨という名に関する限りにおいては、これは師と弟子という関係を問題としているわけです。ここに人間という存在における二つの根源関係が押えられていると思うのです。親と子という関係と、そして師と弟子という関係です。

今・ここに・わたしとして誕生したということは、父母を縁として生まれたわけです。ですから人間という存在、いわゆる関係存在として生きる人間にとっては、親子関係は基本的な関係だということが一応常識としてわかるわけです。ところが、師と弟子という関係はよくわからないですね。師と弟子という関係は、何かきわめて偶然的で必然性がないように思うているわけです。ところが、その二つの関係、いわゆる親と子という関係と、師と弟子という関係とは、両方ともに人間の根源的な関係というものを示しているのだと、このように押えていこうとするわけです。言葉を換えて言うと、生命の事実における関係と、生命の解明における関係、こう言うてもいいかと思います。

生命の事実が与えられたというところに、すでにして成り立っている関係が親子関係です。親という他人と、子という他人との二つの偶然関係というのではなくて、わたしが「わたし」と、こう言った時には、すでに父母というものを縁としているということにおいてわたしがあるわけです。そういう意味で根源関係だと言うのです。だからそれは、生命の事実ということにおける根源関係です。

ところが、生命の事実における関係は、同時にその生命の事実が解明されるということがなくてはならないという課題をもっている。「人間、その問われたるもの」といわれますが、問われたるものとしての人間という存在は、解明されなくてはならない存在としてあるというわけです。そういう意味では、師と弟子という関係は生命の解明における関係であり、親と子という関係は、生命の存在事実における関係であります。

出生の秘密

このような人間存在における二つの根源関係ということで、阿闍世の名で語る善導の意を領解したいと思います。

そこで、折指という名について昔日の因縁を語ってみると、そこにはまず頻婆娑羅王が子供欲しさに仙人を殺した。殺された仙人は怨みをもったまま死んでいった。そして、予想通りに仙人が生まれ変わって夫人が身ごもったところが、生まれる時になって、占い師の言葉におどかされて、堕胎を考える。しかし、堕胎が成功しなくて生まれ出てきたのが、阿闍世という人間である。そういう物語がずっと示されてきていたわけですね。

ところが、「折指」という事実は出生の秘密を包んでいるかもしれないけれども、阿闍世にとっては生命そのものが折指というかたちをもってここに生まれてきたというのは事実であって、事実以上の何ものでもないし、事実以下の何ものでもないわけです。阿闍世に即して言うならば、指が折れてここに生まれてきたということは、阿闍世が「オギャー」と言って生まれてきて、息をひきとるまで引き受けていく、あるいは引き受けていかないという意識に先立つ事実です。

そうすると、人間が誕生したところに与えられた生命の事実そのものを、折指という言葉で押えられてくるわけです。ところが、その折指という事実、いわば出生の秘密といわれるものは、それを出生の秘密とするものがあるわけですね。つまり、折指という事実に影を落さすものがあるわけです。折指という事実が自身といわれる身の事実であるとするならば、影を落さすものはこの身の事実に承服しないところの自我です。わたしが、今このようにして生を受け、このようにして生きていかなくてはならないということは、わたし自身にとっては納得がいかないわけです。わたしがわたしの人生を選んだという覚えがないわけです。記憶のどこをさがしてみても、わたしの記憶のなかには選んだという覚えはない。まさに託生です。

そういう意味で自我というものは、自身の折指という事実に対して承服をしない。そこに阿闍世の問題があるわけです。阿闍世自身がその折指という事実を自己として生きておりながら、その折指という事実に対して、阿闍世の自我はそれを頷こうとしない。したがって、阿闍世の存在というのは暗い存在、つまり影をもった存在、覆われた存在、というかたちで阿闍世は生きているわけです。ところが、覆われた存在であり、暗い存在であるということは、もうすでに課題的存在なのであって、影を払うべき存在として生きているということでもあるわけです。

そこで、折指という事実を、自我心をもって問いつめていくと、いつでもその背後に出生の秘密がある。なにも特別に阿闍世だけにあったのではなくして、われわれ一人一人が出生の秘密を背負いながら、今の事実を生きているわけでしょう。とすると、その出生の秘密を自我が納得するためには、方法は二つしかないのです。一つは自我そのものが突き破られるか、それとも自我そのものに出生の秘密が自己弁解を許すような道を与えるか、二つに一つしかないのです。

ところが、自我を超えしむるか、あるいは自我にその出生の秘密を正当化せしむるか、ということは、超えしむるか、正当化せしむるかと言いましたように、そこには「せしむるもの」がなくてはならないのです。「せしむるもの」は何かというと、教えです。何らかの意味で「せしむる」のは教えなのです。だから、どういう教えに遇うかということが「せしむる」という世界を決定するわけです。

ここでは「調達悪友の教えに随順する」と言うのですから、悪友の教えも教えなのです。善友の教えも、勿論、教えです。善友に遇うか、悪友に遇うかということで、その未生怨ということの背後の出生の秘密をあばくものになるか、逆にそれを解消せしむるものになるか、決ってくるわけです。

孤独感情

この『観経』において、折指を未生怨として生きる阿闍世に教えたものは、悪友提婆だったわけです。その提婆が阿闍世の出生の秘密に油を注ぐわけです。というのは、阿闍世の自我心が、身の事実に承服しないのが正しいのだという証明を提婆から受けてくるわけです。その弁証を受けることによって、阿闍世の自我心は自己自身、つまり自我よりももっと根源的な生命に対して責任を転嫁する。責任を転嫁するというだけではなくして、自己の存在の弁護をしようとする。責任転嫁と自己弁護というのが、そこで起こってくるわけです。

ここで思い合わされるのは二河譬です。その文に、

この人既に空曠の迥かなる処に至るに更に人物無し。多く群賊悪獣のみ有り。この人の単独なるを見て競い来たって殺さんと欲す。（『全集九』一八二頁）

という言葉があります。そこで未生怨というのはいったい何なのかというと、今の言葉でいうと、「孤独」です。未生怨というのは孤独感です。人間というのは、自我心が承服できない自身の事実、その自身の事実を自我心の承服できるようなかたちで弁証されたとたんに、自我心はそれで「わたしには責任はないんだ」と、こういうふうに言うのです。けれども、言うたとたんに、言うた自分自身が孤独に追い込まれるということになっているわけです。これは人間の存在構造です。

「おれは産んでくれと頼んで生まれてきたんじゃないんだぞ」と、このように力むでしょう。「ごもっともだ。産んでくれと頼んであんたは生まれてきたんじゃないんだ。そのとおりだ」と、こう言われたとたんに、孤独になる。産んでくれと頼んで生まれてきたのではないのだぞと、力んだ自我心というものは、それが弁証されたとたんに、正当化されたその存在自身が孤独というなかへ落ち込んでいかざるをえないというわけです。だから、弁証されたらにぎやかになったとか、弁証されたら晴れやかになったということではなく、弁証されたら孤独になるのです。

それが、二河譬のなかでは、「この人すでに空曠の迥かなる処に至るに更に人物無し。多く群賊悪獣のみ有り。この人の単独なるを見て競い来たって殺さんと欲す」というわけです。未生怨というのは孤独の内面表現でしょう。孤独というのは、あれも敵だ、これも敵だというわけです。一人も友がいないということでしょう。そして、孤立無援だというなかにあるのを未生怨というのでしょう。

ところが、それに対して善導はこのように言うています。

無人空迥の沢と言うは、即ち常に悪友に随いて真の善知識に値わざるに喩うなり。

（『全集九』一八四頁）

という言葉で押えています。これはすばらしい押え方だと思う。人間が孤独になったということは、ただ孤独になったのではない。自我心の自己弁護の感情というものを正当化せしむるような悪友に遇うて、真の善知識に値わないということが、その人間を孤独にしたのだと、こういうわけです。これはすばらしい領解ですね。

人間は「独生独死、独去独来」なのですから、一人で生まれて、一人で死んでいくのです。それを孤独だというのは、孤独ということがあるのではなくして、孤独感があるわけです。その孤独感情が「独生独死、独去独来」という事実を受けとめていないわけです。だから、孤独感情というのは、一人ぼっちになったということではなくして、一人に耐えられないという感情です。だから、孤独というのは、一人ぼっちにさせられたと、このように表現はしますが、そのような言葉で表現されている感情は何かというと、一人になりきれないという意識です。

曽我量深先生は「人間というのは、正しいお法《みのり》を聞かないと、一人になる寂しいと言い、大勢でいるとやかましいと言う。ところが正しいお法を聞かせていただくと、一人でいると静かだと言い、大勢でいるとにぎやかだと言える、こういう世界が開かれる」と言われますね。そういう問題です。孤独ということはないのであって、あるのは孤独感情なのです。

その孤独感情というのは、事実に対して承服できないことの証しなのです。一人で生まれて一人で死んでいくという事実、いわば自我でどんなに手をかけても、手のかからない事実が自我にとって承服できないということが、一人ぼっちにさせられたというかたちで語られるわけです。そうすると、その孤独感情を払うものは何かというと、真の善知識に値う以外にないわけです。存在の事実にかえる道を与えてくれる、そういう教えに遇う以外にないわけです。それを善導は、

無人空迥の沢と言うは、即ち常に悪友に随いて真の善知識に値わざるに喩うなり。

（『全集九』一八四頁）

と、こういうふうに解釈したわけです。

親鸞が群賊悪獣ということを解釈する時に、群賊というのは「別解・別行・異見・異執・悪見・邪心・定散自力の心」と、こういうふうに釈したでしょう。この悪見・邪心・定散自力の心は、こちら側の問題です。自己弁護しようとする自我の意識の問題でしょう。ところが、二河譬で群賊というのは、「きみ迴り来たれ。この道険悪なり」と、こういうふうに呼びかえそうとする方でしょう。これは悪友の言葉です。悪友の言葉であるが、同時に悪友の言葉にまどわされるのは、悪見・

定散自力の心がまどわされるわけです。だから、まどわされるのは自力の心であり、まどわすのは悪友である。これは悪友がまどわすというけれども、まどわされるものがあってまどわすということが成り立つわけです。

とすると、結局、折指という事実に対して出生の秘密を感じていた阿闍世と、それに対して自己弁解の道を与えていく提婆達多との出会いというものが、阿闍世自身を未生怨的存在にしたわけです。未生怨的存在というのは、未だ生まれる以前からの怨恨ということですから、それは、未だ怨みを生せずして生きている存在ということですけれども、言葉を換えると、孤独です。孤独の存在にしたわけです。だからそういう意味では、孤独の存在にしたということは、それによって実は阿闍世が父親を苦しめたというかたちをとって、父を苦しめている阿闍世自身が苦しむ存在になったということなのです。

だから、やがてこの次のところに出てきますように、阿闍世が父親を七重の牢獄へ閉じ込めたといいます。牢に閉じ込められたのは父親かもしれないけれども、実は閉じ込めた方の阿闍世自身が閉じ込められたわけです。だから、閉じ込められた方の頻婆娑羅王は漸々に救われていきますが、閉じ込めた方の阿闍世は頻婆娑羅王が死んでから、救われない存在になっていくでしょう。そういう意味では、阿闍世は出発点から、閉じ込めたのは他を閉じ込めたのではなくして、自分を閉じ込めたわけです。そういうかたちでこの問題が語られてくるわけです。

そうしますと、悪友に遇ったということが、実は折指という事実に対して自我心がひそかに感じていた出生の秘密というものをあばかれるというかたちでそれを正当化して、悪友の教えに随順して、王舎城の悲劇を起こしてくる、こういうかたちで示されてくるわけです。

ここで、未生怨という言葉で善導があれほどていねいに語ってきた問題は何かというと、第二の根源関係、いわゆる人間存在の解明の関係を語ろうとするわけです。そして、折指という言葉を通して語っていたのは、第一の根源関係、いわゆる生命の事実の関係を語るわけです。この人間における二つの根源関係というものを、折指と未生怨という、阿闍世という名にかえられている意味というかたちで、善導は明らかにしていくわけです。

⑷　収執父王

三従《ヨリ》二「収執父《シユシフフ》王」《ト云》下至《ル》二「一不得往」《ト云》一已来《ハ》、正明《ス》下父王為《ニ》レ子《ノ》幽禁《エウキンスルコトヲ》上。此明《ハスナリ》下闍世取《トテ》二提婆之悪計《カノコトヲ》一、頓捨《タチマチニスツルコトヲ》（ママ）中父子之情《フシノナサケヲ》上。非《ス》三直失《タヽチニウシナウノミニ》二於図《ナキ》四極《キハマリ》之恩《ノオンヲ》一、逆響《キヤクヒ、キヨテ》因《ニ》二茲《コレニ》一満《ミツコトヲ》レ路《ミチニ》。忽《タチマチニ》掩《オ、ウヲ》二王身《ノミヲ》一、曰《イフ》レ「収《シユト》」。既得《ニヘテ》不《サルヲ》レ捨《ステ》、曰《イフ》レ「執《シフト》」。故名《ニク》二「収執《シユシウト》」一也。言《イハ》二「父《フト》」一者、別顕《ヘチノス》二親之極《シンノマリヲ》一也。「王《ト》」者、彰《フハアラハス》二其位《ノクラキヲ》一也。「頻婆《ヒンハト》」者、彰《フハ》二其名《ハスノヲ》一也。言《フ》二「幽閉《エウヘイ》七重室内《ト》」一者、所為《ハショ》既重《キニシ》、事亦非《コトス》レ軽《カロキニ》。不《ス》（ママ）レ可《ヘカラ》下浅《アサク》禁《キムノ》二人間《ニ》一、全無《マタクナカルシユコ》中守護上。但以《タ、テ》下王之宮閤《ノカウハ》（ケン反）、理絶《オサメテタヘタリ》二外人《クワイシムヲ》一、唯有《タ、テ》二群臣《クンシンノミ》一、則久《チヒサシクヨリ》来《コノカタ》承奉《シヨウフセルヲ》上、若不《シスハ》二厳制《コンセイセ》（キヒシク反）一、恐《オソラクハ》有《アラムコトヲ》二情通《スルコト》一。故使《ニシメキ》三内外絶《ヲノタヘ》二交《マシハリヲ》一。閇在《トチテオク》二七重之内《ノウチニ》一也。（『全集九』六一頁）

善導は阿闍世について語る時に、

「太子」と言うは、其の位を彰わすなり、「阿闍世」と言うは、其の名を顕わすなり。
（『全集九』五三頁）

と、一つずつ押えていました。ここでもやはり同じようなことをやっております。

「王」と言うは、其の位を彰わすなり。「頻婆」というは、其の名を彰わすなり。
（『全集九』六一頁）

と言うています。さらに韋提希のところでも位と名とを押えています。ところが、この頻婆娑羅王のところでは父ということを押えています。頻婆娑羅王というのは、阿闍世にとって父であり、親である。それだけではなくして、王であるということがあるわけです。だから、阿闍世は頻婆娑羅王から言うならば、子であると同時に、太子であるという、二重の関係をもってきています。

これは別に王と太子という偉い人でなくても、みんなそういう関係があります。われわれ親子の関係でも、長男であるとか、次男であるとか言うています。次男と長男とは、やはり同じ子供でも位取りが違ってくるし、役割も違ってくるでしょう。そうすると、父親の方もかかわり方が違ってきます。財産の分配ひとつにしても違ってくるのではないですか。そういうふうに、人間において親子というのは根源関係ですけれども、太子と王という関係がもう一つ重なっているのが人間であるわけです。

ところが、ここで明らかにしようとしている中心問題は何かというと、大事件にもなっているように、人間にとっての致命的な問題がここで一つ提起されているわけです。それは、言うまでもなく、さきに言った根源関係であるところの親子の関係が断たれるという問題が提起されてくるわけです。だから、この経文の全体を押えて、善導は、

闍世提婆が悪の計りごとを取って、頓に父子の情を捨つることを明すなり。（『全集九』六一頁）

と、これだけの言葉で押えてしまったわけです。この経文の意味は、阿闍世が提婆達多の悪計というものに執着し、その悪計を取り入れたということによって、たちまちに親子の情というものを捨てた、ということを語っているのだと言うのです。

これはやはり、人間における致命的な問題だと思うのです。今日的表現をとれば、人間性の放棄でしょう。たちまちに父子の情を捨つというかたちをとっての人間性の放棄です。客観的表現をとれば、人間性の喪失と今日言われているような問題のもとであるわけでしょう。

そうすると、親子という人間の根源関係、いわゆる生命における内面的な関係というものを見失ったならば、人間という関係は、親という他人と、子という他人との外面的関係に必然的になっていくわけです。だから、親子という根源関係における内面性を見失ったならば、見失ったとたんに、親子というのは外のかかわりになるわけです。外のかかわりになった時には、すでに外側の関係でしか交わらなくなるということは必然的なことであるわけです。それが今日の問題にまでおよんでいるのではないですか。人間性喪失とか、親子の断絶だとか、いろいろな言葉が使われてくるのは、

そこに何があるのかというと、たちまちに父子の情を捨てしめるようなものがあるわけです。『観経』でいえば、阿闍世が、提婆の悪の計りごとを取ったということによって、たちまちに父子の情を捨てると、こういうわけです。

そうすると、親子の情を捨てしめるもの、さきの言葉でいうならば、自我を正当化して自身の事実の根源の関係を捨てしめていくもの、そういうものがあるわけです。それはいったい何かといえば、それが提婆の悪の計りごとです。いわゆる、阿闍世のエゴイズムというものが提婆の悪計というものを取る。取るということは、やはり悪計に執着するわけです。その悪計に執着したとたんに、生命関係、いわゆる人間における根源関係というものが外面的なものになる。外面的なものになった時に都合のいいのが、王と太子という関係です。父子という内面関係を外面関係に変えた時に出てくるのは、王と太子という関係です。だから今日でいえば財産相続というような問題が出てくるのでしょう。

とにかく、親子が争い出したら、これは手がつけられないですね。内面関係、つまりたちまちに父子の情を捨てるのですから、やっかいなことになるわけです。そこには王と太子の関係しかないわけです。家督相続人と相手の関係になるわけです。そうすると、次男と長男との財産の分配というようなことで、やっかいなことになるわけでしょう。父子の情がなければそうなるわけです。あとはもう正当性の主張によって法律的にでも裁いていこうということになります。時によったら、兄貴を殺してでも財産を手に入れようというようなことになってくるわけです。これは何かというと、親子の関係を失ったならば、必ず王と太子の関係に転落するということの証しみたいなものです。それが、今日、一般化しているということが問題としてあるのです。だから、一般化していく王と太子の関係だけをなんとか改善しようとしていくらやっても、それは無駄な努力だと思うのです。かえって混乱状態に落とし入れてしまうのではないですか。王と太子の関係を父子の関係にかえすようなものが生まれてこなくてはならない。いわゆる善友に遇うということです。そこに宗教の生き生きとした今日的意味があるわけです。

宗教というものは、今日の課題の前に真正面に立つか立たないかというような問題がここにあると思うのです。それは、王と太子の関係へ転落したものを父と子という関係へ戻すということです。別なものを与えるとか、別な救いを与えるのではなくして、生命の根源関係を回復せしめていくということがなくてはならないわけです。

『観経』における阿闍世も、その根源的関係を見失ったとたんに、太子と王という関係になる。実は、その太子と王という関係になるところを提婆に利用されたわけでしょう。それがまた人間にとってのいちばんの弱点でもあるわけですね。だから、提婆がいちばん最初に釈尊のところへ行って仏陀の位を譲ってくれと言うたところが、ものすごい勢いでおこられて、腹を立てて帰ってきて最初に阿闍世に対して言うた言葉はこういうことでしょう。

もうあなたのお父さんはだいぶ老いぼれてきた。いいかげんに王の位を譲ってもらって、あなたが大王になれば、新しい王が生まれる。また釈尊もだいぶ老いぼれてきた。だから、隠居してもらって、わたしが法王になったら、新王と新仏とが相い呼応して新しい社会が生まれるではないか。こういうことを言うたわけでしょう。これが最初に切り出した言葉ですね。

それに対して、阿闍世は非常に腹を立てます。その阿闍世に対して提婆は、おこる理由はおまえにはありはしないと言うわけでしょう。そのおこる理由のないことを説明しようというわけで、昔日の因縁をあばいていくことになる。それを聞いて阿闍世はたちまちに父子の情を捨てるということになって、「新王新仏の治化」という、そのところへ全部もちこまれていってしまうというわけです。

このように、提婆の悪計を取って父と子の情というものをたちまちに捨てたと、このように言いますけれども、この問題は宗教ということを考える時に非常に大事なことだと思うのです。『教行信証』の「信巻」末の『涅槃経』の引文のなかに六師外道というのが出てきますが、それは全部このかたちでくるわけです。六師外道の説というのは、人間性を眠忘せしめようというかたちで説くわけでしょう。眠らせて忘れしめようというわけです。いわゆる、父子の情を捨てしめようとするわけです。だから、人間における内面関係というものを眠らせて、外なる関係、いわゆる合理性の関係のところへ転化していこうというわけです。

人間性回復

ところが、眠れないのがいのちなのです。眠れと言われても眠れないものがいのちの内面にあるわけです。そのいのちの内面にひとたび気づいた者にとっては、眠れという言葉は空しい言葉であるわけです。どんなに正当性をもって語られても、空しく響いてこざるをえないというところに、実は阿闍世の苦悩があるわけです。だから、阿闍世の苦悩は、六師の言葉を聞きながらも待っているという苦悩です。何を待っているのかというと、真の善知識に遇うのを待つ苦悩です。あの『教行信証』に引用されてある『涅槃経』の文で、六師外道のあとに出てくる耆婆の言葉について、親鸞の注意がゆきとどいていると思うので、耆婆が大王のところへやってきたときの最初の言葉は、

大王安眠することを得るやいなや。

と、こういう言葉だったわけですね。大王、あなたは安らかに眠れるかどうですかという言葉だったでしょう。

ところが、親鸞は非常に注意しています。これを「アンミン」と読まないで、「安」の字を「イヅクンゾ」と読んでいるでしょう。普通には「安眠」と読むのであって、安らかに眠れますかと、こういうふうに医者である耆婆が問うたのです。ところが、その安眠することができるかどうかという問いのなかには問題があるのだということを親鸞は押えて、

大王安《いずく》んぞ眠ることを得んやいなや。（『全集一』一六一頁）

と、こういうふうに読ましたわけです。「安《いずく》んぞ」ということは、眠れるはずがないではないかということを、すでに押えて言うているわけです。安眠することができますかという言葉のなかに、親鸞はもうすでに、眠れないのが本来だということを押えておいて、「大王安んぞ眠ることを得ん

やいなや」と読んだわけです。「安《いず》んぞ眠ることを得んや」と、このように読みますと、文法上ではまちがいでしょう。「不」がついている限り、「安《いず》んぞ」と読むことは無理なのです。しかし、あえて無理をおかして親鸞は読んだわけです。

それから、その「眠れない」という答えに対して、眠れないということが大事なのだと押えていくわけです。そこで、仏陀は二つの白法を説いている。一つは慚《ざん》であり、一つは愧《ぎ》であると、こういうふうに言うて、慚愧の心というものを押えていって、

無慚愧は名づけて人とせず、名づけて畜生とす。(『全集一』一六二頁)

と言うて、慚愧の心があるのが人なのだと言うています。

ここで、仏陀の使いとしてやって来た耆婆が、阿闍世を仏陀のもとへいざなおうとしているのは、どこへいざなおうとするかというと、人間の内面の関係の回復の場所へいざなおうとするわけです。そうすると、それまでの六師外道というのは、人間を人間以外のところへ導こうとしたわけでしょう。いうならば、耆婆から言わすならば、畜生のところへ導こうとしたわけです。人間性放棄の方向へ向かって人間をいざなおうとしたところに、いわゆる六師の言葉というものがあるわけです。人間の内面関係を合理の関係にすり変えていくことによって、自我の正当性を主張することが、あたかも最も正しいかのごとくに導いていこうというところに、六師外導というものがあるわけです。

ところが、それ全体を切って捨てていくのが耆婆のいざないです。つまり、「眠れ」と言うて、眠らせておいて、正当性を頷かしめようとする六師外道と選んで、「安んぞ眠ることを得んやいな

や」という言葉で押えて、眠れないところに、かろうじて人間へ帰っていく唯一の道がまだあった。それがもしなくなっていたならば、もはや救いの手がかりもない、ということを押えていくわけです。そして、慚愧あるが故に人となす。慚愧のないのは人と名づけない、畜生と名づくのだと、このように言うています。そうすると、あくまでも仏陀のところへいざなうということは、決して特殊なところへいざなうのではなくして、人間自身が自己を回復せしむる場所へいざなっていくということであるわけです。

かつて金子大栄先生が、『歎異抄』の、

本願を信じ、念仏をもうさば仏になる。（『全集四』一六頁）

という言葉を

本願を信じ、念仏をもうさば人になる。

と、こういうふうに置き換えられたことが思い合わされます。そうすると、仏になるということは人になるということなのです。いわば仏教における救いの意味というのは何かというと、人間性放棄の世界を転じて人間性を回復せしめるということです。その時の人間性の「性」という言葉は、押えていうならば、人間の根源関係の確かめということです。そういうところに大事な問題点があるわけでしょう。

自由の喪失

もう一つここで注意しておきたいことがあるのです。それは、提婆の悪計を取って、たちまちに父子の情を捨てた阿闍世そのものが具体的に現われてくる現われ方を、善導は二つの面で押えています。その一つは何かというと、

直ちに極まりなきの恩を失うのみに非ず、（『全集九』六一頁）

と、こういうふうに言っています。提婆の悪計を取って、親子の情というものを捨てたということは、捨てたというけれども、実は内面的にいうならば、阿闍世にとっては極まりなき大恩を失ったということだというわけです。生命の深さにおける御恩の世界が失われたということです。捨てたことは失ったことだ、というわけです。

捨てたという意識は自我の意識です。しかし、自我の意識が捨てたとたんに、捨てた者自身が失ったものがある。大きなものを失っている。それは、生命の歴史を失ったわけです。生命の深さを失ったわけです。自我でわかるだけの世界にとらわれて、自我を超えた生命の深さを見失ってしまったというわけです。

ここで、捨てたことは失ったことなのだというところに大きな問題があるわけです。失ったものはだれによっても解決できないものであって、阿闍世が自らのなかに回復しない限り解決しない課題を阿闍世がもったということです。失ったものは、世界の果てまで行ってでも探して来なくては解決できないのです。捨てたものは、捨てたで終っていく。ところが、捨てたことは失ったことだ

と言う時に、失ったことにひとたび気づいたならば、地の果てを探してまでも回復してこなくてはならない。そういう課題を背負うたということになるわけです。

もう一つは、それが外に現われた時には、

逆の響これに因って路に満つことを。(『全集九』六一頁)

と言っています。みんなが人非人だと言い出したというわけです。内面的には、人間の心情というものを捨てたということは人間の心情を失ったということだと押え、それが外からは、人々から人非人と言われるというのです。だから、父子の情を捨てた阿闍世は、捨てたとたんに内外両面に二重の悩みを持ったわけです。

この外からの声は、聞くまいとしても聞こえてくる声です。聞くまいとしても聞こえてくる声というものは、捨てたという意識のなかに、失ったというものが内にあるから聞こえるわけです。捨てたものがほんとうに捨て切れたのであれば、人非人という声に対しておびえる必要はないのです。ところが、捨て切れないのです。捨てたというかたちにおいて失ったというものが残っている。残っているからして、外の人非人という声から耳をふさがなくてはならない。それが、七重の牢獄へ父親を閉じ込めるというかたちをとっていくわけです。ですから、父王を七重の牢獄に閉じこめるというかたちで、実はあにはからんや、閉じ込められていくのは大王ではなくして阿闍世自身だったわけですね。自由を剝奪するというかたちで、自由そのものを失っていくということが、阿闍世のなかで起ってくるということになってきます。

ここに、わずかな経文ですけれども、三つの大事な点をこれだけのところで押えているわけです。「悪の計りごとを取ることによって、たちまちに父子の情を捨つる」という事実で押えて、それは内面的には「極まりなきの恩を失った」ということである。また外からいうならば、「逆の響が路に満つる」、いわゆる人非人と呼ばれる声のなかに生きる存在となったというわけです。声を聞いて声におびえる者は、内に失ったものに対する深い悔恨というものがあり、それはますます悔恨の心を深めていくわけです。内外ともに自己というものが切りさいなまれるような、そういう存在に阿闍世がなっていくわけです。

(5) 国大夫人

四従《リ》「国大夫人」《ト云》下至《ル》「密《ミチ》以《イ》上王」《ト云》已来《ハ》、正明《ス》夫人密《ヒソカニ》奉《上ルコトヲ》王食《ニシキヲ》。言《フ》「国大夫人」《ト》者《ハ》、此明《レス》最《サイ》大《ナルコトヲ》也。言《イフ》「夫人」《ト》者《ハ》、標《ヘウスノ》其位《ヲ》也。言《フ》「韋提」《ト》者《ハ》、彰《ハスノ》其名《ヲ》也。言《フ》「恭敬大王」《ト》者《ハ》、此明《レス》夫人既《ステニ》見《ルニ》王《ノ》身被《ラル、ヲ》禁《キンセ》、門戸《コ反》極《キワメテ》難《カタクシテ》(ト反)、音信《イムシン》不《ス》通《トウセ》(オム反)、恐《オソラクハ》絶《タ、ムコトヲ》王身命《ヲ》、遂《ツイニ》即香湯《マカウタウヲ》滲浴《メシンヨクメ》、令《シメテ》身清浄《ヲナラ》、即取《トテ》酥蜜《ミチヲ》、先塗《マツヌリ》其身《ノニ》、後取《ニトテ》乾麨《カハケルセウヲ》、始《ハシメテ》安《オク》酥蜜之上《ソミチノヘニ》、即著《チキテ》浄衣《シヤウエヲ》覆《オホフ》之《レヲ》、在《アテ》外衣上《クニエノヘニ》、始著《メテキル》瓔珞《ヤウラクヲ》、如《クノ》常服法《ノフクノ》(キモノ反)、令《シム》外人《クワイシンヲシテ》不《サラ》恠《アヤシマ》(アヤシフ反)、又取《トテ》瓔珞孔《ノアナノ》一頭《ノハシヲ》、以《テ》臈《ラウヲ》塞《フサイテ》之《ヲ》、一頭孔《ツノアナノ》中盛《ニモリ》蒲《フ》桃漿《タウノコムツヲ》、満已還《ミテハテカヘテ》塞《フサクニタ、》、但是《レ》瓔珞《ナリ》、悉皆《クナ》如《クニス》此《ノ》、荘厳既竟《ステニオハテ》、徐歩《ヤウヤクアヨムテイテ》入宮《ミヤニ》与《ト》王相見《ヒヽルコトヲ》。問曰。諸《ノ》臣奉勅《シムウケ下ハテチヨクヲ》、不《ス》許《ユルサ》見《コトヲ》王《ヲ》。未審《イフカシ》、夫人門家《ヲハケスノ》不制《セイセ》、放《ホシキマヽニ》令《ムルヘシ》得入《イルコトヲ》者《ハ》、有《ル》何意《ナニカヤ》也。答曰。

諸《シヨ》-臣《シムハ》身異《コトニ》、復是《レ》外-人《シンナリ》、恐《オソレハ》レ有《コトヲ》ニ情-通一、致《イタス》レ別《ヘチナレトモ》レ躰《タイハ》同《シ》レ心《ロ》、致《ス》レ使《シムルコトヲ》ニ人《ヲメ》無《ナカラ》ニ外-慮《クエリヨ》一。是《コヽヲ》以《テ》使《シムルコトヲ》ニ厳《イツクシク》加《クワヘ》ニ重《チウ》-制《セイヲ》一。又夫人者《ハ》、身是《ハレ》女人《ナリ》、心《ニ》無《シ》ニ異《コトナル》計《ハカリコト》一。与《ト》レ王宿縁《シウノ》業重《コウオモシ》。久《ヒサシク》近《チカツイテ》夫妻《フサイナリ》、得《エシムイテ》ニ入与レ王《ト》相見《ヒミルコトヲ》一。（『全集九』六二頁）

愛と賢

この一段は、それほど大きな問題があるわけではありません。まず最初には、阿闍世や頻婆娑羅王と同じように、位と名を押えていますが、特に韋提希については「国大夫人」という経文に注目しています。

「国大夫人」と言うは、これ最大なることを明すなり。

と善導は言うています。今日では、だれでもかれでも「夫人」と言いますが、夫人というのは位なのです。王侯貴族の妻の位を夫人と言うわけです。だから、「国大夫人」というのは、単なる諸侯の妻ではなくして、皇后だということです。ですから、善導は「国大夫人」という言葉で最大を明らかにしているのだと言うています。

ところが、ここでは諸侯の妻に選んで国大夫人と、このように言うのですが、その国大夫人が自分の力量と才智とを尽くして、自分の夫のところへ食を運んでいこうとする。経典では、

酥蜜を以て麨に和し、用いて其の身に塗り、諸の瓔珞の中に、蒲桃の漿を盛り、蜜に以て王に上る。（『真聖全一』四八頁）

という、これだけの経文ですが、善導はずいぶん詳しく解釈をしています。いわば、韋提希の苦心惨憺《さんたん》のあとがここに出ているわけでしょう。韋提希は体にも食べ物を塗っていく、あるいは瓔珞の片方の孔をふさいで、そこへ蒲桃のジュースを盛っていくわけです。そこのところで示されているのは、親愛と賢者ということでしょう。親愛の情が賢さというすがたをとって表現されていくわけです。いわば、これだけの大事件のなかにありながら、韋提希夫人という人の冷静さ、いわば一般の女性には見うけることができないような冷静さというものが示されているわけです。

普通ですと、気も転倒していくのが当然という状況のなかにありながら、夫人は非常に冷静な態度をとっています。自分の夫が自分の子供のために牢獄へ閉じ込められて、王位を剝奪されるというような、社会的にも大きな事件です。社会的に大きな事件というのは、国の大夫人にとっては看過することのできない事件であるわけです。と同時に、親愛ということで言うても、家庭の破壊という事柄ですから、大事件です。そのような事柄に出会いながら、韋提希夫人は少しも騒いでいないですね。むしろ冷静にそのことに処していこうという賢明さがそこにあるわけです。

ところが善導は、いわゆる『観無量寿経』という経典の対告衆韋提希夫人という人間を、ここから出発させていくわけです。ここからというのは、「国大夫人」というところから出発させて、やがて仏陀に遇うところで、

自ら瓔珞を絶ち、身を挙げて地に投げ、号泣して仏に向いて、白して言さく。世尊、我宿何の罪ありてか（『真聖全一』五〇頁）

というところまで、一気に引っぱっていこうというわけです。親愛ということと賢ということとが、いったい何だったのかということを、ここから押えていこうというわけです。

いわば、賢の内におおわれている愚、親愛の内におおわれているエゴというものが、この最初の表現としては、親愛と賢さというすがたをとっているわけです。そのように、一般の夫人と異なって、愚とエゴというものを賢さと親愛の情の深さというもので包んでいけるのが、国大夫人韋提希であるわけです。ところが、それ全体を破って本性がとび出してくるのが、仏陀との出遇いの時なのです。だから、いわば仏陀に遇わなくては決して白日のもとにさらされるということのないような問題を、内に秘めながら生きている人間存在というものが、ここでまず押えられていくわけでしょう。

後の方へいきますと、韋提希夫人のことを「貴中の貴、尊中の尊」と言うています。だから、国大夫人というのは、ただ位だというだけではなくして、人間における最上の、女性における最上の位である。最上の位というのは、ある意味では女性という性《さが》を最大限におおえるようなものをもって生きているというかたちをとっているわけです。

女なる性

次に問いが出てくるわけです。

問うて曰く。諸の臣勅をうけたまわって、王を見ることを許さず。いぶかし、夫人をば門家制

せずして、放きままに入ることを得しむるは、何の意か有るや。（『全集九』六三頁）

と善導は問いを立てています。おもしろい問題ですね。阿闍世は大王を七重の牢獄へ閉じ込めて、だれも行かしめないようにした。しかし、賢い国の大夫人であるとはいえ、韋提希夫人が苦労をして体に食べ物を塗りつけて歩いていったものを、いぶかりもしないで入れるというのはどういうわけだろう、という問題を出すわけです。問いに先立っての善導の描写に

悉く皆かくの如くにす、荘厳既に竟って、ようやく歩んで宮に入りて、（『全集九』六三頁）

とあります。ようやく歩んでということは、さっさと歩けないということですよ。気持ちのうえからも、あるいは形のうえにおいても重々しいわけです。とにかく体じゅうに食べ物を塗ったのですから、ちょっとかがめばみんな落ちてしまいます。やはりしずしずと歩いていかなくてはならない。ということは、当然疑われるべき姿で歩いているわけです。ところが、国の大夫人がしずしずと歩くと、むしろしずしずと歩く方が国の大夫人を荘厳することになるような問題があるわけです。

そこで問うているのは、歩き方が国大夫人にふさわしいからうっかりとして門守が見逃がしたのか、それともそうでないのか、というわけです。これはずいぶん大切なことを押えていると思うのです。なぜかというと、見逃がしたということは、見逃がした門守自身は生命をかけなくてはならないということですよ。だれも入ることを許すな、という厳命を受けて門番をしている人々が、たとえ何人たりとも見逃がして王に会うことを許したとするならば、見逃がした者自身は切腹ものです。ところが、ようやくに歩んでやってきた夫人を入れてしまったのは、いったいそれはなぜなの

か。大夫人の権威がそうさせたのか、それともそうでないような問題があるのかと、善導は問題を押えるわけです。

それの答えがずいぶんおもしろいですね。その答えは「諸臣は身異に、また是れ外人なり」です。外人、つまり他人であったならば、これを許すわけにはいかない。そして、夫人はまず第一に「身は女人だ」と押えています。そして、「心に異なる計りごとなし」と、こう言いますから、心のなかには異計がないというわけです。ところがそんなことはないですね。体じゅうに食物をつけるような計りごとをしてきたのだから、心に異なる計りごとなしとは言えないでしょう。しかし、善導は「心に異なる計りごとなし」と言い切ります。

そうすると、「身は女人である、心に異なる計りごとなし」と、こういうふうに善導が押えたところには、韋提希夫人が教えを聞いていく全体の本にあるものをまず最初に押えているわけでしょう。国大夫人はこれだけの計りごとをしている。ところが、それ全体が異なる計りごとではない、心情的なものの表現だと、このように善導は押えていくわけです。だから、女性である身がめぐらしている計りごと全体は、単なる理知から出たものではなくして、その心情が理知を動かして、そういう表現をとらしめているのだ、ということを押えていこうとするわけです。

そして、身が女性であるということ、いわば女なる性というものが、やがて浄土教興起の因になるわけです。なぜかというと、女なる性が仏陀に遇うに時に「我宿何の罪あってか」という問いになって、身が問われることになるわけです。心の異計ではなくして、身が問われることになる。とすると、あれだけの計りごとをこうして、やってきた韋提希夫人だけれども、それは、いわゆる単なる計算の上でなされたのではない。女なる性が心情として現われ、その心情が身に食物をつけて王のところへ運ぶという苦心惨憺というかたちになっている。そのことを善導は押えているわけです。

別体同心

もう一つ大事な一点は、王と夫人との関係が夫と妻の関係ということで出てくるわけです。

王と宿縁の業重し。久しく近づいて夫妻なり、体は別なれども心同じ、（『全集九』六三頁）

と言うています。そして、そのことが人々を疑わしめなくしていたのだというわけです。

従来、「親子は一世、夫婦は二世、主従は三世」と言うています。これは封建思想だと言うてしまうわけにはいかないわけですよ。非常にはっきりと因縁の事実というものを押えていると思うのです。親子というのは、生命に与えられた根源関係です。ところが、夫婦というのは、解決不可能な関係ですね。もともとが他人なのでしょう。他人というのは、だいたい日本だけでも一億人いる。その一億人のなかで一組ができるわけです。まるで星の数ほどある男と、星の数ほどある女とのなかの二人だけが集まった時に出てくる関係が夫婦です。それこそ、甚深微妙の因縁においてあるわけです。ですから、「夫婦は二世」という言葉に表わされているものは、全く他人というかかわり方であったものが、なぜ親子兄弟以上のかかわりとして因縁を結ぶのか、ということが大きな事実としてあるわけです。それこそ、「宿縁の業重し。久しく近づいて夫妻なり」、こういう言葉のもっている重みがあるわけでしょう。

次に、さらに善導は押えて、夫妻は「別体同心」と言うていますが、事実はそのようになっていないわけです。事実は同床異夢であって、床は同じであるけれども夢は別々の夢を見ている。こういうことが具体的にあるわけです。同床異夢だということのなかに、一つ問題があるわけです。因縁の深さというものに気がつかない限りにおいて、夫婦というものは同床異夢なのです。因縁の深さに気づいたところで初めて、「別体同心」といわれるような事柄が頷けてくるということがあるわけです。そして、その因縁の深さに気づいたところに頷ける「別体同心」だということがなければ、浄土教は興起しないのです。因縁の深さとは、いわば生命の深さです。生命の深さというものがほんとうに人間存在のなかに確かめられるというようなことがなければ、浄土教というものは興起してこないのです。

一人の救いが、同時に、近いところでいうならば、妻の救いであり、夫の救いであり、さらには十方群生海の救いになるというようなことは、一人の救いというようなことしか意識のなかにのぼらないようなわれわれの発想の地平では観念論にすぎないわけです。親鸞一人の救いが十方群生海の救いだと、どんなに言うても、それは観念論です。そういうことがかえって宗教の公開性というものを疎外しているのだという論理さえ生まれてくると思うのです。

ところが、一人の救いが十方群生海の救いなのだという頷きは、いわゆる理知の頷きではなくして、生命の頷きでなくてはならないわけです。生命の頷きというのは因縁の頷きです。存在の因縁の重さ、深さというものの頷きが、浄土教を興起せしめてくることになってくるわけです。

そういう意味では、業縁の存在の最も不思議なものとしてわれわれの前に現前してくるものが夫婦なのです。その夫婦という一つのことを通して、うっかり門人が夫人を通過させたというような話ではなくして、経文がそういうかたちで示しているなかにあるものは何かというと、人間の業縁の問題です。業縁を生命として生きているような人間の救いとして浄土教というものは興起してくる。そこには、親愛といい、賢といっていても、賢や親愛そのものが愚と押えられてくるという問題があるわけです。この愚というのは、業縁の深さに対する理知のお手あげということです。親愛というもののなかに隠れているエゴイズムというものがあばかれてくるというのは、別体同心である事実を生きつつも、同床異夢であるということへの悲しさです。そういうものが深くここで押えられてきているわけです。

このように、国の大夫人ということと、韋提希の行為のなかに、もうすでに業縁を生命として生きる存在の大地というものを善導は確認している。そういう意味では、身は女性であるといわれるように、その女性を大地として現われてくる心情の智慧と、心情の働きと、その宿業因縁の深さというものとは、理知そのものの手をもってはつかむことのできないような深さがあるということが押えられているわけです。

経典のなかでは、ここで初めて韋提布が登場するわけです。ところが、初めて登場した韋提希のところにもうすでに、仏陀に遇わなくては解決できないような問題をもった韋提希という人間が、親愛と賢さというすがたをもって表現されているわけです。それはやがて、韋提希自らが幽閉されて、仏陀釈尊が王宮に没出するところまで続いているような課題を、出発点のところまで善導は押えているということであります。そういうことがまず第一にここでは注目をされていることであるし、これからあとの「序分義」全体を貫く、一つの着眼点の明示だということができるわけです。

(6)　父王の請法

五従《リ》二「尒《ニ》時《シ》大王食麨」《シキセウト云》二下至《ル》二「授《シュ》-我八戒」《云ニ》一已-来《ハ》、正明《ス》二父王因《ヨテ》レ禁《キンニ》請《シャウスルコトヲ》レ法《ヲ》一。此《レ》明《ス》下夫人既見《ニ》レ王《ヲ》已《ハテ》、即刮《ネフリトリテ》二取身上酥《ノソヲ》一、麨団《セウタムヲ》《マロメテ》授《シュ》二与《ヨスルニ》王《ニ》一、王得《エツ》二即《チ》食《スルコト》一食《スルコト》レ麨《セウヲ》既竟《ニオハテ》、即於《ノ》二宮内《ノニ》一、夫人求《メ》二得《ヘテ》浄-水《ヲ》一、与《アタヘテ》レ王漱《ニス、カシム》レ口《ヲ》、浄《キヨメ》レ口《ヲ》已-竟《オハテ》、不《ス》レ可《ラ》三虚《ムナシク》引《ヒク》二時《ヲ》一、朝《テウ》-心無《シ》レ所《ロ》二寄《ヨル》一、是-以《コ、ヲ》虔《テケン》-恭《クキヨウシ》《ツ、シミ》合-掌《ノ》、迴《メクラシテ》レ面《オモテヲムカヘテ》《シハラク》向《ニ》二於耆闍《キシャニ》一、致《シテキヤウヲ》二敬如来《ニ》一、請《シャウクスルコトヲ》中求加護《カコヲ》上。此《レ》明《ス》二身業敬《ノヲ》一。亦通《ノ》有《リ》二意《イ》業一也。「而作《ニ》是言」《ト云ヨリ》已-下、正明《ス》二口業請《ノヲ》一。亦通《ノ》有《リ》二意業一也。言《フ》二「大目連是吾親友《コシンウト》」一者《ハ》、有《リ》二其《ノ》二意一。但目連在《ハアテハソクニ》二俗一、是《レ》王別《ノヘチ》親《シンナリ》。既得《ニエテ》二出家《スルコトヲ》一即《チ》是《レ》門-師《シナリ》。往《ワウ》二来《ライスルニ》宮闈《カウニスヘテ》一都無《ナシ》二障《シャウ》礙《ケ》一。然《シカモアテハソクニ》在《》レ俗為《シ》レ親《シント》、出家《セルヲ》名《ク》レ友《ウト》。故名《ニク》二「親-友《ト》」一也。言《フ》二「願興《コウ》慈悲授《シュ》我八戒《ト》」一者《ハ》、此《レ》明《ス》三父《ノ》王敬《ウヤマフ》レ法情《ヲコ、ロフカクメオモクスルコ》深、重《》レ人過《ヲコトヲ》四レ己《ノレニ》一。若未《シタ》四逢《スハアハ》二幽《エウ》難《ナンニ》一、奉《上ルニ》レ請《シ》四仏-僧《ソウヲ》一、不《ス》レ足《タラ》三為《スルニ》二難《シト》一。今既被《マニ》二囚《レテトラハ》《シウセ》一、無《シ》レ由《シ》三致《スニ》二レ屈《クツヲ》、是以但《テタ、ノ》請《ヲ》二目連《ヲ》一受《ウク》二於八戒《ヲ》一也。問-曰。父王《ノ》遙《ハルカニウヤマウニハ》敬《キヤウ》、先礼《ツライシ》二世尊《ヲ》一、及《テ》三其受《ノルニ》二戒《ヲ》一、即《チ》請《スル》二目連《ヲ》一、有《ル》二何意《ナニカ》一也《ヤ》。荅-曰。凡聖《ノ》極尊《コクナルコト》無《シ》三過《スキタルハ》二於仏《ニ》一、傾《カタフケテ》レ心《ヲ》発《ノ》レ願《ヲ》、即《チ》先《ツ》礼《ス》二大師《ヲ》一。戒《ハ》是《レ》小-縁《エンナリ》。是以《ヲ》唯《テタ、》請《ス》二目連《ノ》来《リテ》授《クルコヲ》《サツケン》一。然《ニ》王意《ノ》者《ハ》貴《タントムコトソンス》存二得-戒《ヲ》一。即是義《ノキ》周《アマネシ》。何《ナンソ》労《ワツラハシク》《イタハシク》迂《マケテ》屈《クツセムヤ》二世尊《ヲ》一也。問-曰。如-来《ノ》戒法《ニ》、乃《ステニ》(ママ)有《リ》二無量《ム》一(ママ)。父王《ノ》唯《タ、》請《ノ》二八戒《ヲ》一、不《サル》レ請《セ》二余《ヨヲ》一也《ヤ》。答-曰。余《ノ》戒稍《ハヤ、》寛《ヒロシテ》時-節長遠《オンナリ》、恐《オソラ》-畏《クハ》中-間《ニ》失《シチ》-念流《ノ》二転《セムコトヲ》《シナン》生-死《ニ》一。其《ノ》八戒者《トイハ》、如《シ》二余《ヨノ》仏経説《ノ》一。在-家人《ノ》持《ノタモツナリ》二出家戒《ノヲ》一。此戒《ノハ》持《チ》-心極《メテコマカナリ》細《サイ反》、極《メテ》急《キウナリ》。何《ナニ》意《ソ》然《シカルトナラハ》者、但《タ、》時節稍《ヤ、》促《ツ、マテ》、唯《タ》限《カキリ》二一日一-夜《ニ》一作《サ》-法即《ノ》捨《チスツ》。云-何《イカ》知《ソンシル》二此戒《ノ》用《ノヨウ》-心行-細《サイナリト云コトヲ》一。如《シ》二戒文中《ノ》具《ニツフサニ》顕《ハノカ》云一。仏子従《ヨリ》二今旦《コムタン》一至《テ》二明旦《タンニ》一一日一夜、如《ク》二諸-仏《ノ》一不《ス》二殺-生《セチ》《セ》一、能持《ノウチナラムヤ》不《ナヤ》。答《ヘテ》言《ク》。能《ク》-持《テリト》。第二《ニ》又云《ハク》。仏子従《シリ》二今旦《コムタン》一至《テ》二明旦《ニ》一、一日一夜、如《スヘシ》下諸仏《ノ》不《ス》二偸盗《チウタウシ下ハ》一、不《ス》レ行《セ》二婬《インヲ》一、不《ス》二妄語《マウコセ》一、不《ス》二飲酒《オンシユセ》《サケ》一、不《ス》レ得《ヘ》二脂粉《シフンヲヌルコトヲ》塗《ニ》身《ニ》一、不《ス》レ得二歌《フ》(ママ)倆《フヲシヤウ》唱-伎《キシ》《キカク反》、及往《ヒユイテ》観-聴《チヤウスルコトサルカヘ》《ミル反キク反》一、不《ス》レ得《ノホルコトカウクワウノ》レ上中高広大床《シヤウニ》《ユカ》上。此《ノ》上《ミノ》八《ハ》是《レ》戒《ニメ》非《ス》レ斎《サイニ》。不《サレ》レ得《エ》下過《スキテ》レ中《ヲ》食《シキスルコト》上。此一《ノ》是斎《ハレニノ》非《ス》レ戒《ニ》。此等《ノ》諸-戒、皆引《ヒイテ》二諸仏《ヲ》一為《ス》レ証《ト》。何《ニヲノ》以故《ニ》、唯《タ、》仏与《トトノミ》二仏《ニ》一正-習倶《シフトモニツクシ下ヘリ》尽《セリ》。除《テ》レ仏《ヲ》已-還《コノカタハ》、悪習《シフヒトシク》等由在《ナヲアリ》。是故《ノニ》不《ス》三引《ヒイテ》為《セ》二証《ト》一也。是《ヲ》-以得《テルニ》レ知《コトヲ》、此戒《ノ》用《ノヨウ》-心起《シム》-行《キ》、極《メテ》是細急《レサイキウナリ》。又此戒仏説《レ》下有《リト》二八種勝《ノ》-法《ニ》一。若人一日一夜具《シ》持《ツフサニタモテサレハホンセ》不レ犯、所《ショ》-得功徳《ノ》、超《テウ》二過《クワセリ》人・天・二乗境界《ノ》一。如《シ》二『経』《ニ》広説《クカ》一。有《カ》二斯益《コノ》一故《ニ》、致《ス》レ使《ルコトヲ》三父王日日受《ニウケ》二之《ヲ》一。(『全集九』六三頁)

はじめに

次には、頻婆娑羅王の問題が出てきます。ここのところは、一つ大きな問題があります。

経文の方は、

その時大王、麨を食し漿を飲み、水を求めて口を漱ぐ。口を漱ぎおわって、合掌し恭敬して、耆闍崛山に向かい、遙かに世尊を礼して、是の言を作す。大目犍連は、是れ吾が親友なり。願わくば慈悲を興して、我に八戒を授けたまえと。（『真聖全一』四八頁）

このように説かれております。経文の方で一つ注意しておきたいことがあるのです。経文の方では、韋提希夫人が王のところへ食物を運んできた。その時大王は、「麨を食し漿を飲み、水を求めて口を漱ぐ。口を漱ぎおわって合掌恭敬し、耆闍崛山に向かい、はるかに世尊を礼して、この言を作さく」と、こういうふうに、いわゆる王のすがたというものを前面に示しているわけですね。ところが、「序分義」の方ではそうではなくして、夫人の方に重点を置いているでしょう。

夫人既に王を見已って、即ち身の上の酥を刮ぎ取りて、麨団をして王に授与する。

（『全集九』六三頁）

と善導は言うています。経典の方は王が中心であって、王が麨を食べたと、こういうふうに書いてあります。ところが、「序分義」は夫人を中心に書いている。夫人が王に体につけてきたものを団子にして差し出した。王は差し出されたからしてそれを食べた。麨を食べ終ったら、こんどは、夫人は宮内のどこかから浄水を求めてくるわけです。大王が水を求めて飲んだというのではなくして、夫人が浄水を求めてきて、王に与えて口を漱がしむと、こういうふうに言っていますね。このように、全部、夫人の方を中心に善導は解釈しています。ここにさきほどから言っている賢という問題が、ずうっと連続してきているわけです。

こういう場面を目の前に描いてみてご覧なさい。七重の牢獄へ閉じ込められた夫のところへ苦心惨憺して食物を運んで来た奥さんが、自分の体にぬってきたものをとって団子にして与えた。そして食べ終ったら、その辺に水はないかというふうに捜して、水をもってきて飲ませた。そして、口を漱ぎなさいと言うた。実に賢い、ゆきとどいた奥さんですね。

あくまで韋提希夫人は賢夫人であって、こういうたいへんな事件のなかにありながらも、大王にどうして食を勧めるか、食べ終ったならば、まず何をしてもらわなくてはならないか、と気を配り、次にはいわゆる宗教へのめざめを大王の心のなかに起こして欲しいというので、口を漱がしむるわけでしょう。そこまで配慮のゆきとどいている奥さんのすがたが出ているわけです。そういうかたちで、善導はあくまでも「国の大夫人」というところから以降は夫人を中心に置いて、経典を読みとっていこうとするわけです。

所依の喪失

ところで、これは直接大きな問題ではありませんが、ついでに言っておきます。

口を浄めおわって、虚しく時を引くべからず、朝心寄る所無し、（『全集九』六三頁）

という善導の言葉がありますね。この「朝心寄る所なし」という言葉について、ずいぶん先輩方が苦労しているわけです。いったいこれはどういうことを言おうとしているのかということです。その朝心という言葉がわからない言葉なのです。だから、ある人は朝心というのは「朝暮の心」だと言うています。朝暮の心というのは、李白の詩のなかに、

あしたに心開かずんば、暮れに髪悉く白し

という言葉があるそうです。朝、心が開かないで、そのまま心配をしていると、夕方になって髪の毛がまっ白になる。こういうことですね。そこで『観経疏』の場合も「朝夕憂いとどまらず」という意味だと、こういうふうに、ずいぶん難しく解釈している人もあります。

あるいは、朝心というのは期待する心という意味だろうというわけです。だから、戒を受けたいと、大王は常々希望していた。しかし、体力がない。ところが、やっと体力を得た。だから、さっそく戒を受けたいという期待が現われて、願ったのだろうと、こういうふうに朝心という字を読んでいる。

あるいは、この文の前文からの続きとして

　王に与えて口を漱がしむ、口を浄めおわって、虚しく引くべからず　時朝の心寄る所無し

と、こういうふうに読んだ人もあります。「時朝の心」と、このように読んだ時には、どういうことかというと、時朝《じちょう》といえば、命旦夕《いのちたんせき》に迫っているということだ。だから、時と朝とを熟字にして、命旦夕に迫っている、だからしてもう徒らに時を過ごす余猶がないのだと、こういうふうに読んでここを通っていこうとしたわけです。

いろいろと苦心をしているのですけれども、加点本で見れば、「朝心」に「シバラク」と、こういうふうに親鸞は左仮名をほどこしています。そうすると、

　虚しく時を引くべからず、しばらくも寄る所なし。

と読むことになります。ということは、大王にあっては、大王の心そのものが所依をなくして生きていると、このように親鸞は押えていこうとしているわけですね。だから、しばらくも心を安住することができないということが、やがて大王をして八戒を求めるという、いわゆる受戒ということに向かっていくのだと、このように押えていくわけです。この一段においては、これは大事なことなのです。

しばらくも寄る所がないからして仏陀の教えを聞こうというように、心が動いていったという具合にはなっていないわけです。しばらくも寄る所がない、不安である、心の安住する場所がないということによって、頻婆娑羅王は仏陀の法を聞こうというよりも八戒を授けて欲しいというかたちで、耆闍崛山の方を礼拝して、受戒を求めていくということになっている。だから、親鸞が「シバラク」と左仮名をつけたのは、押えていくべき大事な点を押えているということでしょう。そのことが大事だということは、やがて問答のところで、善導がはっきり押えていこうとするところへつながっていくわけです。

男なる性

ともかくも、しばらくも寄る所がないということを受けて、

是を以て虔恭し合掌して、面を廻らして耆闍に向へて、敬を如来に致して、加護を請求することを明す。（『全集九』六三頁）

と、こういうふうに言うてきます。そこで、大目犍連というのは吾が親友だ、という言葉のなかには二つの意味がある。一つは、世俗の関係においては、目連と頻婆娑羅王とは別親である。別親というのは母方の親戚ということです。ところが、出家してから後は、その別親であったところの大目犍連が頻婆羅王にとって直接の教化者になっているわけです。いわば、頻婆娑羅王一家にとっての師匠になっているわけでしょう。頻婆娑羅王と目連尊者とは、そういう関係にあった。

だからして、頻婆娑羅王の一家にとって目連尊者は、入出自由な間柄だったわけです。在俗の関係においても出入りができるし、あるいは出家の関係においても一族の師としてある人ですから、往来は自由であったわけです。だからして、親戚という関係においても、法友という関係においても、目連尊者の来訪を頻婆娑羅王が希望したのは当然のことなのだと、こういうふうに言うているわけです。

しかも、もう一つここで善導が押えているのは、

父の王法を敬う情深くして、人を重くすること己れに過ぐることを明す。若し未だ幽難に逢わずば、仏僧を請し奉るに、難しとするに足らず。今既に囚われて、屈を致すに由無し。是を以てただ目連を請して八戒を受くなり。(『全集九』六四頁)

と、こういうふうに言うています。そうすると、こういう書き方のなかに、頻婆娑羅王という大王の心情というものが、善導によって明らかにされているわけです。それは何かというと、大王は法を敬う情は深い、人を重んずることは己れに過ぎている、こういうふうに言うていますね。法とい

うのは仏法です。人というのは仏および僧です。だから、自己を重んずる以上に仏法を重んじている人だ、だからほんとうの仏法帰依者なのだということを押えているわけです。その仏法帰依者だということを押えている言葉が、そのまま、だからして目連を請して八戒を受けようとしたのだというところへつながっています。

とすると、法を重んずること情が深く、そして人を尊ぶということは己れに過ぎているというこ とのなかには、実は、頻婆娑羅王自身が、七重の牢獄へ閉じ込められたということが、頻婆娑羅王の心のなかにおいては、自業自得の道理によって囚われたのであるということが、意識においてはわかっているということです。

仏法というのは「因果応報」の教えだと簡単に言われるように、因縁の道理を説く教えです。だから、その因縁の道理を説く教えをほんとうに重んじる、またその説く人を尊重していた頻婆娑羅王を描写しているということは、その因縁の道理によって自分がこういう身になったのだということを、意識としてはもうすでに承知しているということです。これは大事なことです。

だから、そういう意味では、韋提希夫人が囚われた時に「我いま愁憂す」と言うて、釈尊を目の前に見た時には「我宿何の罪あってか」と言い、「世尊また何等の因縁あってか」と、こういうふうに愚痴を言うたのとは違うわけです。

頻婆娑羅王の場合には、牢獄へ閉じ込められておって、そして食物を得た時に、はっきり自分自身が自業自得の道理によって七重の牢獄へ閉じ込められたのだということを、頻婆娑羅王自身の意識は知っているわけです。法を重んずるということは、自己自身がかくなったのは、かくなるべくしてなったのだということが頷けている、ということであるわけです。だれの罪でもない、わたしがかつて自分のエゴイズムをもってふるまったということが、わたし自身をこういう現実の状態に追い込んだのだ。このように頻婆娑羅王自身は自分で知っているわけです。

だがしかし、意識として知っている底から突き上げてくるものが不安なのです。だから、仏陀の教えとして説かれる道理は頷けている。頷けている全体に、生命の底から突き上げてくる不安がある。その不安を除去せしむるために、頻婆娑羅王は八戒を求めようとしたわけです。

いわば、これは男性的な要素です。仏に向かって、愚痴を言うて、何とかしてくださいと言うのではなしに、わかっておりますと、こう言うわけですよ。わたしがこうなったのは、かくなるべくしてこうなったのです。教えの通りわたしはわかっております。ところが、わかっているにもかかわらず、かく不安であるのは、わたしのいたらなさであり、わたし自身の修行の不足であります、というようなことでしょう。そこで、戒というものによって身を律していくことを通して、わかっている底から突き上げてくる不安を除去していこうというわけです。

そこに、女なる性というものに対するならば、男なる性があると思うのです。合理の性といいますか、合理の性というものの上に成り立つところの宗教の浅さというものを感ずるのです。

あえて言わば、覚悟していけるわたしになろうというわけでしょう。自業自得の道理でこのようになった。それをほんとうに覚悟して、それこそ泰然自若として死んでいけるようなわたしに鍛え上げようというわけです。その泰然自若として死んでいけるようなわたしに鍛え上げようという意識が、八戒というものを授かろうということになっていくわけでしょう。

合理的求道

そのことを善導は注意していますね。

然るに王の意は貴むこと得戒を存す。即ち是の義周し。何ぞ労しく迓げて世尊を屈せんや。

（『全集九』六四頁）

という言葉で押えています。頻婆娑羅王が貴んで求めているものは何かというと、得戒である。だからして、その受戒、つまり戒を与えられるということさえできれば、それで大王の意としては充分である。にもかかわらず、どうしてわずらわしくあえて世尊においでを願うというようなことを要求することがあろうか。このように善導は押えています。

そこで善導が問答をもってその問題を押えています。父の王は遙かに敬まって、まず世尊を礼拝した。そして戒を受けようとする時になるとなぜ目連を請したのかと、こういう問題を立てている。そうすると、大王が敬まっているのは、目連を敬まっているのではないのですよ。敬まっているのは、「凡聖の極尊なること仏に過ぎたるは無し」というのですから、仏を敬まっている。だから、仏法を聞いてきて、仏法にほんとうに信順しているということの表白はされているわけです。ところが、この状況のなかにおいて、大王の求めているものは何かというと、仏法がわかっているにもかかわらず、仏法の如くにならないような自分の弱さ・もろさというかたちで、実は自分自身の内にあるものを自分で理解しているわけです。

わたしは修行が足らないのだというような、普通にわれわれが言う言葉のようなところで、自分の不安のもとというものを理解しているわけでしょう。だから、その不安というものを解決するために、戒をもって解決していこうとしたのだと、こういうふうに押えていくわけです。

ところが、ここで問題はどこにあるのかというと、まず善導が注意したように、如来の戒にはたくさんある。無量の戒がある。ところが大王は、いろいろな戒があるにもかかわらず、他の戒を要求しないで八戒を求めたのはいったいなぜか。なぜ八戒というものを求めて他の戒を求めなかったのか、という問題を立てています。これはおもしろい問題を立てたものだと思います。

その答えは、ほかの戒はみな寛くして時節長遠である。おそらくはその戒を持っている中間にどんなことが起こってくるかわからない。戒をまもりきるということができないとすると、また流転のなかに沈んでいかなくてはならないということがある。だからして、八戒を求めたのだということですね。

この八戒を選ぶについては、二つの理由があるわけです。一つは、今言うたように、他の戒は時間が長くかかる、だからその戒をまもっているというなかで、実は怠落をしていくということがあるかもわからない。だからして、最も端的な戒として八戒を求めたということが一つです。

もう一つは、八戒というのは、在家の身でありながら出家の戒を一日一夜に限って持てるということです。この二つです。一つは期日が短いということ、一つは在家の身でありながら出家の戒が持てるということ、この二つのことで大王は八戒を求めたわけです。

ここで、一日一夜と限って戒が授けられるという戒を大王が求めたということは、大王自身、いつ生命が終るかもわからない、いつ殺されるかもわからないということを、意識のなかで覚悟しているということがありますね。だから、一日一夜と限ることによって不安を除去しようというかたちで戒を求めているわけです。

ところが、不安を除去する戒というのは、ただの戒ではだめなのです。在家の身において行なわれるからというて、どんな戒でもいいというわけにはいかないのです。在家の身でありながら出家の戒がまもれるということが必要なわけです。出家というのは煩悩を断ち切った世界ですから、煩悩のただなかにいる弱い人間が煩悩を断ち切るような戒をまもることによって自己自身を律していこうと、こういうふうに来めていくわけです。平易に言うならば、出家の如き心境で生きられるようになりたいというわけでしょう。

仏法を聞いてわかっていて、このような境遇になるべくしてなったのだけれども、このように不安になってくる自分がある。意識の下から突き上げてくるその不安に耐えていくことができない。だから、煩悩を断ち切っていく出家のように生きられる自分に、少なくとも一日一夜、一日一夜ずつなっていこう。それが泰然自若として死を迎えることのできる自分になれる道だと、このように意識しているところに、八戒を求めるということがあるわけです。

ところが問題は、それは一日一夜であって、在家の身でありながら出家の戒を持つということは、もとのもくあみに帰ってしまうということがあるわけです。その一日一夜の戒が与えられなくなったとたんに、もとのもくあみへ帰るということがあります。在家の身であって出家の戒を持つということは、それが一日一夜であればあるほど、戒が与えられなくなったとたんに、出家の如くという思いは戒が与えられないという事実と同時に消えていって、もとのもくあみで、仏法の如くにわかっておりながら、しかも不安であるという不安だけが少しも変わらないかたちで残っていく。そういう一点がここでは見落とされているというわけです。それを善導は押えていくわけです。

やがて、韋提希夫人が囚われることになった。囚われることになったということは、もう大王のところへ食事が運ばれなくなったということであるし、同時に目連もやってくることはできなくなったということです。そうすると、戒を受けることができなくなった。それからあとの大王というものが、この経文の表に出ないで、内にずうっと尾を引いていくわけです。

ところが、その大王がどこでこんどは出てくるかというと、韋提希夫人自身が光台現国のなかで阿弥陀仏の浄土を楽《ねが》ったと、それに対して釈尊が「即便微笑」で、にっこりとお笑いになった。そうしたら、五色の光が仏の口から出た。その口の光が、牢獄に閉じ込められている頻婆娑羅王の頂を照らした。頻婆娑羅王の心眼はまどかに開いて、はるかに仏陀を礼して、阿那含《あなごん》という位を得た。このように経典は説いています。

いわゆる韋提希夫人が釈尊に救われるその時まで、大王も救われないすがたでいるわけです。つまり牢獄で生きているわけです。ところが、韋提希夫人の救いが光台現国のなかで明らかになってきて、そして自ら「別選所求」というかたちをとった時、その時初めて仏陀がにっこりとお笑いになった。そのお笑いになった仏陀釈尊の口から出た光が、頻婆娑羅王の頂を照らして、それによって頻婆娑羅王は不還果《ふげんか》を得たと、こういうふうにあそこで不還果を得たと、こういうふうにあそこで突然出てきますね。大王はあそこで救われるわけです。

そうすると、あそこまで救われないものがありつつも、この段階においては、それが何であるかが頻婆娑羅王自身には明らかになっていなかったということですね。だから、明らかになっていないものを八戒というかたちでためなおしていこうという努力をしていったわけです。いわば、もとのもくあみに帰っていく世界という事実を見失っていたということです。

その身を突き上げてくる不安というのは、やがて業縁の世界が突き上げてくる不安、それの解決のところまで到達しなくては救いの成就がないという、そういう人間存在の問題、それがもうすでにここに伏線として張られているわけです。

さて、一日一夜を限ってという八戒については、ここに示されていますように、一日一夜、諸仏の如くに殺生をしない。諸仏の如くに泥棒をしない。諸仏の如くに婬を行ぜず。諸仏の如くに嘘を言わない、妄語しない。諸仏の如くに酒を飲まない。それから、諸仏の如くに体を飾るというようなことをしない、あるいは歌を聞いたり、舞いを見たり、あるいはそれを自分で歌ったり、そういうことをしない。あるいは広い高い床の上に安らかに寝るというようなことをしない。そういうようなことですね。そういうのが八つあるわけでしょう。
ところが、ここで「この上の八は是れ戒にして斎に非ず」と、こう言うています。いわゆる八戒というのは今言うたようなことですが、ここで言うのは、詳しくは「八戒斎」であって、「斎」がつくわけでしょう。八つは戒であるし、斎というのは、いわゆる昼を過ぎてからは食事をしないということです。大王はこの八戒斎のうちの斎を除いて戒のみを受けたわけです。

この禁父縁を七つに分けているなかでの五段目で明確に押えなくてはならないことは、今まで申してきたように、頻婆娑羅王が韋提希夫人に会うて、食事を得た。それによって体が回復してきた。その頻婆娑羅王自身の心のなかには、仏法によって教えられた如く転倒しない自己というものは明らかになっている。にもかかわらず、不安が起こってくる。その不安は再び仏法を聞いて安んずるのではなくして、実は八戒を持つということによって律していき、身を律していくことによって解決を求めていこうとしているわけです。そこには、律するものがなくなった時にもとのもくあみへ帰るという問題が、実は残っているわけです。

ところが、もとのもくあみに帰るという問題が残っているということは、「仏かねてしろしめして」おられるわけです。仏の方は、もう、先刻御承知なのです。御承知だというのが次のところへきて、大王は目連尊者に来てほしいと頼んだ、その請いに答えるにもう一つ加えて、「尊者富楼那を遣わす」というかたちをとってくるわけです。いわば宗教における応答の二重性がここでも示されてくるわけです。

(7) 父王の受法

六従《リ》二「時大目連」《ト云》一下至《ル》二「為王説法」《ト云ニ》一已来《ハ》、明《ス》下其《ノ》父《ノ》王《ノ》因《ヨテ》二請《ニ》一得《コトヲ》レ蒙《カフルコトヲ》中聖法《ヲ》上。此《レ》明《ス》下目連得《テ》二他心智《チヲ》一、遙《ハルカニ》知《テ》二父《ノ》王《ノ》請《ノ》意《ヲ》一、即《チ》発《ノ》二神通《ヲ》一、如《クニ》二弾指《タンシノ》頃《アヒタノ》一、到《イタルコトヲ》中於王《ノ》所《ロニ》上。又恐《オソラクハ》人不《ス》レ識《ラ》二神通之《ノ》相《ヲ》一。故《ニ》引《ヒイテ》二快《トキ》鷹《ヨキタカヲ》一為《ス》レ喩《タトヒト》。然《シカモ》目連《カ》通力《ハ》、一念之頃《アヒタニ》、遶《メクルコト》二四天下《ヲ》一、百千之《ノ》迊《ソウスナリ》、豈《アニ》得《エム》下与《ト》二鷹《タカ》一為《スルコトヲ》中類《タクヒ》上也《ヤト》。如《ノ》レ是《ノ》比《ヒ》挍《ケウニ》、乃《チ》有《リ》二衆多一、不《ス》レ可《ラ》二具《ツフサニ》引《ヒク》一。如《シ》二『賢《ケン》愚《ク》経《ニ》』具《ニ》説《カ》一。言《フ》二「日日如是授《シユ》王八戒《ト》」一者《ハ》、此《レ》明《ス》下父《ノ》王《ノ》延《ノヘテ》レ命《イノチヲ》、致《スコトヲ》レ使《コトヲ》中目連《ヲ》数《シハ》〳〵来《キタテ》受《ウケ》上戒《ヲ》。問曰《ク》。八戒既《ニ》言《フ》二勝《スクレタリト》一者《ハ》、一受《ヒウケルニ》即足《チタンヌ》。何須《ナンソスヘカラク》《ヘキ》三日日《ニ》受《ウク》二之《ヲ》一。荅曰。山《ハ》不《ス》レ厭《イトハ》レ高《タカキコトヲ》。海《ミハ》不レ厭《ハ》レ深《フカキコトヲ》。刀《カタナハ》不《ス》レ厭《ハ》レ利《トキコトヲ》。日《ハ》不レ厭《ハ》レ明《ヲ》《アカキ反》。人《ハ》不《ス》レ厭《ハ》レ善《センヲ》《ヨシ反》。罪《ミハ》不《ス》レ厭《ハ》レ除《ノソコルヲ》。賢《ケンハ》《カシコシ反》不レ厭二徳《ヲ》一。仏《ハ》不レ厭二聖《ヲ》一。然《シカモ》王《ノ》意者《ハ》、既被《ニラレテ》二囚《シユ》《イマシメ反》禁《キンセ》一、更《ニ》不《ス》レ蒙《カフラ》二進止《シヲ》一。念念之《ノ》中《ニ》畏《オソル》二人《ノ》喚殺《ヨハイコロサムコトヲ》一。為《ニ》レ此《レカ》昼《チウ》夜傾《ニカタフケテ》レ心《ヲ》、仰憑《アオイテタノム》二八戒《ヲ》一。望《マウ》欲《ヨクス》積《シヤク》善増《ソウ》高《カウニメ》、擬《キスルコト》三資《シセンコト》二来業《ライコフニ》一。言《フ》二「世尊亦遣《ケン》富楼那《フルナ》為王説法《ト》」一者《ハ》、此《レ》明《ス》下世尊《ノ》慈悲《ノ》意重《オモクシテ》愍《ミム》念《玉コトヲ》中王身《ヲ》上。忽《タチマチニ》遇《アフテ》二囚《シユ》労《ラウニ》《イマシメワツラウ》一、恐《オソラクハ》生《セムコトヲ》二憂《ウ》悴《スイヲ》一。然《シカモ》富楼那《フルナ》者《ハ》、於《ヲイテ》二聖弟子《ノ》中《ニ》一最《モトモ》能《ク》説《ク》レ法《ヲ》。善《ヨク》有《テ》二方便一、開三発《ス》人《ノ》心《ヲ》一。為《ニ》二此因《ノイン》縁一、如来発《ハツ》遣《ケンノ》、為《ニ》二王《ノ》一説《トカシメテ》レ法《ヲ》、以除《ク》二憂《ウ》悩《ナウヲ》一。七従《リ》二「如是時間」《ト云》一下至《ル》二「顔色和悦」《ケンシキワエチト云ニ》一已来、正《ク》明《ス》下父《ノ》王因《ヨテ》二食聞《シキトモン》法《トニ》一多日《ミナ》不《サルコトヲ》レ死《セ》。此《ハ》正明《ス》下夫人多時《ニ》奉《上テ》二食《ヲ》一、以除《テノソキ》二飢渇《ケカツヲ》一、二聖又以《テ》二戒法《ヲ》一内資《ナイヨリタスケテ》善開《ヨクコトヲ》中王《ノ》意《ヲ》上。食《シキハ》能《ク》延《ノヘ》レ命《ヲ》、戒法《ハ》養《ヤシナテ》レ神《シン》失《ヲシチシ》レ苦《ヲ》、亡《マウノ》二憂《ウレヘヲ》一致《ス》三使《コトヲ》二顔容和悦《ケンヨウワエツナラ》一也。上来雖《トモ》レ有《リト》二七句《クノ》不同一、広《ク》明《シ》二禁父縁《キンフノヲ》一竟《ヌ》。（『全集九』六六頁）

身のおののき

これは先ほどの続きですけれども、最初の部分のところはそれほど大きな問題はありません。大王の請いによって目連尊者が他心智をもって大王の意を知ろしめして、指を弾く間ほどの速さで大王のところへやって来て、戒を授けた。それは、経典では鷹隼にたとえている、速く飛ぶ鷹にたとえている。ところが、目連尊者の神通力というのは、実は鷹にたとえられるくらいの速さではない。しかし、こういうたとえはいくらでもある。たとえば、『賢愚経』という経典を見れば、こういうたとえで、もう満ち満ちていると、こういうふうに言うているのですが、そのことは特別問題ではないでしょう。

ところが、問題はやはり大王が八戒を受けることについてです。なぜ八戒を受け、どうしてその八戒を受けるということが、大王にとって救いになるのか、という問題を、問答で押えています。「問うて曰く」と言うて、八戒はすでに勝れた戒であるということはだれでも承知の上であろう。だから、一度受けてしまえば、それでもう充分ではないか。どうして毎日毎日わざわざやって来てその戒を受けなければならないのか。

こういうふうに問いを立てて、「答えて曰く」と言って自答するわけです。山というのは高い山の方がいい。高いというのは、これまででいいという限界はないのであって、いくらでも高ければ高いほどいい。海も深い方がいい。刀はどれほど切れても切れすぎるということはない。このようなたとえをいくつかのせていますが、それが問題なのではない。善導が問題にしようとするのは、その次の言葉なのです。

然も王の意は、既に囚禁せられて、更に進止を蒙らず。念念の中に人の喚ばい殺さんことを畏る。これが為に昼夜に心を傾けて、仰いで八戒を憑む。（『全集九』六七頁）

この「八戒を憑む」ということが注目すべきことです。大王が八戒を受けようとした、一日一夜、一日一夜と限って日連尊者においでを願うて戒を授けてもらっていこうとした気持ちは何かというと、自分は囚禁せられ七重の室に閉じられた身であって、自由を失った存在である。だからいつ自分に死がやってくるかわからない、いつ自分が殺されるかわからない、ということを畏れているというわけですね。だから、これは理屈が畏れているのではなくして、生命が畏れているわけです。「これがために昼夜に心を傾けて、仰いで八戒を憑」みにしていこうというわけです。八戒を憑みにして、いつ殺されるかわからないという不安から自己を立て直していく、だから八戒にしがみついて、泰然自若として死んでいけるような自分を立て直していこうと、こういう気持ちなのだということがここにあります。

男性的宗教観

もう一つは、いわゆる「積善増高」ということです。

積善増高にして、来業に資せんこと擬することを望欲す。（『全集九』六七頁）

と善導は押えています。牢獄に囚禁された大王は、自分が死ぬかもわからない、いつ殺されるかもわからないという不安があって、その不安の除去のために八戒を授けてもらったわけでしょう。ところが、一石二鳥をねらうわけですよ。つまり、八戒を持つということを善行にしようというわけです。

つまり、いつ殺されるかもわからない、その不安を除去するために、一日一夜、出家者の如くに生きるという戒を授けてもらって、それに依って、死の不安を克服していこうとしている。ところが、それだけで終らないわけです。それをなおかつ自己の善行にして、来業の資にしようとするわけです。いわゆる、死んでから後の福を求める材料にしようというわけです。罪福信仰というものと自己の八戒を憑むということが二重になっているが、それが行為としては一つになって現われているわけです。

ここらあたりに、男の性である宗教観というものと、そのなかに潜んでいる罪福信というものとの複雑な関係のようなものがあるわけでしょう。清沢満之先生は、

若し衣食あらば之を受用すべし。尽くれば従容死に就くべきなり。（『清沢満之全集六』五二頁）

と言うておられますけれども、そのことがあの『歎異抄』の第九条の、

なごりおしくおもえども、娑婆の縁つきて、ちからなくしておわるときに、かの土へはまいるべきなり。（『全集四』一二頁）

という感情で働いた時に、大地についた言葉になります。ところが、あの第九条で語っているような、生命の感情というものを失って、「衣食あらばこれを受用すべし。尽くれば従容死に就くべき

なり」と、こういうことを言うとしますと、案外そのなかに、男性的な宗教というもののうちに隠されているところの罪福信というものが、見えなくなってくるということがあります。だから、清沢先生のあの言葉は、そういう意味では注意深く読まねばならない言葉です。

そういう意味からすれば、浄土教というものには、『歎異抄』の第九条であのように表現されているように、いわゆる死の覚悟というようなものがないのですよ。どんなに意識は覚悟しても、生命は不安だということがある。その不安に正直であることが大切なのではないですか。というのは、「さるべき業縁のもよおし」を生きる人間にとっては、覚悟したということのあとに、またその覚悟をくつがえしていく「さるべき業縁のもよおし」もやってくる。とすると、不安を不安のままに受けとめながら、「娑婆の縁つきて、ちからなくしておわるときに、かの土へはまいるべきなり」という、そういう在り方が、実は罪福信を超えるとともに、一方においては死の恐怖をたたき切って、あるいは無理に押えて覚悟するという、その意識からも自己を解放する。そういう用きをするところに、浄土教というものが大地の宗教としての意味をもつのではないかと思います。

だから、善導ははっきりとその二つを押えています。一つは、人の喚ばいて殺さんとすることを畏れて、仰いで八戒を憑むのだというわけです。二つには、そのように憑んでいる意識をさらに転じて、自己の善根として、来業の資に擬せんとしている。このように二重に押えてきます。

だから、その全体は、ほんとうの意味では救いになっていかない。実はその全体がまたさるべき業縁のなかで崩れ去っていったなかから、新しく救いの世界というものが開かれてこなくてはならない。それはやがて、禁母縁のところを待って、やがて欣浄縁のところへきて、光台現国ということを通して、初めて大王そのものが不還果を得る、というところまでこなくては成就しないわけです。

父王の所念

ところが、死の恐怖を除去しようとして八戒を憑んでおり、憑んでいるその行為を自己の善根として来業の資に擬せんとしている意識、その根源にある、いわば存在自体が秘めているような謎、その謎に対して、仏陀釈尊は答えようとするわけです。仏陀釈尊はその謎に対して、富楼那尊者を遣わすわけです。

言うまでもなく、大王は富楼那を呼ばなかったわけです。だいたい大王は法を敬うことは重いのだし、人を敬うことは己れに過ぎているのですから、釈尊のおいでをいただく必要もないし、釈尊のお遣いで説教の上手な人を呼んでもどうしようもないわけですよ。問題は八戒だというわけです。ところが、八戒を問題にしている存在そのものは、仏陀の智慧から見るならば、全体が課題的なのでしょう。それに対して釈尊は富楼那尊者を遣わしたわけです。

その富楼那尊者という人は、仏の十大弟子のなかで「説法第一」と言われた人です。説法第一ということはどういうことかというと、ただ話がうまいということではないのです。説法第一というのは、あくまでも「善く方便有って、人の心を開発す」ということです。いわゆる、心を開くということができる人は説法第一なのです。「開神悦体」ということが『大無量寿経』で説かれますが、説法が上手だということは、相手の心を開き身を悦ばしむことのできる人だということでしょう。だから、説法第一ということは、人の心を開発することに秀でているということです。

人の心を開発するということは、自閉している性格、つまり自己を自己で閉ざしているような、そういう心から自己自身の心を解放さすということでしょう。そういう教えが仏法であって、それを説きうるところに富楼那の「説法第一」と言われる意味があるわけです。

だから、富楼那尊者を遣わす釈尊の心のなかにみそなわされている大王は、どんな大王なのかというと、

忽ちに囚労に遇うて、恐らくは憂悴を生ぜんことを。(『全集九』六七頁)

という大王です。憂悴を生ずるであろうという大王です。憂悴というのは、韋提希の言葉でいえば、「我いま愁憂す」と言う、あの愁憂です。「愁憂憔悴」ということです。だから、仏陀釈尊は大王が八戒を求めている心のなかに、恐らくは憂悴を生ずるであろうということを見ぬいているわけです。

つまり、大王には「愁憂憔悴」が必ずくる。八戒では「愁憂憔悴」を開くことはできない。なぜならば、「愁憂憔悴」の心が八戒を憑んでいるからだ、というわけです。不安な心が八戒を憑んでいるのだからして、憑む心が不安である限り、憑まれている八戒が不安を開くということにはならない。憑む心そのものが開かれなければ、不安は解消されないと、こういう問題です。

ですから、「恐らくは憂悴を生ぜん」と見ぬいている仏陀は、説法第一、つまり人の心を開くことが第一といわれる弟子、富楼那尊者を遣わして、説法をせしめているのだ、というわけです。そういう意味では、富楼那尊者というのは、いわば仏陀の大悲心の代弁者なのです。

これからあと、韋提希夫人が囚われて、経典の物語は韋提希を中心に動いていきますけれども、やがて韋提夫人の救いのところで忽然として頻婆娑羅王の不還果を得るという話が出てくる。その間、舞台の楽屋裏のところへ頻婆娑羅王の問題は隠れていくわけですね。その隠れている間、頻婆娑羅王はどうだったかということを考えてみるとわかるのです。ただ八戒を憑んでいただけの頻婆娑羅王ならば、八戒は持たれなくなり、食事は与えられなくなる。その時にどうなったろうか。おそらくはそこで憂悴を生ずるであろうという事実があるわけです。それを見そなわして仏陀は憂悴を生ずるであろそう頻婆娑羅王のためにかねて知ろしめして、そのために心を開く教えを説かしめているわけです。

だから、韋提希夫人が囚われて、やがて韋提希夫人の前に救いが現われるまでの大王の心を養っていたものは何かというと、八戒ではないのです。八戒ではなくして、富楼那の説法が養っていたわけです。その時に聞いた富楼那の説法が唯一の生命の綱になって、舞台裏の頻婆娑羅王をずうっとたもたせていくわけでしょう。だから、舞台裏の頻婆娑羅王の心のなかにあったものは、自分の苦しみを除かれたいということだけではなくして、心のなかに起こってきた問題は、韋提希夫人のことを安ずる頻婆娑羅王がいたわけでしょう。さらには、推し測って言うならば、阿闍世のことを安ずる頻婆娑羅王がいたわけでしょう。

八戒を求めている頻婆娑羅王は、きわめて男性的な姿をとっていますけれども、求めているのは自分の不安を除いてほしいというだけの話です。ところが、心が開かしめられるという説法を通して、八戒も受けられなくなり、食事もとれなくなった時から、頻婆娑羅王の心のなかには、自分のところへ食事を運んできた韋提希夫人は今どうなっているだろうかという心配の方へ心が変わっていくわけです。そして、やがて自分を苦しめた阿闍世はどうなっているだろうかと、業縁の世界を見る人間として、その心を開く教えのなかで一人孤独に耐えているわけです。だから、やがて韋提希夫人の救いの成就の兆しを見た時に、頻婆娑羅王は救われていくわけです。

頻婆娑羅王が個人的に八戒にたよっていた心ではなくして、韋提希夫人を案ずる心が、韋提希夫人も救われていってくれたか、というかたちで自己自身が救われていく、というすがたをとるわけです。だから、富楼那の説法ということは非常に大きな意味をもつわけです。

業縁存在開示の教

もう一つここで注意をしておきたいことは、韋提希夫人の時には釈尊が自分で出てきましたね。ところが、頻婆娑羅王の時には釈尊は富楼那を遣わしているでしょう。こういう段階を通して業縁の世界というようなものを語っていこうとするのだろうとは思いますけれども、どうしてなのだと、こう問われると、正直に言うてわからないのです。

ただ一つ違いがあるということは、はっきりしています。韋提希夫人は釈尊に遇うて、やがて光台現国のなかに十方諸仏の浄土というものを見て、そして阿弥陀仏の浄土を願う。その請いに対して、釈尊が即便微笑し、「汝いま知れりやいなや」という言葉で始まって、散善顕行縁・定善示観縁の教えが説かれてくる。その教えを聞いた時に、韋提希夫人自身が、

世尊、我が如きは今仏力を以ての故に、彼の国土を見たてまつる。若し仏滅後の諸の衆生等は、濁悪不善にして五苦に逼められん。云何が当に阿弥陀仏の極楽世界を見たてまつるべき。

(『真聖全一』五一頁)

と、こういうふうに言うていますね。だから、『観無量寿経』の教えというのは、韋提希夫人の救いを説く教えであるにはちがいないけれども、個人韋提希夫人の救いを説いているのではなくして、韋提希夫人の心のなかの大きな憂い、さらには大きな悩みとなってきた未来世の一切衆生の救いを、韋提希自身が自己の苦悩のなかに受けとめている。そういう問いに答えたのが、「日想観」からの教えです。そうすると、そこでは韋提希夫人は、自分は仏力によって阿弥陀仏の世界を見ることができた、ところが仏滅後の未来世の衆生は五苦に逼められるだろう、どうしたら阿弥陀仏の世界を見ることができますかと、このように問うているわけですね。

そうすると、この韋提希夫人の時には仏の力によって阿弥陀の世界、開かれた世界に気づくことができ、その気づいた心で、仏滅後の一切衆生はどうなるのでしょうかと、こういう問いを立てている。そこには、仏に遇うた人の問いが出ているわけです。

ところが、頻婆娑羅王の方はそうではなくして、いわば仏に遇っていないわけです。仏に知ろしめされているけれども仏に遇うていないというかたちで、ここでは頻婆娑羅王が置かれているわけです。仏は頻婆娑羅王を知ろしめして、富楼那を遣わして、説法を与えた。しかし、頻婆娑羅王の心のなかにあるものは、すでに自分は仏に遇うていたのだというかたちで、実はほんとうに今現に仏に遇うということがない。そういうすがたをとっています。

つまり、大王の方は個人的な不安の解消のために八戒を授かることだけしか要求していなかった。その大王の心のなかに「おそらくは憂悴を生ぜん」という、大王自身の生命の悩みというものをかねて知ろしめした仏陀は、心を開くこと第一といわれる富楼那を遣わして、心を開かしめていった。その開かしめられた説法のなかで大王の心に浮かんできたことは、自分一人の不安ではなくして、韋提希を憂いうる不安、阿闍世を憂いうる不安、業縁を悲しむ苦悩であったわけです。それは、苦悩というかたちをとりながら、もうすでに救いの道になっているわけです。八戒にしがみついていた自分から解放されて韋提希のことを憂い、自分を牢獄へ閉じ込めたわが子のことを思うような、そういう開かれた人間としての苦悩があるわけです。それがやがて韋提希の救いの兆しを契機として救われていく頻婆娑羅王であるわけです。

ところが、韋提希は「我いま愁憂す」と言って、その愁憂の事実を「我いま」という言葉で押えて、「愁憂す」と表現したわけですね。

「幽閉せられおわって、愁憂憔悴す」と、こういう事実のなかで、「世尊よ、我いま愁憂す」と、このように言うたわけです。だから、「我いま愁憂す」と言うた人間のところへは、釈尊はお使いを遣わすわけにはいかないわけです。仏陀自身が出てこなくてはならない。いわば「我いま愁憂す」という、その愁憂の解決が仏陀の出世本懐につながることであるわけです。

そこで、釈尊が出てくると、「我いま愁憂す」の中身をぶちあけた。それが「世尊、我宿何の罪ありてか」という中身だったわけですね。それがしだいに教えのなかに開かれていって、「我仏力をもっての故に、阿弥陀仏の世界を見たてまつることを得ん。未来世の一切衆生は、おそらくは五苦に逼められて阿弥陀仏を見ることはできないであろう。いったいどうしたらいいのか」という問いを問うような韋提希にまで育っていくというかたちをとってくるわけです。

そこに、韋提希と大王とは同じ業縁の世界を自己として生きて、救いを求めていながらも、一つの違いがあるわけです。つまり、この段階における頻婆娑羅王のあり方と、そしてそれに答えている釈尊の答え方と、それから、やがてのちに示されてくるところの韋提希夫人に対する釈尊の答え方と、その韋提希が釈尊に遇うことによって問い出した問いとは、大きな違いがあります。その点は一つ考えていい問題ではないかと思うのです。

そういう意味では、王舎城の悲劇の発端になる禁父の縁は、単なる物語として事件が羅列されているのではなく、いちばん最初には阿闍世という名に託して人間の実存の解明がなされ、やがてその阿闍世によって苦悩を背負わされた頻婆娑羅王の宗教心というもののなかに隠れている大きな課題が一つ一つ解明されていくわけですね。そして、やがて真に宗教的な救いというものは、どこで、いかに人間の上に成就するのかという問題が、すでに物語の発端のところで示されているわけです。つまり、親鸞が「浄邦縁熟して、調達、闍世をして逆害を興ぜしむ」と言うておられるように、そこから「浄業の機」の開かれてくる場面が展開してくる、ということになるわけであります。

第五章　根源関係の破綻

——禁母縁——

(1)　闍王の問

三就《ツイテ》二禁母縁中《キンモノノニ》一、即《チ》有二其八《ノ》一。一従《リ》二「時阿闍世」《ト云》一下至《ル》二「由存在耶」《ユソンヤト云ニ》一已来《ハ》、正明《クス》三問《コトヲ》二父音信《ノイムヲ》一。此明《レス》下闍王禁《キンスルコトヲ》レ父日数既多《ニオヽシ》、人交《ノマシハリソウシテタヘ》惣絶、水食不《シキスノ》レ通《セ》二七有余《ウヨナリ》、命応《チヘキコトヲオハル》中終上也。作《ナシ》二是念《ノヲ》一已《ハテ》、即到《チテ》二宮門《キウモンニトハク》一問《ニ》二守門者《ノノニ》一。父王今者《ノハ》、猶《ナホ》存在耶《セリヤ》。問曰。若人食《シシキノ》二一飡之飯《サムノホンヲ》一《イヒ反》、限《カキリ》至《ヌレハ》二七日《ニ》一即死《チス》。父王以《ノテ》レ経《ヘタルヲ》二三七《ヲ》一、計《ハカルニ》合《ヘキコト》二命断《チタユ》一無《シ》レ疑《ヒ》。闍王何以《ナニヲモテカ》不《スシテ》三直《タヽチニ》問曰《テイハ》二門家父王今者死竟耶《モンカノノシオハレリヤト》一、云何《イカヽ》致《イタメ》レ疑《ヒヲ》而《シカモ》問《トヘルハ》二猶《ナホ》存在《セルカト》一者、有《ル》二何意《ニカ》一也《ヤ》。答曰。此是《レハレ》闍王意《イ》密問《ミチノモンナリ》也。但《タヽシ》以《テナリマムキノ》二万基之主《ヌシタルヲ》一。挙動《コトウ》不《ス》三可《スイキスル》レ随《ニ》二宜《ニ》一。父王既《ノハニ》是《レ》天性情親《セイコヽロシタシ》。無《シ》レ容《ヘキコトフ》レ言《テ》二問死《セリヤト》一。恐《オソラクハ》失《トカ》在《アテ》二当時《タウシニ》一、以《テ》レ成《シヤウセムコトヲ》二譏《キ》過《クワヲ》一《ソシリ反トカ反》、但以《オモムミレハ》内心《ニヘウソ》標《アラハス》レ死《ヲ》口問《ニトフ》レ在《アリヤト》者《ハ》、為《タメナリ》レ欲《ホツスルカ》レ息《ヤメムトナカキ》二永悪逆之声《ノナヲ》一也。(『全集九』六八頁)

三六〇度の転換

『観経疏』の「序分義」の三序六縁のなかで、「禁父縁」という一段の経説についての善導の領解を読んできたわけですが、次は「禁母縁」と、このように善導が言うている一段の経説についての領解を読んでいきます。

まず最初に、経典では、

時に阿闍世、守門の者に問わまく「父の王、今になお存在せりや」と、阿闍世が父王の生存を確かめるところから始まり、父王の為に食を運んでいた母親を殺そうとする。それを耆婆と月光の二大臣にいさめられる。そこで、

時に阿闍世、驚怖し惶懼して、耆婆に告げて言わく、「汝、我がためにせざらんや」と。耆婆、白して言さく、「大王慎みて母を害することなかれ」と。王この語を聞きて、懺悔して救けんことを求む。すなわち剣を捨てて、止りて母を害せず。内宮に勅語し、深宮に閉置して、また出ださしめず。（『真聖全一』四八頁）

と、いう経文であります。

この経文について善導は、母を禁ずるの縁、つまり「禁母縁」というふうに押えて、その経説にしたがいながら、全体を八つの問題点として押えていくという方法で、この一段を領解しているわけです。

まず『観無量寿経』の序分ということですが、善導以外の、いわゆる聖道の諸師といわれる人たちは、『観無量寿経』という経典の序文ということについての領解になりますと、一つの共通点があるということが思われます。その共通点というのは、いわゆる王舎城の悲劇と、このようにい

われる、そのできごとが『観無量寿経』の序分であると、こういうふうに決めているということです。

そういうできごとということで言えば、善導が禁父の縁、禁母の縁と、こういうふうに言う、その二つのところで、王舎城の悲劇と呼ばれるできごとということは、語り尽くされているのであって、それから以後へまいりますと、できごとそのものについての経説というものはないわけです。むしろそのできごとのなかから開かれてくる問題、いわば課題性とでもいいますか、そういうことが示されてくるわけです。できごとそのことが『観無量寿経』の序分であると、こういうふうに見ていくということになれば、当然この母を禁ずるの縁というところまでの経説をもって、『観経』の序分とするというのが、一応の常識的な理解だということになるわけでしょう。

ところが善導は「禁母縁」の後にさらに「厭苦縁」・「欣浄縁」を見出していくわけですが、経説の方は釈尊の出降ということが示されてくるわけです。そういう意味では、『観無量寿経』の、経説を引き出してくる序分は王舎城の悲劇であるとするならば、善導が禁母の縁と言うているところまでぐらいが、序分という意味での妥当性をもっている文章であろうと、聖道の諸師方がこういう理解をしたということも、あながち勝手な解釈だというわけにはいかないということも言えるわけです。

そこで問題は、結局、その王舎城の悲劇といわれる事件をどのように領解しているのかということと、経典における序分・正宗分・流通分という三分ということで、明らかにされる事柄全体について基本的な領解がどのようになっているかということが、問題を決めていくかぎになるわけでありましょう。

そういう意味では、善導の場合には、序分・正宗分・流通分という三分というのは、決して序分だから軽い、正宗分だから重い、流通分だからそれほど重要でないというような、価値評価を勝手に人間がするのではないわけです。実は序分・正宗分・流通分それぞれ全体が仏説を明らかにする部分であるという意味においては、役割は違うけれども、その質における問題ということになると同質である。ただその役割が違うのである。序という役割を果たす部分と、正宗という役割を果たす部分と、未来に流通するという役割を果たす部分とがあるのであって、それだけで実は仏説というものが、永遠常住に人間の救いを成就していくということになるのだというのが善導の領解であると、こう言うていいと思います。それと同時に、人間という存在についての確かめのしかた、あるいは認識のしかた、それが諸師と善導とでは全く違うわけです。

だいたいこのように、序分を「縁」という字で一貫させていくというのが、善導のきわめて特徴的な事柄ですけれども、縁という字で一貫させていくということは、一つには人間という存在そのものは、基本的に関係存在であるということが押えられているというわけです。それをもう少し押えて言いますと、人間という存在の基本的な、あるいは根源的な関係というものは、誕生ということによって、そこに具体的に表現される親と子という関係であり、もう一つは師と弟子という関係です。いわゆる、生まれて存在しているというそのことを明らかにする師と、明らかにされる弟子であるという、そういう関係です。この二つの関係が基本的関係であって、その基本の関係の上に諸々の関係が成り立っているという意味で善導は「縁」という言葉で王舎城の悲劇といわれるできごとを中心とする人間の、存在の問題というものを明瞭にしていくわけです。

もう一つは、実は人間の悲劇という事柄は決して単にいろいろな縁のなかでいろいろなことが起って、たまたまそれが悲しいできごとであったというような、そういう現象的な事柄としては、善導は考えないのであって、人間の悲劇というのは、親と子ということによって明らかに押えることのできるような根源関係、あるいは師と弟子というようなことで明らかに押えられるような根源関係、その根源の関係が破綻するというところに人間の悲劇があるのであって、人間の上に起こってきた悲劇というよりも人間の悲劇があるのだという押え方です。しかしその破綻ということは根源関係が否定されてしまったということではなくして、根源関係の自覚的回復への縁であるという、そういうもう一つの大きな意味を善導は見ているわけです。

だから、倫理の破綻が宗教の門を開くという一般的な領解というものがありますけれども、たとえそれが事実であるといたしましても、宗教は基本的に超倫理的であることにおいて、具体的には倫理社会、いわゆる根源的な関係を生きる存在である人間、その人間存在の回復を成就するということが宗教の宗教たる所以である。これが善導の『観無量寿経』の経説を通して頷かしめられた基本的な人間観だと、こう言うてもいいと思います。

だから、極端な言い方をしますと、実は根源関係が破れたことを通して、破れざるをえない現実を生きている人間の、存在の事実へ帰るということです。正に三六〇度の転換です。破れて、絶望せざるをえないような状況を通して、実は、そここそ、教えのもとにひるがえって、自立すべき唯一無二の場であるというところへ還帰する。こういう三六〇度の転換ということが押えられるのです。つまり善導が縁という言葉をもって『観無量寿経』の序分を語るわけですが、それが内実としてもっている重要な意味だということが言えると思うわけです。

意密の問

善導は八段に「禁母縁」を分かちながら事柄を明瞭にしていきますけれども、その第一段は、経文で申しますと、

時に阿闍世、守門の者に問わまく。「父の王、今なお存在せりやいなや」（『真聖全一』四八頁）

と、これだけの経文であります。

この第一段の中心点は、門番との関りです。守門の者に対して阿闍世が「父の王なお存在せりやいなや」と、こういうふうに問うたというそのことが、この一段の中心問題だというふうに善導は押えているわけです。ですから、この一段について

正しく父の音信を問うことを明す。（『全集九』六八頁）

というて、この一段の問題点は「父の音信を問う」という、そのことにあるのだというふうにはっきりさせているわけです。しかし、そこには、事実と問いとの矛盾というものがあるわけです。父

の王は死んだという、そういうことが確かであるにもかかわらず、生きているかどうかという問い方をする。そのことに大きな問題がある。こういうふうに言うわけです。

阿闍世は王位を奪い、自ら阿闍世王と名のっているように、王となりながら、しかも七重の牢獄に閉じ込め、罪人とした父を「王」と、このように呼んでいるということが一つの問題点です。

もう一つは、前の「禁父縁」のところで、はっきり示されていましたように、

提婆の悪計を取って、頓ちに父子の情を捨つる（『全集九』六一頁）

と、こういうふうに言うているわけですから、もはや親子の情愛は、完全に遮断してしまったはずであったわけです。にもかかわらず、「父の音信を問う」と、善導が押えるように、阿闍世のうちにあるものは、王位を奪って自らが王になったにもかかわらず、父を「王」と呼び、父子の情を捨てたはずであるにもかかわらず、なおかつ「父」と、このように呼んでいる。そしてはっきり言葉にする時には「父王、今なお存在せりや」と、こういう問い方をする。これはいったいどういう問題がそこに明らかにされているのであろうか、ということを、善導も問答というかたちをもって明らかにしていくわけです。

阿闍世からいうならば父の王を殺したという、阿闍世自身の心のなかではそういう確信があるにもかかわらず「父の王なお存在せりや」と、このように問うというところには、大きな問題があるのではないかというふうに、善導は押えていくわけです。

ここでひとつ先輩も注意をしていることがあるのです。『観経疏』には、

人の交わり総じて絶え、水食通ぜずして二七有余なり。(『全集九』六八頁)

とあります。どうして「二七」というふうに言うのかということです。これは経典を見てもわかりますけれども、「二七」ではなくして、経文は「三七日を経て」となっています。ところが善導はどうして「二七」と、このように言うたのかということについて、いろいろな解釈がされてくるわけです。

たとえば、非常に簡単な確かめのしかたをする人は、「二」というのは「三」という字の書きまちがいである。だから、

水食三七通せず、余命終るべきこと有り。

と、こういうふうに読むのだと言う人もあります。

あるいは「七」ではなくて「十」である。だから

水食二十有余通ぜず。

と、こういうふうに言うわけです。三掛ける七で二十一ですから、二十一日ということで「二十有余」という表現をとって、「三七日」ということを表わしたのだと、こういう解釈をしたりしております。

また、さらに念の入った説明をしている先輩もあります。人間というものは、一食の飯を食して七日経ったならば死んでいくものだというのです。これは漢方医学の定説でもあるわけです。人間というものは一食取って後、水も食べ物もみんな絶って七日で死ぬ。つまり人間の胃袋というもの

は、だいたい三斗五升入るというのです。その三斗五升というのも中国の計り方でありまして、五升というのが日本の二合六勺に当たるのです。したがって三斗五升というのは、日本でいえば約二升です。そこで中国流に言って人間は排便で一日五升なくなる。とすると七日で胃が空っぽになる。従って、人間は食と水を断って七日で死ぬというわけです。そのようなことまで言うている人もあります。

それはともかくとして、いずれにしても、

　計るに、命断ゆべきこと疑いなし。(『全集九』六八頁)

と、いうわけです。にもかかわらずなぜ阿闍世は「直ちに問うて」、門番の者に、「父の王今なお存在せりや」と、このように言うのか。なぜ「父の王は今死竟《おわ》れるや」と、こういうふうに問わないのか。こういう問題であります。つまり、父王も人間であるならば、当然死んでいるわけで、それを知っていながら阿闍世は「まだ生きているか」と問うたところに、大きな問題を見ているわけです。

それに対して善導は、

　これは是れ闍王の意密の問なり。(『全集九』六八頁)

というふうに押えますね。善導はそこに、大事な問題を見ているわけです。そういう問い方をしなくてはならないというところに、父の王を逆殺しようと計った阿闍世王の心のなかにあって、外にはわからない密かな問題がある。いわゆる意識の表面に現われたものではなくして、意識の表面に現われた事柄とは全く質を異にしたような、内なる思いというものがあって、その内なる思いがこういう表現をとって問わしめたのだと、こういうふうに見ていくわけです。

意識の二重構造

その意識の表面では、前の経説についての善導の領解でも明らかなように、「提婆の悪計を取って、頓ちに父子の情を捨」てた阿闍世にとって、権勢欲を満たしたということを通して、その権勢を維持していくことにおける不安だけが残っていくわけです。

だから、王になったということは、「万基の主」となったのであるからして、「万基の主」となった者は自分の一挙手一挙動を自分の思いのままにしてはならないという問題がある。それは具体的には、もしそういうことをしたならば、世の人々の誹謗とか、咎めだての声が起こってくるであろうと、そういうことを忘れるというわけです。

しかしすでにその意識上での不安の底には、もっと深い不安があるということを善導は見とどけているということでもあります。

それは、頓ちに父子の情を捨てたというその意識の底に、捨てたと言い切れば言い切るほど、捨てることのできない父と子であるという事実というものがある。そのことは、たしかに、

闍王、提婆の悪計を取って、頓ちに父子の情を捨つることを明す。(『全集九』六一頁)

というところに、ただちにそれは、

極まりなきの恩を失するのみに非ず、逆の響きこれによって路に満つ。忽ちに王の身を掩う(『全集九』六一頁)

と、こういうふうに「禁父縁」のところで善導は言うていた。けれども、それが、

父の王既に是れ天性情親し。問うて死と言うべきことなし(『全集九』六八頁)

と、こういうふうに、善導が解釈をしているということはどういうことか。意識の表面にあるものは、譏過《きか》を成ずるということへの恐れであり、永く悪逆の声が息むことを願うためだということであるにちがいないけれども、その底の方には「天性の情」の問題がある。ことに、倫理と倫理感情の課題というものを善導は見ているのだと思います。

宗教的罪悪感

だから、倫理感情というものは、倫理的行為として表現されるにちがいありませんけれども、その倫理的行為が倫理感情の深みに沈潜しない限り、いたずらな破綻に終っていくにすぎない。だから、倫理感情の深みへの沈潜ということはいったい何であるかというと、それは生命感情への沈潜ということなのだということです。だから、その生命感情へ沈潜した倫理感情の問題の解決ということが宗教の問題だということです。いわば倫理を撥無する意識の底には、深い罪の意識の蓄積ということがなされていく。宗教的な罪悪感というのは存在の深みに沈潜していくものである。これが『観無量寿経』のキーポイントだというてもいいでしょう。

『歎異抄』の言葉を引きあいに出していえば「他力をたのみたてまつる悪人」という言葉が第三条にありますけれども、正に罪業の身、それは他力をたのむ、つまり本願に乗托するという自覚と一つになって、初めて明らかになることだということです。

そういうことについては、香月院深励師がいわゆる、「二七有余」という言葉について独特の解釈をしておられます。香月院師によりますと、それは阿闍世王の心のなかの動きを示しているということなのです。平易に申しますと、「ああ、もう一週間経ったなあ」、そしてさらに、「ああ、もうすでに二週間も終ったなあ」と、このように、「日を経たなあ」というて、自らの心のなかで数えているという、そういうことを善導は「二七有余」という言葉で表わしたのだと、こういうふうに香月院師は解釈をしておられます。

ここで思われることは、香月院師の説が正しいというようなことよりも、香月院師が触れておられるものは、先に言うたような大事なものではないのかなということを思うのです。だから、殺そうという意識全体が実は不安におおわれているということですね。殺した人の性行が、無意識の底へ罪悪感というものを蓄積していく、これが実は阿闍世王を遂には救うこととなる人間の心です。それはやがて慚愧の心という言葉で押えられるものなのでしょう。

だからそれは悪友提婆によってどれほど合理化されても、その合理化される、その底に蓄積をされ、沈潜していく罪業の感情です。それはどうすることもできないことなのです。だから、ひとたびその罪業感にめざめた時、罪の意識を消すことはできなくなる。消すことはできなくなり、いかに合理化しても、自分の行為を肯定することができなくなる。それが例の六師外道の慰問という問題のところで、拒絶というかたちをとるわけです。こういうことが一つここで十分考えられると思うのです。

権力者の自己憧着

もう一つは、「守門の者」と阿闍世との関りです。いうならば、阿闍世によって、政権の交代と申しますか、クーデターが行なわれて王が代わった時に、いわゆる力のない者、新王の命令に従わなければ自分自身の首がとぶという、そういう非力な存在が、実はこの守門の者であるわけです。その守門の者の心を慮んばかり、守門の者がどのように、考えるかということに心を配らなくてはならないという、阿闍世の心情というものもここでは重要な要素になっているわけです。

それは、言葉を換えて言うと、守門の者によって代表される、いうならば阿闍世王の命令のもとに全く非力の徒であるにすぎない、そういう、無告の大衆の人情が徹底して拒絶するということが、実は権力をもった者にとって最も恐ろしいことなのだということです。だから、権力をもった者の合理化が恐れるのは何であるかというと、無告の大衆の心情なのです。いうなれば、権力者自身の本来的な自己撞着というものがそこにあるというわけです。以上のような二つの要素を、「父の王今なお存在せりやいなや」という、阿闍世王の問いのなかに見開いていこうというのが、ここで善導が、見定めている第一段の問題点だと思うのです。

「禁父縁」のところでは、阿闍世という名に託して人間の根源関係と、それを破綻せしむるもの、それがエゴの合理化だというかたちで示されてきました。そのことはやがてこの「禁母縁」というところへきますと、そのことが破綻した底に、破れることのできないものを見定めていくということが、実はやがてこの序分が人間の根源的救いを明らかにすることを、すでに、指し示しているのだというふうに善導は見ていこうとしているのだと思います。

この問題は、単に経典の上に示されている問題ということだけではなくして、現代の問題であり、人間存在の根源的な問題であるわけです。したがって宗教とは人間の存在の根源的課題に応《こた》えるものだということへの、一つの方向性というものが示されていると、こういうふうに見ていいと思います。

(2) 守門の答

二従《リ》㆓「時守門人白言」《コント云》㆒下至《ル》㆓「不可禁制」《キンセイト云ニ》㆒已-来、正明《ク》㆓門-家以《テ》㆑事《シヲ》具《ツフサニ》答《コタウルコトヲ》㆒。此《ハ》明《ス》㆘闍世前問《キニトフニ》㆓父王在《アリヤト》㆒者、今次《マニ》門-家奉答《ホウタウスルコトヲ》《シテ》㆖。「白言大王国大夫人」《ト云ヨリ》已-下《ハ》、正明《ス》㆘夫人密《ヒソカニ》奉《上ル》㆓王食《ニシキヲ》㆒、王既得《ニエテ》㆓食《ヲ》㆒、食能延《クノヘテ》㆑命《ヲ》、雖《トモ》㆑経《フト》㆓多日《ヲ》㆒、父《ノ》命猶存《ナホソンセルコトヲ》㆖。此《レ》乃《チ》夫人之意《ノナリ》。非《ス》㆓是《レ》門-家之過《ノトカニハ》㆒。問-曰。夫人奉《上ルニ》㆑食《ヲ》、身上《ノヘニ》塗《ヌリセウヲ》㆑麨、衣下密覆《キヌノシタニヒソカニオホフテ》、出-入往-還《スルニ》《ユキ反カヘル反》、無《シ》㆔人得《コト》㆓見《コト》㆒。何故《カソ》門-家具《ツフサニ》顕《スヤ》㆘夫人奉《ノ上ル》㆑食之《ヲ》事《コトヲ》㆖。答-曰。一-切和《ノワ》-密不《ス》㆑可《ラ》㆓久行《クス》㆒。縦巧窂蔵《タトヒタクミニカタクカクセトモ》、事還《シカヘテアラハレヌロス（ママ）》彰《アラハレ》-露《アラハル》。父《ノ》王既禁《ニキンセラレテ》在《アリ》㆓宮内《ニ》㆒。夫人日-日往《ニ》-還《ス》。若不《シスハ》㆓

密《ヒソカニモテ》持レ麨《セウヲシキセントノ》食一、王命《ノチ》無レ由《シヨシ》レ得レ活《ルニイクルコト》。今言《マフ》レ密《ミツトハ》者、
望《ノゾメテ》二門家《ニ》一述《ノフル》二夫人意《ノヲ》一也。夫人謂《オモヘトモカクメクワイシンニ》三密《ミンノ》（ママ）外一人不《スト》二
知《シラレ》一、不《サラムヤ》三其門《ノ》一家尽《コト〱ク》以覚《テサトラ》二之《ヲ》一。今《マ》既《ニ》事《コト》窮《キハメテ》無《シ》レ
由《ヨシ》二相隠《ヒカクスニ》一。是以《ヲテ》一一具《ニツフサニ》向《テ》レ王説《ニトク》。言《フ》二「沙門目連《ト》」一
已一下《ハ》、正明《ス》下二聖騰《ノホテ》レ空来一去《ニライ》、不《コスルコトス》レ由《ヨラ》二門一路《ロニ》一、日
日《ニ》往一還為《ノニ》レ王説《トクコトヲ》中法《ヲ》上。大王当《ニヘシ》レ知《ル》。夫人進《ノス》レ食《ヲ》。
先《サキニ》不《ス》レ奉《ウケ下ハラ》二王教《ノヲ》一。所一以《コノユヘニ》不《ス》二敢《アヘテシヤ》遮一約《サヘキリト、メスヤクセ》一。二聖乗《ハシヨウス》二
空《ニ》一、此亦不《レス》レ猶《ヨラ》二門制《セイニ》一也。（『全集九』六九頁）

新王の不安

第二段目は経典で申しますと、

時に守門の人白して言さく。大王、国の大夫人、身に麨密を塗り、瓔珞に漿を盛れて、もって王に上む。沙門目連及び富楼那、空よりして来たりて、王のために法を説かしむ。禁制すべからずと、（『真聖全一』四八頁）

これだけの経文ですけれども、この経文について、善導は一段を設けて領解を述べているわけです。この一段には、特に「守門の人」いわゆる門番と、阿闍世王との問答のなかに、阿闍世王の本質的な弱さと申しますか、本質的な不安というものが明らかにされているということが、一つの大きな特徴であると思います。

それは、前に「父の王今なお存在せりやいなや」と、このように守門の人に問わねばならなかった阿闍世と、その問いを聞いた守門の人の基本的な態度ということが、具体的にここでは、守門の人の答えというかたちをもって示されているということが、大事な問題であるとして善導は見てい

るのであり、そのことを確かめているわけです。

しかもその守門の人というのは、かつては頻婆娑羅王の家臣であったであろう者が、クーデターによって阿闍世太子の命令を受けなくてはならなくなった。そういう意味では、王が代われば、自らがその新しい王のもとに従っていかなくてはならないという、全く非力な人間である守門は、権力の前に何らの力も持たないという存在であるということは明らかなことなのです。しかし、その非力な人間も、人間であるということにおいては、権力をもって、権力のもとに生きる阿闍世太子以上に、人間であることの基本的なところでは平等性を無言のうちに主張しているわけです。

いわゆる新王の命令を受けているにもかかわらず、その守門の人が国の大夫人韋提希の密かな行為を知りつつも許しているという心情と、その許しているという事実が、具体的に露見をした時にはその権威に対してみごとに弁明をして、権威者そのものをして自分たちを罰することのできないようにしていく。そういうところに二十一日間の権威者阿闍世王に対する、無力な守門の人によって代表される大衆の抵抗とでもいうていいものが感ぜられるといいますか、そういうものを善導が読みとっていくということがあるわけです。

ここに一つ考えられますことは、阿闍世王が厳しく他の人々の出入、あるいは他の人々の接近を禁止したわけです。ところがその禁止の命令に従って行動をとっていた守門の人が、その禁止に背反するかたちをとっても、それは自分たちの過にはならないというふうに主張ができるということです。

弁明することのできない非力の守門の者が、いわばそういう権威のもとに成り立っている法への抵抗ということをするわけです。その守門の人が、いわゆる人間存在の基底性といいますか、一番素朴な関係、いわゆる夫に対する妻という存在と、それから人間の世俗的な在り方を超克した聖者、そういう存在の入出をおしとどめていくことはできないということを武器にするわけです。いうならば権威をかさにきて追及する阿闍世王への弁明の積極的な事柄として申し出るということがありますね。いわば力のない守門者たちが、いわゆる権力のもとに成り立っている現状への抵抗ということを、夫婦というきわめて現実的な人間の在り方と、聖者という出世門の在り方と、この両方をもって示していくわけです。

いうならば人間のいちばん底辺的なところにある事実と、人間という存在の世俗性というものを超克した聖者という在り方のもとでは、いわゆる権力というものはもろい虚構に過ぎないということをみごとに摘発するというかたちをもって、阿闍世王の行動をいわば嘲笑していくわけです。さらには本質的に批判をしていくということにさえなる、と善導は指摘しているといえます。

守門の訴え

前の「禁父縁」のところで、善導は一つの問答を設けておったですね。それは、

問うて曰く、諸の臣たちは勅を奉って、王を見ることを許さずと。未審、夫人をば門家制せずして放いままに入ることを得しむるは、何の意かあるや。(『全集九』六三頁)

と、こういう一つの問いを立てて、それに対して、

答えて曰く。諸臣は身異にして、また是れ外人なり、情通有ることを恐れば、厳しく重制を加えしむることを致す。又夫人は、身は是れ女人なり、心に異なる計りごとなし。（『全集九』六三頁）

まずこのように言うていますね。なぜ、それほど厳格に出入を禁制されているにもかかわらず、韋提希夫人を通したのかというと、門番たちの心のなかにあるものは何か。それはあくまでも阿闍世の問題というのは、単に父の王を殺すということにあるのではなくして、政治的な問題である。このように考えている。だからして、政治にかかわって、もし頻婆娑羅王のところへ入っていって、クーデターを逆にひっくり返していくというようなことになる人物であるならば、これは厳しく出入をチェックしていくのが当然である。

しかし、少なくとも、韋提希夫人というのは、これは女性である。だから、その女性である韋提希夫人は権力というようなことにかかわって、特別な計りごとを考えるというようなことはありえないと、こういうふうにまず考えた。このように考えたからこそ女人の身である韋提希夫人が頻婆娑羅王のところへ出入りすることを許したのだと、こういうふうに善導は押えているわけです。

こういう押え方のところにいわゆる権力と申しますか、そういう事柄として父である頻婆娑羅王を殺害しようとした阿闍世の問題と、そして、門番たちがそれにかかわって自分の身の保有をはかろうとする時、政治的な事柄のなかでの配慮ということでしか、ものを考える必要がないと、このように判断する。したがって、いわゆる人間という、もっとも具体的なところへかえってものを考

えるならば、そういう厳しい禁制というものも、さして問題にならないと、こういうふうな判断を下しうるというところに、大事な問題の押え方があると思うのです。

そして、さらにまた、韋提希が頻婆娑羅王との関係のなかで、牢獄へ通うということを門番たちが許したということについて、禁父縁のところでは次のように言っているわけです。

王と宿縁の業重し。久しく近づいて夫妻なり、体は別なれども心を同じくす。人をして外慮なからしむることを致す。是を以て入りて王と相い見ることを得しむ。（『全集九』六三頁）

簡単に言うてしまうならば、夫人はたしかに国の大夫人であるにはちがいないし、牢獄へ閉じ込められた頻婆沙羅王は、マカダの大王であったにはちがいないけれども、人間ということでいうならば夫婦である。だから夫婦ということは、宿縁の業重く、それが久しく近づいて成りたったものである。それこそ世界中に、どれだけの男性がおり、どれだけの女性がおるかしらないけれども、そのなかから二人だけが夫という名で呼び、妻という名で呼ばれる。そういう関係を生きる存在となったわけです。だから、たとえその夫と妻とは体は別であるとしても、心を同じくしていくという、そういうことを自分たちの課題とした人間関係を生きていくという存在である。だから、それ以外のところで夫婦というものを考えることもできないし、それ以上の何ごとかを夫婦という人間の関係のなかへ介在させていくということはしてはならない。だから、「人をして外慮なからしむ」と言われるように、人間をしてそのほかの慮りであるとか、そのほかの配慮であるとか、そのほかの憂慮であるとかというようなことは、夫婦というそのこと自体のなかにはないと、こういうふうに押える。だからして韋提希夫人の牢獄への出入を門人は許したのだと、こういうことを善導は言うているわけです。

また、目連尊者、あるいは富楼那尊者というような、いわゆる出家の人の出入を許したということについても、

目連は俗に在りては、是れ王の別親なり。既に出家することを得て即ち是れ門師なり。宮閣に往来して都て障礙なし。（『全集九』六四頁）

と、こういうふうに押えられています。ここでは特に目連尊者の説明になっておりますけれども、目連尊者というのは、出家前には頻婆娑羅王とは、何らかのかたちで親戚であった。しかし親戚であったというだけではなくして、その親戚であった目連尊者が出家をしてから後は、頻婆娑羅王一家にとっては仏門の師としての役割を果たしていた。だから特に出家者としてのその位置ということでいうならば、それは何ら政治的な事柄の中に介在するというようなものは全くない。正しく在俗の問題を超出している存在である。だから、牢獄へ入っていっても何ら障礙するところはない。こういうふうに門番たちは判断をしたというわけです。

だから、そういう門番たちの判断というかたちを通して新王に訴えるわけです。韋提希夫人にしても、あるいは目連尊者にしても、いうならば、妻とそして出家者という二つの在りようのなかには問題はない。何ら阿闍世王が政権を取るか取らないかというようなことにかかわっていく意識のなかには、何もじゃまになるものはないという守門の主張を、ここでは言い当てているわけです。

しかし、そのことが具体的には三七日を経てもなおかつ頻婆娑羅王が死なないという事実を、成り立たしていくわけです。

弱臣の主張

ところが、そのことがやがて阿闍世王の詰問を受けることになってきた時に、門人たちは、恐れ恐れにであるにはちがいありませんけれども、そのことに対してある意味では堂々と、あなたがおっしゃったことにわれわれは決して背いていないと主張していくわけです。わたしはあなたがおっしゃったことをみごとに守っている。しかしあなたが厳重にわれわれに命令をした、その命令をした以外のことがここには起こっているのだ、というふうに、門番は主張をするわけです。それが非常にここでは重要な事柄であるというふうに善導は見ているわけなのでしょう。だからそのことについて最後にはっきりと門番たちは阿闍世王に対して言うわけでしょう。

大王、当に知るべし。夫人の食を進む。先に王の数えを奉わらず。このゆえに敢えて遮約せず。（『全集九』七〇頁）

韋提希夫人が苦労をして食事を大王のところへ運んだという、そのことについては、阿闍世王、あなたからわれわれはそれを押し止めよというふうには、命令を聞いてはいなかった。だから、わたしたちはあえてそれを遮ったり、とどめたりはしなかったのである。そしてさらに、

二聖は空に乗ず、これ亦門制によらず。（『全集九』七〇頁）

このように言うてます。つまり目連と富楼那尊者とは出家者であって、われわれが厳重に警戒をしているところから、出入をしたのではない。だから、これもまた権力にかかわることではないということとして、われわれは出家者である二聖がやって来ても、それをおしとどめなくてはいけないとは大王から命令を受けておらなかったから、それもしなかったのですと、門番はこういう答え方をして、自分らは何らあなたの命令に背いていない、われわれはあなたの命令の通りにした。ところが、あなたの命令のなかには実は欠落している点があった。つまり忘れられていたことが二つあったのだというわけです。

あえて言うならば、そういうふうに門番たちは答えるということを通して、権力にしがみつこうとする阿闍世王の本来的な弱点をあらわにするわけです。そして王の弱点をあらわにすることによって、いうならば国民の嘲笑、あるいは国民の侮蔑を心のなかで限りなく恐れている権力者の持つ本来的な不安、その不安を実は告発しているのだと、こう言うてもいいと思うのです。

阿闍世は自分の行為に対して、そういう多くの人たちが嘲笑するのではないだろうか。したがって、その侮蔑や嘲笑のもとでは国を治めることができないのではないだろうかと心配しながら、表向きには「父の王今なお存在せりやいなや」と、こういう問い方をしたわけです。そこに阿闍世王の心の根っこにある不安・おののきという問題を実はみごとに門番たちは見抜いて、それを指摘し、ある意味では嘲笑するというてもいいようなかたちで、それを白日のもとにさらしていくということになるわけです。

だからそれは、阿闍世王自身について言うならば、自己の本来的な在り方への反逆による、自己侮蔑をかりたてていくということになるわけでしょう。そしてそれがやがて阿闍世王をして、ついには自己のなしている行為の底にある自己の本来性への反逆ということを知らしめるということにもなっていくわけです。

そういう意味では、阿闍世王をして、門番たちを罰することができないという世界がそこにある。絶対の服従というすがたをとりながら、強大な権力への無告というかたちをとっての徹底した抵抗、それが人間であるということの上に成り立っていく。こういうことが、ここでは、示されていくわけでしょう。

こうしたかたちで、全く力のない一守門の人によって、自分の最も恐れていた点を指摘をされた時、阿闍世王はやり場のない悲しみと怒りに狂うわけですね。それが阿闍世王を暴逆へとかりたたしていく。その暴逆の行為へとかりたてられていくという全体が、門人たちを罰することができないという弱さの逆表現であり、人々にいろいろうわさされるのではなかろうかということへの不安の逆表現なのです。そして、その逆表現がそのまま自己を限りなく傷つけていくということになる。そういうことがここで、善導によって見抜かれ、指摘されているわけであります。

賢なる意識中の愚

ここで、善導が示していることのなかで、もう一つ注意をしていいことは、韋提希夫人の心についての確かめをしているということです。韋提希夫人は密かに食を運んでいたわけですね。いうならば、三七日の間、韋提希は実に賢夫人として、密かに麨をもってそれを大王に食べさせようと計らい、そして、衣の下にそれを隠して入出往還をしていた。だからして、だれもそのことには気づかなかったはずだ。だがしかし、門人たちはそのことを十分知ってしまっていた。いったいそれはどうしてなのかというわけです。

問いとしては何でもない問いを提出しているようですが、わざわざそういうふうに善導が問いを提起して、それに答えて、

一切の和密久しく行ずべからず。（『全集九』六九頁）

というている。ここでの「和」の字は他の本では「私」となっています。つまり、たとえ巧みに牢《かた》く蔵《かく》すということができたとしても、そのことは還って彰われるものである。それは今の場合でいうならば、父の王はすでに禁制せられて七重の牢獄のなかにいる。そこに夫人が秘密のすがたをとって、毎日往還をしているということは、たしかに韋提希夫人の心の内面のできごととしては隠し通しておれるということがあるでしょう。けれども、そのことは隠し通しておれるのではなくして、実は門番が見て見ぬふりをしておったからである。いうならば許しておったのだというわけです。

今密と言うは、門家に望んで夫人の意を述ぶる。（『全集九』六九頁）

と、こういうふうに善導が言うておりますように、韋提希夫人自身は隠しているつもりで、その賢明さをどこかで誇っているということがあるわけですね。しかし、そのことは事実としては万人の

知るところである。あえて隠さなくても自明のことなのだ。ただそういう行為が許されているのである。いうならば、そういう賢夫人という、賢さということのうちにひめられている人間の愚かさが、ここではあらわになっている。いわば韋提希の一人芝居にすぎないということも、ここで一つの問題として指摘をしているということがあります。いうならば、この第二段目のところでは、この二つのことが問題の中心として押えられているわけです。

(3)　世王の瞋怒

三従《リ》二「時阿闍世聞此語《コト云》」二下至《ル》二「欲害其《カイコ》母《モト云二》」一已一来、正明《ス》下世王瞋一怒《ノイカルコトヲ》上此明《レシ》下闍王既聞《ニキ、》二門一家分一《ノ》蹴《シヨヲ》一已《オハテ》、即於《チノ》二夫人一、《ニ》心起《ニオコシ》二悪怒《ヌヲ》一、口陳《ノフル》中《ニチムスルコトヲアシキコトハヲ》悪辞《シ》上、又起《オコス》二三業逆《ノキヤクヲ》一。三業悪《ノト云ハ》罵《ノテ》二父母一為《ヲ》レ賊《スルヲソクト》、名《ナツク》二口業《ノ》逆《キヤクトノルヲ》一。罵《ヲ》二沙門一者《ハ》、名《ケ》二口業悪《ノト》一、執《トテケンヲセツスルヲ》レ剣殺《ヲ》二母一、名《ク》二身業逆《ノト》一。身口所《ノコロナス》レ為、以《テ》レ心為《ヲス》レ主《シユト》。即名《チク》二意業逆《ノト》一。又復前《セン》方便為《ヲシ》二悪《ト》一。後正一行為《ヲス》レ逆《ト》。言《ヨリ》二「我母是賊《ソクト云》」一已一下、正明《ス》三口出《ニスコトヲ》二悪辞《ノコトハヲ》一。云一何罵《ソノテ》レ母為《ヲル》レ賊《ソクト》。賊《ソク》之伴《ノトモカラナレハナリ》也。但《タ、シ》闍王元《モトノ》心致《イタスウラミヲ》二怨於父《ニ》一。恨《ウラムラクハ》不《サルコトハヤクオハラ》二早終一、母乃《ノチ》和為《ワシテタメノス、ムルカカテヲ》進二粮一故令《ニシム》レ不二死《サラセ》一。是《ノ》故罵《ニノリテイフ》言二「我母是賊《カハレソクナリ》賊之伴《ソクノトモナリトナリ》」一也。言《イフ》二「沙門悪人《ト》」二已一下、此明《ハハス》三闍世瞋（ママ）《ノイカリ》二母進（ママ）《ノムルヲ》レ食《シキヲ》一。復聞《キ、テ》下沙門与《タメニ》レ王来去《ノライコスルコトヲ》上致《ス》レ使《コトヲ》三更発《ニサ》二瞋心《ヲ》一。故云《ニイフ》下有二何《テカイカナルシユシユツ》呪術一而令《シムルト》中悪一王多一日不《ヲノニ》レ死《サラセ》上。言《イフ》二「即執利剣《ソクシフリケント云》」二已一下、此明《レス》三世王瞋盛《ノイカリサカリニ》、逆及《ノキヤクオヨフコトヲ》二於母《ニ》一。何其痛《ナンソソレイタマシキカナヤ》哉。撮《トリテ》レ頭《カウヘヲ》擬《アツ》レ剣《ケンヲ》。身命頓《タチマチニアリ》在二須臾《シユユニ》一。慈母合掌曲《ノマケ》レ身依《ヲウナタレテ》レ頭就《ヲツク》二児之手《ニノテニ》一。夫人尓時熱《アツキアセアマネクナカレテ》汗遍流、心一神悶《モン》一絶《セツス》。嗚《ア》一呼哀《アハレナルカナ》哉。恍《クキウコツノ》一忽之間逢《ニアヘル》二斯苦難《コノクナンニ》一。

（『全集九』七〇頁）

自縄自縛

禁母縁の第三段目ですが、経典では、

時に阿闍世、この語を聞き已りて、其の母を怒りて曰く。我が母は是れ賊なり、賊と伴なり。沙門は悪人なり、幻惑の呪術をもって、この悪王をして多日死せざらしむ。即ち利剣を執って、其の母を害せんとす。（『真聖全一』四九頁）

と、このように示されるところです。このことについては、親鸞も『観無量寿経』の和讃のなかで、

阿闍世王は瞋怒して　我母是賊としめしてぞ
無道に母を害せんと　つるぎをぬきてむかいける。（『全集二』四七頁）

と、こういうふうに讃《うた》っておられます。そして「瞋怒」という言葉について左訓をつけておられます。

おもてにいかるをしんという、こころにいかるをぬという。

このように言うておられますから、全存在をあげて怒り、腹を立てたという状態を親鸞もそこに見ているわけです。

しかし、事柄としましては、さきに第二段で見ましたように、韋提希夫人が頻婆娑羅王のところへ食を運んだということが発覚した。その発覚をしたということに対して、門番たちが弁明という

かたちで自分たちは何ら大王に背いているのではない、大王の命令の如くにしたのであるけれども、大王の命令そのもののなかに、気づかれておられなかった問題があるのではないか、ということを、託るというかたちを通しながら告発をしているということがあった。そういうことを見てきたわけです。

そういう、非力な門番の告発に対して、王は門番を罰するということができなかったわけです。むしろ門番を罰するというようなことをすれば、ますます自分が権力の座にあることの不安をつのらせていくということを知らされたわけです。そういうことから、文字通りここに「門家の分疏」を聞くわけです。「分疏」というのは分けるということですね。つまり、具さに事柄を話す。阿闍世はそのことを聞き已って、すなわち母親である韋提希夫人に対して怒りを起こして口に悪辞を陳べるということになったのだ、と、こういうふうに善導は見ているわけです。

だから、いうならばそこにあるものは、阿闍世の自我心の欲求に立つ行為、その行為の愚かさが鋭く門番という大衆の心によって指摘されるわけです。門番は命令を守りつつ、命令を守るということのなかで、非人間的な行動をとろうとする王にせまるのです。つまり、阿闍世の詰問に対して、王の母である女性を厳しくせめるということはできないということと、出家者である沙門を禁ずることはできないというふうに答える。そのことは、阿闍世王にとっても、その生命を受け、その生命を育てられたということにおいて、母親を禁制するということは理由がないことだ。また、生命の尊厳ということを本来的に教えるはずであるところの出家者に対して、それを禁制するということもできないことなのだ、ということが実は言外にこめられて語られているわけでしょう。だからそういう意味では、非力の門番たちの抵抗に全く手も足もでなくなったというところに、阿闍世の弱さがある。いうならば、そういう弱さの上に構築されているものが、権力を私していく人間の本質なのだということになるわけでしょう。その時、阿闍世はその門番たちを罰することができないという怒りを、そのまま自分の父である頻婆娑羅王を助けた母へ向けていく。つまり、そういうことが自縄自縛というかたちで行なわれていく、ということへ善導は着眼をしていくわけです。

だからこの第三段を押える時に善導は、

正しく世王の瞋怒を明す。(『全集九』七〇頁)

と、押えているわけです。いわゆる、阿闍世王の瞋怒の性格を明瞭にするということがこの第三段目の主題であると、こういうふうに言うているわけであります。

答えなき問い

そして、その瞋怒の性格を明らかにするという時に、まずその第一は、

これ闍王、既に門家の分疏を聞き已って、即ち夫人にして、心に悪怒を起こし、口に悪しき辞を陳ぶることを明す。(『全集九』七〇頁)

と、こういうふうに言うています。経文では、

我が母は是れ賊なり、賊と伴なればなり。（『真聖全一』四九頁）

というています。特にここで注目をしておかなくてはならないことは、「我が母は是れ賊なり」と、こう言い切っておいて、改めて「賊と伴なり」と、こういうふうに言い直さなくてはならないという問題が、善導の注目をする一つの大事な問題点であるということです。

だいたい、親と子との関係の破壊ということの問題の深さということが、そこでは考えられるわけでしょう。われわれの日常的な道徳とか倫理とかいわれる事柄の意識の浅さと、そして人間における倫理的関係そのものの底深さということが考えられていいと思うのです。生きているという事実に対する反逆の根深さですね。阿闍世の自我心の反抗は、自分の生命存在の事実を「なぜに」と、こういうふうに問う。いわゆる、生まれて今生きているという事実に対して「なぜ生んだのか」、「なぜ生きていかなくてはならないのか」という問いを立てるわけですね。そういう阿闍世の自我心が生命の事実に問いを立てる。それがいわゆる、前のところでは「折指」という名に託して表現されていたことですね。そういう問いを立てた時に、そこに愛の事実を見ることができずして、その愛というすがたのなかに賊を見てしまうわけです。

いわば、愛のなかに隠されている能生の因のエゴイズムを見る。いわば生命の事実の主体性というものを放棄して事柄を客体化した時、「なぜに」と、こう問う。その問いを持った時、その生命を与えられた者は、自我の思いに反した外的なるものとして、そのことを受けとめなくてはならない。正しく運命として受け止めなくてはならない。自我にとって自己の生命は運命でしかない。自分の生命の事実、いわば自己自身を運命的なるものとして仮設する。仮設したとたんに、その運命によってしばられざるをえないわけです。

生まれて生きていることが主体的に頷かれない限り、自分自身の事実は「なぜに」という、答えのない問いのなかへと、放り出されていく。そこに親と子という根源的な関係、いわゆる生まれたという阿闍世（子）と、生んだという韋提希（母）と、生ましめたという頻婆娑羅王（父）という三つの視点が出てくる。ここに生をあらしめた因としての父は、生まれた子にとっては、自我心において見る限り納得のいかない仇敵（賊）となるということがあるわけです。

しかし、自分の生命の因を賊とした阿闍世にとっても、母という存在は、いわば一つの救いなのですね。いうならば母はあくまでも受動性としてあるというところに、阿闍世にとっての救いがあるわけです。しかもその受動性である母そのものは、自分の生命を育ててきたということがあって、そのことは生命自身が頷いていることなのです。

そのことはやがて、後に善導が母に対する謝念ということを、深い心情のもとで語るということにつながるわけです。母なる大地という言葉もありますが、正しく生命存在における母の役割ということは、そういう意味を持つということがあるのでしょう。

しかし、生まれた因を賊とする阿闍世にとって、その因を助長するものとして、生んだ母を受け止めるとき、その母は「賊と伴なり」と、このように言わなくてはならない。言葉を換えるならば、父を殺害しようとする計画の非、計画の理不尽さというものを門番たちによって見破られた時、その心はやがて母を殺そうとするということになる。そのとき阿闍世自身は孤独のなかへ自分自身をますます追い込むということになる。そして母殺しの無道性というものがここでは大きく、指摘され、クローズ・アップされてくるということになるわけです。

阿闍世は母を「賊と伴」と呼んだが、もう一つ、そこに問題がある。いわゆる、怒りの性格として、もう一つ大きな問題がある、いわゆる母を「賊と伴」と呼んだという一つの問題があると同時に、もう一つの問題がある。それは沙門を悪人と、このように呼んだということです。そして、沙門つまり仏弟子たちのやっているその事柄、それを、

幻惑の呪術をもってこの悪王をして多日死せざらしむ。（『真聖全一』四九頁）

というふうにしか受けとめられない。いうならば、自覚、すなわち如実智見を呼びかける沙門は、無覚なる阿闍世にとっては幻術使いとしか見えない。いわば手のくだしようのない存在であるわけです。

父を「悪王」と言い、母を「賊と伴」と言い、沙門を「悪人」と呼んだ時、阿闍世は完全に我心のとりこになってしまうわけです。それは、すこし飛躍するようですが阿弥陀の本願の文における、「唯除」される五逆と謗法の悪人、罪人というようなこともそこで考えられるわけでしょう。こういうような阿闍世の事実に対して、月光と耆婆という二大臣の諫言《かんげん》というものが意味をもってくる。それが次の問題になるわけなのです。

もう一つここで言うておきます。逆と悪ということについて、わざわざ善導が注意をしています

ね。いわゆる、意業を中心として身・口の二業をするという考え方を出しています。いわゆる、意業を正業とし、身・口二業を助業するという考え方です。これは、よくいわれる大乗的な考え方といいますか、内面的な人間観なのですね。人間が殴ったとか、殺したとかいうことは、外から見てわかることですけれども、そういう行為をとらしめた内面の意業に重点を置くという、それが内的な人間観だと、注意をしております。

もう一つは、方便と正行という考え方ですね。それは、意業を前方便とし、身・口二業を後の正行とする。これは、非常に現実的な人間観ですね。腹を立てたから殴った、そのような現実的な事実をそのまま押えたことであるわけです。このように、逆と悪との関係を押えることによって、人間の三業における悪逆というものの性格を示しながら、それを通して阿闍世の怒りというものを明らかにしていこうとしているということがあると思うのです。

そういう意味ではここに大きく取り上げられていることは二つです。一つは母を賊の伴と呼んだということ、もう一つは、仏弟子沙門を悪人と、このように呼んだということです。これは非常に大きい問題でしょう。

自己への反逆

少々、話を一般化するようですけれども、こういうところでいろいろなことが考えられるわけです。言葉としては「元の心は怨みを父に於て致」したのである。本来、阿闍世が腹を立て怨んでいるのは、父だというわけです。だからそういう意味では、阿闍世が頻婆娑羅王の殺害ということを企てたのであって、それ以外のことを考えたのではないということが一つありますね。自分を生んだ父に対して、それを抹殺しようとする。「なぜおれは生まれて、生きなくてはならないのか」と、そういう問題でしょう。それを、自分を生んだ父のところへ責任をもっていって、それを抹殺しようとする。そこに、生命の根源関係の破壊ということがあるわけです。だから、阿闍世にとって父の王というのは自我に立つ限り本来的に賊なのです。

これは、阿闍世という一人の特定な人間の問題ではないのでしょう。人間が自我心に立って自己の存在を見つめる限り、自分をこの世に生んだ父はいつでも賊なのでしょう。敵なのでしょう。だから、父親と息子というのは本来的にうまくいかないようになっているわけです。本来的にうまくいくようになるには、その自我心の問題が解決されない限り不可能なことなのです。だから、父親にとって子どもはどれほどかわいいものであったとしても、子どもにとって父親は敵でしかない。それは自我心に立つ限りそうであるということがあるわけです。

だから、阿闍世と父の頻婆娑羅王との相対の問題としては、自我心による自身への反逆だということになるわけです。だからそれを本来的に「賊」という言葉で押えたわけでしょう。考えてみますと、あらゆる反逆はそれをもととして起こり、そこへ帰ってくるわけです。業縁を生きる生命への反逆です。具体的には、なぜ生んだのかという問いのところへ帰っていく。自我心により答えなくして問わざるをえない問い、それが、父は子を殺さんとし、子は父を殺さんとするわけです。そこには弁解無用の世界がある。存在の根源にある絶対の矛盾、あえていえば、五体を投地して懺悔しても、懺悔しつくすことのできないような、そういう存在の問題を自己としているということがある。それにもかかわらず、そのことを弁解していこうとするところに、限りなく生存の不安が増大していくのであり、それを起因として身心というものの暴力化が行なわれる。不安をなんとか解消しようとする時、必ず身も心も暴力として働くわけです。

生まれた意味がわからない限り、なぜ生んだのかという問いには答えがない。それは存在の不安による責任転嫁の暴力と化していく。なぜ生んだのかということの問いは、なぜ生まれたかという問いと一つなのです。だから父を賊とすることは自己への絶対の反逆である。いわゆる、因に反逆することは果である自己への悔蔑であるわけです。金子大栄先生が親孝行という行為に対して、

親孝行というのは、子どもが親という存在を外的存在として、それに対して何かをすることではなくして、親孝行とは自己の生命の根源を尋ねる心情である。

と、そういう意味のことを言われたことがありますけれども、それは今の問題を解決していく方向から出てきた、答えであると言うていいと思います。したがってそういうことは、いわゆる倫理意識の上で解決しようとしても無理があるわけです。文字通り「自然のことわりに相いかなう」という宗教性においてのみ成就することなのです。

その自己の根源への反逆心が、さらにこんどは母におよぶ。因への反逆が、因を助長する縁への反逆となる。ここに母への怒りというものがあるというふうに善導は、領解していくわけです。父

は因であり母は縁である。つまり、母は因を育てた縁なのでしょう。育てた縁である母というものは、本質的には因の伴であるわけです。だから、その母を怨むということは、正に縁を怨むということです。母なる大地といいますけれども、その母は縁ということにおいては、あくまでも主ではなくして従なのです。伴なのです。しかし、それが大地としてあるという時、その大地を怨まなくてはならない。善導が「逆を母に及ぼす」と、こういうふうに言うたのはそういうことなのです。善導が「何ぞ痛ましきかな」と、こういう悲痛な悲歎として、いわゆる経典の説明というよりも、一つの生命の事実に対する反逆の痛ましさというものを感情をこめて語っているところに、そういうことが明らかにわかるのでありましょう。

そのことは、やがて親鸞のさきほど申した『和讃』のなかにも、

無道に母を害せんと　つるぎをぬきてむかいける　（『全集二』四七頁）

というような、「無道に母を害せんと」というような言葉のなかにも示されてくるわけでしょう。ともかく父を「悪王」と言い、母を「賊と伴」と言うわけですが、そういう阿闍世にとって手のつけようのないもう一つの大きな敵がある。それは沙門、いわゆる仏法であるわけです。その沙門は悪人であると言うています。悪人は闍王にとっては殺害計画を立てることもできない、幻惑の呪術使いとなる。事実を事実として直視せしめ、因縁所生の世界を無我の心において見よと教える仏教の教え、それは事実に反逆する心にとっては呪術としてしか見えないわけです。こういうところに、阿闍世の怒りの性格というものを、善導ははっきり見とどけていこうとしている。こういうことが、

第三段目に善導が注目したことだと、このように言うていいと思います。

(4) 二臣の切諫

四従《リ》二「時有一臣《シン》名曰月光」《ト云》二下至《ル》二「却《キャク》行而退」《ニタイト云二》一已-来《ハ》、正明《ス》三二臣《シン》切《セツ》-諫《カンメ》《オシフ》不《サルコトヲユルサ》二レ聴一。此《ハ》明《ス》下二臣乃《チ》是《レ》国之《ノ》輔《フ》-相、立《リウ》-政《セイノ》《マツリコト》之綱《カウ》-記《キナリ》《オホツナ》。望《ノソムヘムトハム》下得中万国揚《ニアケ》レ名《ヲ》、八-方昉習《ニハウシフスルコトヲ》上、忽《タチマチニ》 見《テ》三闍王起《ノオコスヲ》二於《ニワカニ》勃逆《ホツキヤクヲ》一、執《トテ》レ劒《ケンヲ》欲《ホス》レ殺《セチセント》二其母《ノヲ》一、不《スメ》四忍《シノハ》三見《ニ》二斯《コノ》悪事《シヲ》一、遂《ツイニ》与《ト》二耆婆《キハト》一犯《オカメ》レ顔《カホヲマウクルコトヲカンヲ》設四 諫《イサミ反》上也。言《イフ》レ「時《ト》」者《ハ》、当《ニ》《アタレリ》二闍王欲《スルコロサムト》レ殺レ母《ヲ》時《ニ》一也。言《フ》二「有《ウ》一大臣《ト》」一者《ハ》、彰《アラハス》二其位《ノヲ》一也。言《フ》二「月光《ト》」一者《ハ》、彰《ス》二其名《ノヲ》一也。言《フ》二「聡《ソウ》明多智《チト》」一者《ハ》、彰《ス》二其《ノ》徳《ヲ》一也。言《フ》二「及与耆婆《キフヨキハト》」一者《ハ》、耆婆亦是《レ》父王之《ノ》子《コ》、柰《ナ》女之《ノ》児《ニナリ》。忽《タチマチニ》 見《テ》下家《ケ》-兄《キヤウノ》《アニ》 於《オイテ》レ母起《ニスヲ》中逆《ヲ》上、遂《ツイニ》与《ト》二月光一同諫《クイサメテ》《(ママ)》。言《イフ》二「為王作礼《ト》」一者《ハ》、凡《オホヨソ》 欲《スルシ》三諂《トフラヒヲシフ》二 諫《カンセムト》大人《ニンヲ》一之法《ハフハ反》、要《カナラス》須《スヘカラク》《ヘシ》三設《マウケテ》レ拝《ハイヲ》以《テ》表《ヘウス》二身敬《キヤウヲ》一。今此《ノ》二臣《シン》亦介《シカナリ》。先《ツ》設《ケテ》二身敬《ヲ》一、覚《カク》三動《トウス》王心《ノヲ》一。斂《オサメ》レ手《ヲ》曲《マケテ》レ躬《ミヲ》、方《マサニ》陳《ノフ》二本意《ヲ》一也。又「白言大王」《ト云》者《ハ》、此《レハ》明《ス》三月光正《ク》欲《スルコトヲノヘムトコトハヲノソムエムト》レ 陳二 辞一。望三得二闍王開《テ》レ心聴《ヲチヤウラムセムコトヲ》-攬《キヽミル》一。為《ノ》二此《ノ》因《ノ》-縁《ニ》一故《ラク》須《ヘシ》二先《ツマウス》白一。言《イフ》二「臣聞《シンモン》毗陀論経説《ト》」一者《ハ》、此《ハ》明《ス》三広《クヒクコトヲ》引二古《コ》-今《コムノ》書《シヨ》-史歴《レキテイ》帝之文《フンキヲ》記《シルス反》一。古人《コシンノ》云《ク》。言《イフコトサルハアツカラテンニ》 不レ関二典一、君《クン》子《シノ》所《ロナリハツル》レ慚。今既《マニカンスルコトス》諫-事不《カロカラ》レ軽。豈《アニ》可《ムヤコ》二虚《コンヲモテ》-言 妄《マウ》-説《ス》一。言《イフ》二「劫《コフシヨイ》初已《ライト》-来」一者《ハ》、彰《ス》二其《ノ》時《ヲ》一也。言《フ》二「有《ウ》諸悪王《ト》」一者《ハ》、此《レハ》明《ス》三惣《ソウメアラハスコトヲ》標二非《ヒレイホ》礼暴《アラキ》逆之《ノ》人《ヲ》一也。言《フ》二「貪《トム》国位《キコト》故」一者《ハ》、此《ハ》明《ス》四非《ヒ》意《イニ》所《ロヲトン》三貪《タツスル》二奪《ウハウ》 父《ノ》坐処《ヲ》一也。言《フ》二「殺害《セチキヤクコ》《(ママ)》《カイ反》 其父《フト》」一者《ハ》、此《ハ》明《ス》下既《ニヲイテ》於レ父起《ニスニ》レ悪不《ヲスラ》三可三久《シクトヽマル》 留一、故須《ニラク》《ヘシト云コトヲ》中 断《タツ》上命《ヲ》也。言《フ》二「一万八千《ト》」一者《ハ》、此明《ス》下王今殺《コロセルコト》レ 父与《ヲト》レ彼類《カレルイ》同《スルコトヲ》上 也。言《フ》二「未曾《ミソウ》聞有無道害母《カイト》」一者《ハ》、此明《ス》下自《ヨリ》レ古《イニシヘ》至《テ》レ今《ニ》害《ノ》レ父《ヲ》取《トレルコトハ》レ位《ヲ》、史籍《シシヤクノ》良-談《リヤウタンナリ》、貪《トムメ》レ国《ヲ》殺《セツスルコトハ》レ母《ヲ》、都《スヘテ》無《コトヲ》中記《キセル》処《ロ》上。若論《シロンセハ》二劫初《コフシヨヨリ》已-来《タヲ》一、悪王貪《ノトムセン》レ国《ヲ》、但《タヽ》殺《ノ》二其父《ヲ》一不《ス》レ加《クワヘシ》二慈母《ヲ》一（ママ）。此則引《レチテ》レ古《ヘヲ》異《スニ》レ今。大王今《イ》-者貪《マトムメ》レ国《ヲ》殺《ス》レ父《ヲ》。父則有《ハチリ》三位《クラキノ》可《ヘキ》二貪《トムス》一。可《ヘシ》レ使《シム》三類《ルイ》二同《セ》於古《イニシヘニ》一。母即無《ハチシ》三位《トメ》可《ヘキ》二求《モトム》一。横《ワウニ》加《クワフ》二逆-害《キヤクヲ》一。是《コヽヲ》以《テ》将《マサニ》今《イス》異《ムカシニ》レ昔　也。言《フ》下王今為《ナサ》二此殺母《ノセチモヲ》一者《ハ》、汚《ケカシテント》中刹利種《セツリノシユヲ》上也。言《ニ》二「刹利《ト》」一者《ハ》、乃《チ》是《レ》四姓《シシヤウノ》高元《クエン》《モト》、王者之種《シヤノ》、代代《タイ〳〵》相承《シヨウス》。豈《アニ》同《シカラムヤ》二凡砕《ハムスイニ》《ホンサイ二反》一。言《ニ》二「臣《シン》不《フ》忍聞《ト》」一者《ハ》、見《ルニ》三王起《ノオコスヲ》二レ悪《ヲ》一損《ソン》二辱《ニクメ》《ソンスハチシム》　宗親《ソウシンヲ》一悪-声流-布《セム》。我之性望《セイハウ》《ノソム》、恥慚《ハチハツルコト》　無《シ》レ地《トコロ》。言《ニ》二「是旃陀羅《セセント》」一者《ハ》、乃《チ》是《レ》四姓之下流《ノカリウナリ》也。此乃《レチ》性懐《セイイタイテ》二匈《クキヨウ》《アシク》　悪《ヲ》一不《ス》レ閑《ナラハシム》二仁-義《ヲ》一。雖《トモ》レ著《キタリト》二人皮《ノカハヲ》一行同《シ》二禽獣《キンシユニ》一。王居《ハコメ》二上-族《ソクニ》一押《オメ》臨《ノソム》二万基《ハムキノ》《モト》之主《ヲ》一。今既起《ニヲコメ》レ悪加《ヲクワフ》レ恩《オムニ》、与《ト》二彼下流《ノケリウ》一何異《ソコトナラムヤ》　也。言《フ》二「不宜住此《キト》」一者《ハ》、即有《リ》二二義一。一者王今造《リテ》レ悪《ヲ》不《ス》レ存《ソンセ》二風礼《ヲ》一、京邑《ケイヲフ》《キヤウサト》神州《シウニ》　豈遣《アニツカハメン》（ママ）《シメムヤ》下旃陀羅《センヲ》一為《タラ》中主《シユ》上也。此即擯《ヒン》《ヤリ》二出《スル》《イタス》　宮城《ヲ》一意《ナリ》　也。二者王雖《トモ》レ在《リト》レ国《ニ》損《ソンス》二我宗《ソウ》親《シムヲ》一。不《シ》レ如《シカ》遠擯《トヲクヒンメ》二他-方《タニ》一、永《ナカク》絶《タヘテ》二無聞之地《ムチニ》一。故云《ニイフ》二「不宜住此《フキト》」一也。言《ニ》二「時二大臣説此語《ト》」一已下、此《レハ》明《ス》下二臣直《チキニ》　諫《イサムルコト》　切《セツニメ》　語《コトハ》　極《テ》　麁《アラクノ》、広《ヒロク》　引《ヒテ》二古今《コムヲ》一、望《ノソムコトヲ》レ得《コトヲ》中王心開悟《ノコスルコトヲ》上。言《フ》二「以手按剣《イシユアムケント》」一者《ハ》、臣自《シンラ》按《オサヘテ》レ手《ヲ》中《アツル》レ剣《ツルキニ》　也。問-曰。諫-辞《カンシ》《コトハ》　麁悪《ソニメ》、不《スメ》レ避《サラ》犯《オカスコトヲ》レ顔《カンヲ》、君臣之義《クンシンノ》既乖《ニソムケリ》。何-以不《カスメ》下迴《エメ》二身《ヲ》一直去《ニサラ》上、乃言《チフ》二「却行而退《キヤクニタイト》」一也《ヤ》。荅-曰。麁《ソ》《アラキ反》-言雖《コントモ》レ逆《サカウト》レ王《ニ》望《ノソムヤメムコトヲ》三息《スル》二害《ヲ》レ母之心《ヲ》一、又恐《オソラクハ》　瞋《シン》《イカリ》　毒《トク》未《タ》二除《ノソカ》《ス》一。繋《カクルコト》レ剣《ケンヲ》　危《アヤウクセムコトヲ》レ己《オノレヲ》。是《コヽヲ》-以《テ》按《オシテ》レ剣《ツルキヲ》　自防《ラフセイテ》、却-行而退《キヤクメシリソク》。

（『全集九』七一頁）

二臣の位置

経文では、

時に一の臣有り、名をば月光と曰う。（中略）臣聞くに忍びず、是れ、旃陀羅なり。宣しくここ

に住すべからず。（『真聖全一』四九頁）

と言うています。この一段につきましては、善導は非常にていねいな解釈をしております。まず全体については、はっきりと、このように押えています。

「時有一臣名日月光」というより下「却行而退」に至る已来は、正しく二臣切諫してゆるさざることを明す。（『全集九』七一頁）

つまり、月光と耆婆という二人の大臣が、無道に母を害せんとする阿闍世の行為に対して、それを誡しめるという、その切諫の性格を明らかにしようというのがこの第一段だと、このように押えております。

ここで注意深く見ておかなくてはならないことは、その切諫主についてです。誡しめをする主役といいますか、中心人物があくまでも表面的には月光という大臣であるということです。阿闍世王と月光という大臣との関係は、文字通り君公と大臣という、いうならば世間的関係なのです。それに対して、月光とともに伴われていった耆婆というのは、これも大臣ではあるにちがいありませんが、耆婆は阿闍世とは腹違いの弟であるということがあるわけです。いわば名宰相である月光の求めるものは、国の輔相であり、立政の綱記であって、万国に名を揚げ、八方に昉習することを得んことを望む、ということなのです。

したがって、そういう関心のもとでこの逆悪のことを見るならば、それは闍王が勃逆を起こし、剣を執ってその母を殺さんとするということを見ても、それに対する関心はあくまでも世間的、あるいは政治的な、そういう外的な関心でしか見ることができないわけです。いわば新しい王である阿闍世を恐れさせるに足る力を持つ宰相月光が心配していることは、頻婆娑羅王が殺害されるということではないのです。阿闍世王が頻婆娑羅王を殺害するという、そういうことについての人間的な関心ではなく、実は、クーデターが起こって王が代ったという事実の処理なのです。その時、新王のもとで国がどういうふうに位置づけられていくのか、そういう関心なのです。

ところが、名宰相月光の関心というものが、実にそのことをもって阿闍世太子を誡しめようとする時、その名宰相である月光の力だけをもってしては成しえないというところに、一つ問題があるわけでしょう。いわば、新王であるところの阿闍世を押えることのできる力をもっている宰相月光が、やはり耆婆という一人の人物を伴っていかねばならない。ほんとうに大王を恐れさすものは月光の政治的な力ではなくして、耆婆の人間的な心情である。こういうことを、経典は語っているのであり、そのことへの深い注目をしたのが善導なのです。

そのことは経文に、

時に一の臣有り、月光と名づく。総明多智なり。及び耆婆と、王の為に礼をなす。（『真聖全一』四九頁）

と、こういうふうにわざわざ月光大臣と耆婆大臣とを選んでいます。月光大臣については、一人の大臣有り、総明多智である、と、こういうふうに性格まで明らかにしていますし、耆婆については、「及び耆婆」と、こういうふうに、月光を主とするならば耆婆は伴という関係で、王のもとへ行ったのだと、説かれてあるわけです。そのことにまず善導は注目をするわけです。

善導は、まず経典の語る「時」というのはどういう時かと注目して、それは、王が母を害せんと欲するその時に当たっているのだと、こう押えている。父を収執することは一つの政変として月光は受けとめることができた。しかし今は国位と種族の権威とが失われるという時であると、このように気づいたからして、父の王を収執した時には一言ものを言わなかった月光が、母を殺害しようとする時になって、耆婆を伴って切諫しようとした。その月光の総明多智ぶり、いわゆる賢明さというものは、母を殺すということの逆を抑えるものは、単なる権力ではなくして人間の心情であるということを、もうすでに、計算に入れているということがある。それは、人間の心情ということさえも政治的関心のもとにおく知性の冷たさと計算のみごとさというものが、ここには、明らかにされていると、こう言うてもいいものを感じさすわけであります。

正しく月光にとりましては、頻婆娑羅王を収執したという、そのことは政変であって人間的な問題ではないわけです。ところが、殺母ということは人間的な問題かというと、その殺母ということも一応、道義的問題ではあるが、月光自身にとっては、それもあくまで政治的関心のもとでとらえられることだということがあります。

しかし、問題は、真にその阿闍世王をして、母の殺害を思いとどまらしめるということは月光の言葉の威力ではなくして、耆婆の心情である。だから、阿闍世王の不安といいますか、怖れは表面的には政治的関心として一貫して現われてくるわけです。それは、門番に対する配慮もそれでありますし、したがって月光の切諫と申しますか、諫言を恐れるということもそれであります。しかし、それにもかかわらず、沈黙して、そばについていた耆婆に声をかけて、耆婆に救いを求めるということがある。この問題は阿闍世の救いの本質にまでつらなっていることなのでしょう。

やがてそのことが、この『観無量寿経』ではありませんけれども、親鸞が『教行信証』の「信巻」の最後のところで、阿闍世の獲信という問題を明らかにする『涅槃経』を引く時に、耆婆が仏陀のもとへ阿闍世をいざなっていく。その時言うた言葉が、慚愧の心があるということ、いわゆる人間の心があるということが、実は仏道の救いを必然せしむるものだというふうに耆婆をして言わしむるということとも深くかかわっているわけでしょう。

耆婆の生いたち

そういうような位置にある耆婆を明らかにするために、善導は耆婆と阿闍世との関係というものをそこに一文つけ加えているわけです。いうならば、耆婆の生いたちというものをそこに示しているわけでしょう。ここでは詳しくは書いてありませんけれども、「奈女の児」だと、こう言っています。これには一つの伝説があるわけです。『奈女耆域因縁経』という経典に出ているといわれ、それはまた『四分律』に異説があるともいわれております。

その伝説というのは、毗舎離《びしゃり》国という所に一人の梵子がいた。その梵子が一本のアマラ樹(奈樹)、いわゆる梨の木の枝木をもらってきて自分の庭に植えた。その梨の木がどんどん大きくなって、三年後に一つのこぶがそれにできた。そこからまた枝がはえて、枝がずんずんと伸びて、地上七尺のところでさらに多くの枝に分かれた。それはやがて天をおおうようにはびこってしまった。

それで梵子がその上に登ってみると、そこに一つの池があって、池の中に一つの花が咲いていた。その花の中には非常に美しい童女がいた。それを地上へ連れて帰って養育をしていた。それが奈女であったというのです。

ところが、その美しさにひかれて七ヶ国の大王たちが同時に妄にせんとして、その童女を欲したというのです。そこで困りはてた梵子は、庭に一つの高殿を建てて奈女をそこへ隠して「これはわたしの子どもではありません。これは龍神か鬼神の子である。だから王様方はそれを、どのようにして自分の妄にするかを評議してください」と、こういうふうに提案をしたというのです。

そこで七ヶ国の王たちはそのことをああだこうだと論議をしていた。そのすきに、頻婆娑羅王が夜こっそりと忍びこんでいって、とうとうその奈女を自分の妄にしてしまった。その奈女との間にできたのが耆婆である。したがって耆婆というのは、阿闍世との関係で言えば、母親を異にした弟であると、こういう話なのです。

わたしはこの説話について、ふっとこういうことを思うのです。それはドストエフスキーの最後の作品の『カラマーゾフの兄弟』のなかで、あのカラマーゾフの兄弟たちがそれぞれの生き方をしていく。その時、カラマーゾフの父親が、召し使いに産ませた一人の子どもがいるわけです。スメルジャコフといいます。あのスメルジャコフ的な存在が、ある意味では耆婆であったのではないかということを思うのです。
しかし耆婆の場合は、スメルジャコフ的な在り方にならないで、むしろ仏道によって因縁の事実に気づいていったということが、実は阿闍世の救いになっていくという、そこに非常におもしろい問題が隠されているように思うのです。自分の実父である頻婆娑羅王を阿闍世が禁制した時には、そこに因縁の道理に気づいて、悲しみのなかからもそれを黙認せざるえなかった。因縁の道理というのは、

頻婆娑羅王勅せしめ　宿因その期をまたずして
仙人殺害のむくいには　七重のむろにとじられき。（『全集二』四六頁）

と、このように親鸞もうたっております。いうならば自業自得ということですね。自業自得の因縁の道理に気づいて、そのことをじっと悲しみの眼をもって見なくてはならなかった、そういうような耆婆のすがたをわたしは思うわけです。

ところが、継母である韋提希夫人が殺されようという時には、それの無道性・非道性ということを知って、それを諫めようとする。いうならば、ここに因縁を深信する人としての仏弟子の心というものが見られるように思います。だからそれは単に倫理的な関心ということにとどまるのでもなければ、ましてや月光のような政治的な関心によるのでもない。したがって耆婆はあくまでも月光に伴われて、継母殺しをやろうとしている異母兄である阿闍世を誡しめようとしたのだと、こういうことが、ここで思われるわけであります。

月光の諫論

ともかく、月光は耆婆を伴って、母の韋提希を殺そうとする阿闍世に諫言をするわけですけれども、その様子が非常に事細かに書かれてあることは、別にめんどうなことが書いてあるのではなくして、文字通り月光大臣の総明性といいますか、一国の名宰相であるということと、その正統論をもって事を論じていくという堂々たるすがたというものが、ここには善導の着眼として示されているわけでしょう。

それは、『毗陀論経《びだろん》』の説というものを引いてきて、あくまでも一国の大王が行なおうとしていることの非をなじるわけですから、それをわたくしごととして、いわば私憤私利というようなことで言うてはならないというわけです。いうならば歴史書に記載されている事柄として、それを論じ、語っていく。そして、たしかに父親を殺すということは悪い行為にちがいないけれども、国王ということはただその親と子という個人関係だけではすまされない部分がある。その正統性というものを認めていくわけです。そして、実は父の王を殺し、王位を簒奪して王になったという例は、実は一万八千もある。そういうことだけでいうならば、阿闍世が頻婆娑羅王を七重の牢獄へ閉じこめたということも、そういう意味では、王位の交代、政治のあり方の交代ということで見ることもできる。

ところが、そういうことに全く関係のない母親を殺したという例はこれまで一度も聞いたことがない。もしそういうことをあなたがするということになれば、あなたは王であるという資格を基本的に失うということになる。それを、ここでは「刹利種」であるとか、「旃陀羅」であるとか、その当時のインドにあった階級のこととして書いているわけです。

ともかくそういうような無道に母を害せんとするというようなことは、国の大王としての権威を増すことではなく、むしろ大王であることの権威と、その政治とに対して決定的な汚点を残すということになる。それだけではなくして、王の位につくべき種族全体の地位を汚す。種族の一門というものに汚点をつけるということになるのだと、こういうふうに言うて誡しめていく。これは理路整然とした論理をもった論陣をはっていると言うてもいいと思います。そのような堂々とした論陣をはって諫言している月光の言葉の前に立っている阿闍世王の不安そうな様子というものが目に見えるような気がします。

さらに、善導は、「却行而退」という言葉にも注意をしています。いわゆる剣の柄頭に手をやって退くようにして二人の大臣が去っていったということについて、別に「却行而退」しなくても、これほどはっきりとものを言うたのだからして、背中を向けて立ち去ってもいいではないかということを書いておいて、それについて、「却行而退」していったということには二つのことが考えられるということを言うています。

一つは、たしかに荒々しい言葉をもって王を誡しめた。そういう意味でいえば王にさかろうたということであるけれども、その本心はただ母親である韋提希を殺害するという心を捨ててくれればいいということを望むだけである。だからいわゆる単に反逆をしようとしたのではないからして、ある意味では礼をつくすという意味もあって、「却行而退」したのだということが、そこにはあると言うのです。

もう一つは、ひょっとして背中を向けたならば、阿闍世の怒りが心頭に徹して自分らに切りつけてくるかもわからない、ということで、自分の身を防ぐという意味もあって「却行而退」したのだ。こういう二つの意味があると言うて、善導はそこまで注意をしております。

しかし、ともかくここでは、あくまでも耆婆よりも月光大臣が中心であり、月光大臣が、特に父頻婆娑羅王を七重の牢獄へ閉じこめるという出来事の時には、名宰相であるが故にそれを抑しとどめなかったけれども、母韋提希を殺そうしとした時には、それを抑しとどめるために耆婆を伴って、みごとな論陣をはって、その非を誡しめた。そのなかに一貫しているものは、あくまでも政治的な配慮であって、それ以上ではないということをここで、はっきりさせているということが非常に大きい意味をもっていると思います。

ところが、実はこのあとの経典が重大なことを語ることになるわけです。その月光大臣の堂々の論陣が、直接に阿闍世の害心を翻えさせたのではなくして、月光に伴われてやって来た自分の母違いの弟である耆婆の一言が、阿闍世の害心をとどめるということになったというところへ問題をもっていこうとするわけです。そういう大きな含みがあってこの一段の経典、そしてその経典についての善導の解釈というものが、実に精緻に述べられているという意味が読み取れてくるわけです。

(5)　闍王の改心

五従「時阿闍世驚　怖」下至「汝不為我耶」已来、正明世王生　怖《オソリヲ》。此明闍世既見二臣《シン》諫辞《カンシ》麁切《ソセツナルヲ》、又親《ミテ》按剣而去《サルヲ》、恐《オソラクハ》臣背《ソムキテ》我向《ヲムカテ》彼父王、更生異計《ケイヲ》、致使情地《チヲノサラ》不安、故称惶懼《シヨウスワウクト》、彼既捨我不知為誰、心疑《ウタカテス》不決《クエツセツイニ》、遂即口問審《テアキラム》之、故云「耆婆汝《ニヨ》不為我」也。言「耆婆」者、是王之弟《オト》也。古人云。家有衰禍《スイクワ》非親不救《スクハ》。汝既是我弟者、豈同月光也。六従「耆婆白言」下至「慎莫害《シンマク》母」已来、明二臣重《カサネテカンスルコトヲ》　諫《イサム》。此明耆婆実《マコトヲモテ》答大王。若欲《シオモハヘムト》得我等為《ヲスルコト》相者、願《クハ》勿《ナカレ》害母也。此直《ハタ、チニ》諫《イサムス》竟。七従「王聞此語」下至「止不害母」已来、正明闍王受諫《ウケテカンヲ》、放《ユルスコトヲ》　母残命《ノサンメイヲ》。此明世王既得耆婆諫已、心生悔《クエ》恨《コンヲ》　愧《ハチテ》前所造《シヨサウヲ》、即向二臣求哀乞命、因即放母、脱《ノカラシメツ》於死難《ノナムヲ》、手中之剣、還帰《オサムルコトヲ》　本匣《トノハコニ》。八従「勅《チヨク》語内官《クワン》」下至「不令復出」已来、明其世王余瞋　禁《キンスルコトヲ》　母。此明世王雖受臣　諫放母、猶有余瞋、不令在外《ホカニ》、勅語内官、閉置深宮、更莫令　出与父王相見。上来雖有八句不同、広明禁母縁竟。

（『全集九』七五頁）

阿闍世の驚怖

第五段を経典へもどしますならば、

時に阿闍世、驚怖し惶懼して、耆婆に告げて言わく、「汝、我が為にせざらんや」

（『真聖全一』四九頁）

と、これだけの短い経説を一段として善導は領解を述べているわけです。

正しく世王怖れを生ずることを明す。（『全集九』七五頁）

と、こういうふうに言うて、阿闍世の怖れの内容がここでは明らかにせられているのであると、こういうふうに問題の所在を明瞭に示しているわけです。そして、その阿闍世の怖れの内容というのは何であるかというと、月光がさきのところで堂々の論陣をはって、母を害せんとすることの無道性というものを誡しめた。その月光の諫言は、実は政治的な配慮のもとになされているものであるということがありますから、そのことについてもたしかに非常に大きな怖れをいだいている。それは表に現われた阿闍世の怖れである。だから、月光の諫言に対して、このすぐれた大臣は二人とも自分に背いてひよっとすると頻婆娑羅王のもとへ行くかもしれない。そして頻婆娑羅王のよき臣となって、逆に自分を追放するということになるかもわからない。そういうことを思った時、心安からざるものが起こってきた。そして、世王は怖れを感じたというわけです。

そこで世王の心に疑いが起こってきて、どのように決着をつけていいかわからなくなって、とうとう口をついて耆婆大臣に訴えかけたというのです。その訴えの内容がここでは非常に大事なことになるわけでしょう。

その訴えの内容は、

汝、我が為にせざらんや。（『真聖全一』四九頁）

という訴えだというわけです。だから、不安そのもののすがたは政治家としてのかたちで現われてきていますけれども、その不安の情を訴えていこうとする時に、月光に言葉をかけるのではなくして、「耆婆よ、おまえはわたしのために尽くしてくれないのか」と、こういう言葉として訴えていった。だから、内心の不安は、月光に訴えてもしかたのない問題であったのです。正しく耆婆に訴えねばならないという、人間であることの弱さ、それはあたかも前に門番たちとの対話のなかで、門番たちによって指摘された事柄がここに露呈しているのだと、こう言うてもいいと思います。そういう意味では月光の諫言の間中、黙して耆婆が深い悲しみのなかで、自分の腹違いの兄である阿闍世の様子を見ていた。その耆婆の悲心が闍王の心をひるがえさすわけです。

耆婆という人物と阿闍世との関係ということで、古人の語っていることを持ちだし、古人の話に託してものを言うているわけです。耆婆というのは、これ王の弟である。古人がよく言うていることには、家に禍いや、家が衰退するということがあるときには、親族の者でなければそれを救わない。他人であるならばそれを放っておくであろう。古人はこのように言うている。耆婆よ、おまえはわたしの弟である。だから、おまえはおそらく月光と同じ心ではないだろう、と、こういうふうに、阿闍世は耆婆に語りかけたと、いうのであります。

これは、さきの経典の経文について、善導が月光の性格を明らかにしようとするところのみごとな論述と照応させてみますと、非常におもしろいと思いますね。あれだけ堂々の論陣をはって語った月光の政治的な発言、それに非常に怖れを感じている阿闍世王が、その怖れを訴える時に、月光に訴えるのではなくして耆婆に訴える。しかも耆婆に訴える時、耆婆よおまえはまさか月光と同じ心ではないだろうというわけです。おまえは私の親戚である。わたしの少なくとも血の通った弟だからという言い方で、自分の不安を訴え、ある意味では救いを求めるということになる。これはやはり善導の見とどけていることであり、やがて『観経』を貫く人間救済の基本的な事柄にかかわっていることだと、こういうふうに見ていくことができると思います。

二臣の重諫

次に続けて第六番目のところへ移ります。経典へかえしますと、

耆婆白して言さく、「大王、慎しみて母を害することなかれ」と、(『真聖全一』四九頁)

これだけの短い一句の経文であります。これについて善導は一段を設けているのです。しかもその一段を設けていながら、この経文がもっている意味について特に、

二臣重ねて諫することを明す。(『全集九』七五頁)

という言い方をしています。月光と耆婆と二人の臣が重ねて誡しめるということの意味を、ここでは明らかにしているのである、こういうふうにわざわざ「二臣」と言うています。これは非常におもしろい言い方だと思います。

前の四段目のところでは、特に月光大臣を中心として、月光の諫言のみごとさというものを明ら

かにしているわけです。次の第五段目のところでは、月光のみごとな論陣をはった諫言を聞いて怖れをいだいた阿闍世王が、その怖れの気持ちを月光に訴えるのではなくして、耆婆に訴える。しかも耆婆は自分の弟であるからして月光と同じ心ではないだろうなと、こういう言い方をしたと、こういうふうに言うています。しかも今のところへきますと、経文は耆婆の言葉が中心になっていることは、明らかであるにもかかわらず、それを善導が解釈する時には「二臣重ねて諫することを明す」と言うています。つまり月光と耆婆の二人が重ねて誡しめるということをここでは明らかにしているのだと、こういう言い方をしています。

こういうところに善導の非常に注意深い確かめというものを、われわれは見ていかなくてはならないと思うのです。

耆婆にいたしましても月光にいたしましても、たしかに立場が違っておりましょうが、その違った立場からものを言うているということで、割り切っていってしまうというわけにはいかない。そこには、やはり「却行而退」というところで善導が注意をしたように、二人とも願うていることは、母を害することをやめてくれればそれでいいのだということでは共通している、ということがあります。そういうようなことを含めてここでは耆婆がとどめたにはちがいないけれども、やはり二臣の諫言なのだと、こういうふうに押えていくわけです。

しかし、二臣の諫言にはちがいないけれども、その諫言を聞かしめるようにしたのは、実は月光の言葉ではなくして耆婆の言葉だということで、問題をはっきりさせている。すなわち、

耆婆実をもって大王に答うることを明す。（『全集九』七五頁）

いい言葉ですね。結局、月光の政治的な総明な判断の言葉が、答えになったのではなくして、耆婆の至心、耆婆の実心《まこと》が大王に答えるということになった。そして、その実心をもって答えたことはこういうことだというわけです。もしわたくしたち二人をこれから後も大臣宰相として置こうとあなたがお考えになるならば、願わくば、母を殺すというようなことはおやめになってください。このように直諫したと、こういうふうに言うています。言葉としては月光が言うても同じことでしょう。しかし、月光が言うたのではなくて、耆婆の実心がそういうふうに言うた。このように善導は注意しているわけです。これは非常に大事なことだと思います。

我等を相とすること得んと欲わば、願わくば母を害することなかれ。（『全集九』七五頁）

そこには、自分の異母兄である阿闍世王の行動に対して、深い傷みの涙をもって、それを見つめている仏弟子耆婆のすがたが明らかに見えてくる。つまり、そういうすがたを見ることができるということが、ここで明らかにされているのであります。

阿闍世の悔恨

次に第七段目です。

王この語を聞き、懺悔して救いを求む、すなわち剣を捨て、止りて母を害せず。（『真聖全一』四九頁）

と、これだけの経文であります。この経文もそれほどめんどうなことは書いてありませんですね。ただここでも注意をしておかなくてはならないことは、阿闍世王はこのような諫言を受けて、母親殺しを思い止まったということ、それがこの一段の主意であります。

ところがその内容は、実は阿闍世王はすでに耆婆大臣の諫めの言葉を聞きおわって、心に悔恨を生じた、そして自分がやろうとしたことを愧じた。いわゆる、懺悔の心を生じた。その心によって月光と耆婆の二臣に向かって哀みを求めて、そして生命乞いをしたのだというています。

そこでは王の弱さといいますか、父母を害せんとするほどの王のもっている弱さ、権力に依って生きようとする者の弱さの本音が出ているように思います。だから、むしろ二人の大臣に命乞いをしている。そして、命乞いをするということを内に秘めながら、自分のもとで宰相を務めてくれということを要求し、願うている。だからその願いの条件といいますか、願いを聞いてもらうために母を放して母を殺すことを思いとどまり、抜いた剣を再びもとのさやにおさめたというわけです。こういうような非常にていねいなものの見方ということが、大事なことだと思います。

うっ積する怒り

最後が第八段であります。経典で申しますと、

すなわち剣を捨て、止りて母を害せず。内官に勅語し、深宮に閉置して、また出ださしめず。
（『真聖全一』四九頁）

と言われています。ことさらに言うこともないようでありますが、善導はここでも一つの押えをしているわけです。たしかに二人の大臣の諫言を聞いて母親の生命を奪うことを思い止まった。しかし、なお、完全に心が開いて懺悔をしたというわけではないのであって、やはりまだ怒りの心はおさまらなかった。しかもその怒りの心というのは、母を殺すことのあやまちには一応気づいたけれども、まだ放っておいたならば、また再び母親は、自分の父親である頻婆娑羅王のところへ帰っていくかもわからないということに対して、不安と怒りとを感じている。だからして母親をこんどは宮殿のなかの一室へ閉じこめ、そして、宮中に奉仕する役人に看視せしめるようにした。それはあくまでも父の王と相い見るということのできないようにしたのだ。こういうふうに押えています。

そして、上来八句の不同はあるけれども、これで母を禁ずるという因縁というものの内容を明らかにし終った、このように善導は言うています。

しかし、この最後の言葉としては何でもないといいますか、読めばすぐわかるようなことのなかに、実は、やがて次の厭苦の縁の一段で、韋提希夫人が改めて自分の悲しみを訴えていくということの非常に大きな要素が、ここに示されているわけです。

更に出して父の王と相い見せしむることなきことを明す。(『全集九』七六頁)

と言うのですから、父親ともう再び会わさない。いわゆる韋提希夫人からするならば、自分の夫と再び会うことのできないという、そういう状態に自分の子どもによってさせられた。そのことが禁母の縁の最後の経説の中心問題となるのだというふうに善導が押えているわけです。そのことが次の「厭苦縁」を起こし、さらには「欣浄縁」を引き起こしていく直接のきっかけになっていくということでありましょう。

以上のことが、長い禁母縁を貫いている事柄であり、その禁母縁が、われわれに教えてくれる問題であるというふうに言うてもいいと思います。

第六章　生命の願い

――厭苦縁――

(1)　韋提希の幽禁

四就《テ》二厭《エン イトフ》苦縁中《クノ ノ ニ》一、即有《リ》二其四《ノ》一。一従《リ》二「時韋提希《ケト云》」一下至《ル》二「憔悴《セウスイト云》」一已来、正明《ス》二夫人為《ニ》レ子幽禁《ノエウキンセラル、コトヲ》一、此明《ス》下夫人雖《トモノカルト》レ勉《ニ》二死難《ノナンヲ》一、更閑《ニトチオカレテシム》三(ママ)在深宮《フカキミヤ》一守《ニシユ》当《タウ》極《メテ》窄《カタクノ》、無《シ》レ由《ヨシ》レ得《ニ》二出《トヲ》一、唯有《タ、テ》三(ママ)念念懐《ニイタクコトノミ》憂《ウレエヲ》、自然《ニ》(ママ)憔悴《セウスイスルコトヲ カシケヲトロウ》上。傷歎《シヤウタンシテ》曰《ク》。禍哉《ワサワイナルカナ》今日《ケウノ》苦《クルシミ》。遇《アフ》下値《テ》闍王喚《ノヨンテ》、利刃《リシムノ トキツルキ》中間《チウ》結《ニムスホヲレ》、復置《オク》二深宮《ニ》一難《ナンニ》上。問曰《テク》。夫人既得《ニタリマヌカレテ》三勉《ヲ》レ死入《コトヲ》レ宮《ニ》、宜《ヨロシク(ヘシ》応《ケ》二訴《ウタ、》楽《ラクス イサミ》一。何因《ナニ、ヨテカカヘテ》反更愁憂《ニシユウスル》也。荅曰。即有《チリ》二三義《ノ》不同《ノ》一。一明《ス》下夫人既《ニ》自被《ラレテ ラ》レ閉《トチ》更無《ニシ》三人《トノ》進《ス、メテ》レ食与《ヲアタウルモノ》二王《ニ》一、王又聞《キ、テ》三我在《カアルヲ》二難《ナンニ》一転《ウタ、》更愁憂《ニセムコトヲ》、今既無《ニクノ》レ食加《クワヘ》レ憂《ウレヘヲ》者《ハ》、王之《ノ》身命定《メテ》応《ヘキコトヲサル》中不《ヒサシカラ》レ久《ヒサシカラ》上。二明《ス》下夫人既被《ニカフテシユ》二囚《イマシメ》難《ナンヲ》一、何時《イツレノニカ》更見《ニ》中(上ラムト云コトヲ)如来之《ノ》面《テ》及諸弟子《ヒノ ヲ》上。三明《ス》下夫人奉《ウケテ》レ教《ヲ》禁《キンノ》在《リ》二深宮《シムニ》一、内官守当《ニシユタウノミツモルコトス》水泄《セツ》不《セ》レ通、旦夕《タンセキ アシタユフヘ反》之《ノ》間唯愁《ニタ、ウレウルコトヲ》中死路《シロヲ》上。有《テ》二斯三義《コノノ》一、切逼《セツヒツス》身心《ヲ》一、得《エムヤ》レ無《コトヲ》二憔悴《セウスイスルコト》一也。(『全集九』七六頁)

はじめに

善導は序分を三序六縁で押えています。その六縁のなかの三番目が「厭苦縁」です。経文でいえば、

時に韋提希、幽閉せられ已りて、愁憂憔悴す。（『真聖全一』四九頁）

から始まって、

号泣して仏に向かいて白して言さく。世尊、我、宿何の罪ありてか、この悪子を生める。世尊また何等の因縁ありてか、提婆達多と共に眷属たる。（『真聖全一』五〇頁）

これまでが「厭苦縁」です。この「厭苦縁」に先だって、禁父・禁母の二縁というのが、対をなしているというか、内容的に一つの問題を押えているわけですね。その禁父・禁母の二縁は、父を禁ずる、母を禁ずると、こういうふうに「禁」という一字で統一されています。そこに主題になってくる事柄は、親鸞の言葉に即して言うならば、「浄邦の縁」です。浄土を欣う縁の問題が中心になっているわけでしょう。

『観無量寿経』の対告衆、つまり『観無量寿経』の経説の聞き手になっているのは、言うまでもなく韋提希です。『観無量寿経』という経典に示される教えを問い、聞き開いていくという対告衆は韋提希なのですから、文字通り韋提希が「浄業の機」なのでしょう。その「浄業の機」が彰われるに先だって、「浄業の機」を彰わすという世界、いわゆる「浄邦の縁」ですね。その「浄邦の縁」の時が熟するという問題が、この前の禁父・禁母の二縁の中心問題だったわけです。だから、その

時の問題は「禁ずる」ということです。だれが禁ずるのかというと、阿闍世が父を禁じ、阿闍世が母を禁ずる、ということです。

阿闍世が父を幽閉するということがおこり、母がそれを助けようとした。その母を阿闍世がまた一室に幽閉した、ということで、「禁」という字で統一されてくるわけですね。だから、「禁ぜられる」ということを通して、韋提希自身のなかに宗教的要求というものが開顕されてくるというかたちをとって示されてきているわけでしょう。だから、禁父・禁母の二縁の中心は阿闍世という名で示される一人の人間を明らかにしていくということが主題になっていて、その阿闍世を中心にして提婆達多であるとか月光大臣であるとか耆婆大臣であるとか、あるいは門番であるとか、そういう人々が、そこに登場してくるというかたちで、「浄邦の縁」が熟するすがたというものが示されてくるわけです。

『教行信証』では、

浄邦縁熟して、調達、闍世をして逆害を興ぜしむ。浄業機彰われて、釈迦、韋提をして安養を選ばしめたまえり。(『全集一』五頁)

こういうふうに言うています。そうすると、「縁の時熟」によって「機」が彰われると、このように示されているわけですね。単純に言うてしまえば、縁を待って機が彰われるというわけです。

この「彰われる」という字は「顕」という字に選ぶ字です。「顕」の方は、開顕といわれるように、公開されるという意味ですけれども、「彰」という方は、内におおわれているものがあらわになってくるという意味です。

そういう意味では、縁を待って機があらわれると、こう言いますけれども、縁を待って機があらわれるということは、単に客観的な条件を待って宗教的人間が誕生するという説明ではないのでしょう。そういう説明ではなくて、客観的条件、つまり条件を外のものとして見ていき、そして外のものとして受けとめていくような人間のあり方、そういうあり方が転じて、条件が人間存在の内面的なものとなってくるということが、「浄邦の縁」の時熟ということの具体的な意味なのでしょう。

わたしという人間を包んでいる外の条件というものがだんだん整理されてきて、そのなかから人間が育ってきたというような、いわばそういう客観的な証明ではなくて、むしろ縁を外的条件として見る、いわば抽象化している生き方、その抽象化している生き方が転ずるということが「時熟」、縁が熟するということの具体的事実なのです。そういう意味では、外に条件を見ていた存在が、条件そのものを生きる存在、言いかえれば縁そのものを自己として生きる存在であるというふうに、縁そのものが自己の内面に見開かれてくるということが、条件が熟して機が彰われると、こういうふうに言われるわけでありましょう。そういう意味では「彰われる」という言葉が大事なのです。

人間は宗教的だと、こういうような話で終わらないのであって、宗教的であるということは、宗教的になるということをもってしか証しのしようがない。宗教的だとどれだけ言うてみたところで、宗教的だということは抽象的な言葉であって、宗教的であるということは宗教的になるということでしか明らかにならないわけです。だから、「彰われる」というものはあくまでもそういう一つの動的なもの、開かれてくるもの、おおわれているものが開かれてくるという、その用きを示している言葉なのです。

とすると、いろいろな条件によって人間が生きているのでしょうが、いろいろな条件を外に見ている限りにおいて、どんなに人間の問題をつきつめておりましても、つきつめている全体が、見ているというあり方から脱却できない。そういうものが転じてくるということがなくてはならない。縁の時熟を待って機が彰れるというところに、条件が整って人間が宗教的になったと、そういう説明ではなくて、外に見ていた条件が内に転ずることによって、縁を生きる人間としての自己があらわにされてきた。開かれることによって、縁を生きる人間そのものが、宗教的要求によって自己を解決していかなくてはならないという課題をもつ。そういうあり方を、

浄邦縁熟して、調達、闍世をして逆害を興ぜしむ。浄業機彰れて、釈迦、韋提をして安養を選ばしめたまえり。（『全集一』五頁）

と、親鸞は示されてきたわけなのでしょう。

だから、そういう意味では、言葉を整理してみることで、自分の考えを整理するのですけれども、「縁熟機彰」ということなのでしょう。縁熟するということと機彰われるということとは別なことでないということです。縁が熟して機が彰われると、このようにいくら言うていてもどうにもならないことであって、縁が熟するということが、実は機が彰われるということなのです。縁を外に見ている人間が百年待っていても、宗教的人間になるという約束はどこにもないわけです。

そうすると、人間が宗教的になるということは、確かに人間は本来的に宗教的要求というものを内に包んでいるという事柄かもしらないけれども、本来的に宗教的要求を内に包んだ人間であるということの証はどこでなされるのかというと、縁が熟するという事実を除いてはどこにもないわけなのです。だから、「縁熟機彰」ということで抽象的人間が具体的人間になるのです。

そういう意味では、人間存在というものを最も具体的に課題にするような、そういう生き方、それが宗教的人間ということなのでしょう。その宗教的人間ということを「機」というわけです。人間は「機」だというわけにはいかないのであって、人間は機であるか機でないか、どうにも言ってみようがないわけです。

「機」というのはチャンスですから、何かのチャンスなのです。何のチャンスかというと、法にふれるチャンスとして人間が生きているということです。そうすると、もうすでに「機」という言葉のなかに「縁」ということを内に包むような意味をもっているわけでしょう。だから、そういう意味では、縁が熟するということと、機が彰われるということとは別々の二つの事柄ではない。くどいようですけれどもくり返せば、条件が整って人間が宗教的になるというのはきわめて抽象的な説明であって、具体的には縁が熟するということのほかに機が彰われるということはありえないわけです。

そういう問題を善導は押えていこうとしているわけでしょう。だから、はじめの、父を禁ずるの縁、母を禁ずるの縁という二縁では、あくまでも縁が熟するという問題のところに重点を置いていく。その「縁が熟する」ということも、何か外的な諸条件が整うというよりも、縁が熟するということそのことを明らかにするのに、阿闍世という人間を明らかにするかたちで語っていくわけです。

ところが、物質的な条件がどうなったこうなったという話ではないわけで、その条件という問題のところであらわになっているのは、阿闍世という人間に託した人間存在の問題があらわになっているわけです。阿闍世という一人の人間の内面性が、「未生怨」とか「折指」とか、ああいう名で明らかにされていくわけでしょう。

そうすると、縁は人間以外のもので、機は人間だというような考え方は、これはきわめて抽象的だといわざるをえないわけですね。縁も人間だし、機も人間なのです。だから、縁が熟するということは人間生活が真に人間をあらわにしてくるということですし、機が彰われるということは人間生活をもって人間が明らかになってくる、つまり人間の課題性が明瞭になってくるということなのです。

そういうことで、これまでお話をしてきた禁父・禁母の二縁というところでは、縁というところに視点を当てて、その視点をくずさないで、しかもその縁というところで人間存在をあらわにしていくというかたちをとってくるわけです。それを通して出てくるのが「厭苦」、そして次の「欣浄」という二縁です。だから、厭苦・欣浄の二縁は、『教行信証』に照らして言うならば、

浄業機彰れて、釈迦、韋提をして安養を選ばしめたまえり。(『全集一』五頁)

というところへおさまっていくわけです。だから、『教行信証』の「総序」の文でも、「浄邦縁熟

して、調達、闍世をして逆害を興ぜしむ」ということと、「浄業機彰れて、釈迦、韋提をして安養を選ばしめたまえり」ということとを切断して考えると、これは一般論になるわけでしょう。抽象論になるわけです。縁が熟したという話と宗教的人間が生まれたという話と二つあるのではなくして、一つのことをそういう具体的な事実として明らかにしようということなのです。だから、韋提希が『観無量寿経』の対告衆だと言うていましたけれども、韋提希がほんとうに主題的にこの経典のなかに登場してくるのは、「厭苦縁」、「欣浄縁」という二縁のところに出てくるわけですね。

だから、そういう意味では、人物に託して言うならば、前の禁父・禁母の二縁は阿闍世が中心なのですし、そして厭苦・欣浄の二縁は韋提希が中心なのです。それは、阿闍世という一人の人間と韋提希という一人の人間、という話ではなく、阿闍世という名に託した人間の問題と、韋提希という名に託した人間の問題とが、深くかかわっているわけです。阿闍世という一個の人間と韋提希という一個の人間というのは、具体的に生きる人間の姿ではありますが、それを通してわれわれが読みとっていかなくてはならないのは、阿闍世という名に託された人間の問題が、韋提希という人物に託した人間の問題にまで展開してくるという、その展開点というものを見究めていかなくてはならないわけです。それが、禁父・禁母の二縁から転じて、厭苦・欣浄、いわゆる苦を厭《いと》い浄土を欣《ねが》う宗教的実存の開顕ということになってくる必然性でしょう。

そういう意味で、前を受けつつ、しかも受けるというのはただ連続的に受けていくというのではなくして、円環的に、あるいは螺旋的に受けながら、「厭苦縁」が始まってくるわけです。その

「厭苦縁」の教説のなかにはずいぶんいろいろな問題が考えられるわけです。ある意味ではこの一段は「王舎城の悲劇」とか、あるいは『観無量寿経』の「序分」とか言われるなかの一つのクライマックスみたいなところであると言えると思います。そのような「厭苦縁」の経説を善導は四段に分けて問題を明らかにしていこうとするわけです。

根源関係の崩壊

「厭苦縁」を四段に分けるいちばん最初の一段というのは、経文で言えばきわめて短い一段です。

時に韋提希、幽閉せられ已りて、愁憂憔悴す。(『真聖全一』四九頁)

という、これだけの経説ですね。実はこれが大事なのだと思います。「時に韋提希、幽閉せられ已りて、愁憂憔悴す」という、たったこれだけのことのために善導は一段を設けたわけです。

「時に」というのは、韋提希が阿闍世によって利剣をもって殺されようとした、それが月光と耆婆との諫言のもとにようやく死の難をまぬがれた、しかし、その阿闍世の怒りが余韻をひいて韋提希が一室へ閉じ込められるという、そういう幽閉の身になったという、その「時」です。その「時」に韋提希が幽閉せられ已って、愁憂憔悴するわけです。この「愁憂憔悴」というところに、「浄業の機」という、人間が宗教的実存であるということの原点を、善導は見開いていこうとするわけです。だから、その最初のきわめて短い経説に善導はずいぶん力を入れて、しかも「厭苦縁」ならびに「欣浄縁」にまでつながる、人間の根源的な問題というものを押え切っているということが言えるわけです。そういう意味では、『観無量寿経』という経典そのものが、もうすでにそういう人間の深い問題をほんとうに深いところで掘り下げながら示しているのですけれども、その深く掘り下げた問題を的確に見究めたところに、善導の『観無量寿経』の領解というものの独自性があるわけでしょう。

その最初の一段で善導が問題にしている中心は「愁憂」ということです。そこで、

正しく夫人子の為に幽禁せらるることを明す。（『全集九』七六頁）

と、こういうふうに、子どものために幽禁せられたということを、ここでは問題にするのだと押えています。その説明だけを読んでおれば、子供が親不孝をしたという話です。しかしそこに、善導が前の二縁を通して人間の根源関係、いわゆるいちばん単純な関係、つまり、親と子という人間存在の根源的な関係の崩壊というものを、ここで指摘しているわけです。親と子という生命の関係の崩壊です。生命の関係の崩壊というものが指摘されているわけでしょう。親が子どもに苦しめられる、したがって、やがてこの問題は展開してきて、子どもに苦しめられた母親が子どもを恨むというかたちをとるわけです。いわば、その親と子という根源的な、非常に単純な生命の関係というものの崩壊、生命の関係のくずれということが表に示されているわけです。

そういうふうな問題を提起している経説のなかに、善導が見抜いているものは、そういう根源の関係の崩壊というすがたをとってあらわにされなくてはならない課題があるということです。もしほんとうに壊れてしまうということであれば、生命がなくなるということです。ところが、壊れた

というすがたをとっているところに、もう一つ大きな意味で人間存在の抽象化があるわけです。それは何かというと、親子の関係というものを、関係として見ている一点が人間のなかにあるわけでしょう。その見ている一点というのは、実は明らかな眼で見ているのではなくして、無明というあり方において、親と子という関係が見られている。だから、壊れたというすがたをとるのは、かたちは親子げんかというかたちをとりますけれども、親子げんかというかたちをとって、壊れたと感じ、そして壊れたと言うて苦しむ。そのところに、実は、壊れたというかたちをとって、実は無明ということがあらわになってくるということがあるわけです。そういうことが、まずここに押えられていこうとするわけでしょう。

だから、そういう意味では、人間におけるできごととしての苦しみです。親が子どもに背かれたというのも苦しみですし、子が親に背かなくてはならないというのもやはり苦しみです。そういう親子という関係のなかに現われてくる、いわば人間であることのうえに起こってくる苦悩を通して、人間であることそのことの苦しみというものを見通していくということが、ここの問題なのです。

悲しみというような表現をとるならば、親と子というかかわりのなかに生きている人間のうえに起こってきた事件、そのできごとにおいて感ずる悲しみを通して、実は人間であることの悲しみにまで眼が向かっていかなくてはならない。そういう問題の提起、それがまず最初に出されてくるわけです。しかも善導の押え方は、単に説明として押えているのではなくして、

正しく夫人、子の為に幽禁せらるることを明す。（『全集九』七六頁）

と、こういうふうに、子どものために幽禁せられるという表現をとっています。幽禁せられるというのは、言葉を換えれば、自由を奪われるということです。善導があえて、子どものために自由を奪われたと、こう言うたところには、ずいぶん大きな問題があるのではないですか。というのは、もっと言葉をつけ加えて言うならば、生まれた子によって産んだ親が自由を奪われたということです。さらに押えて言いますと、産んだというところに複雑な問題があるわけです。

「王舎城の悲劇」といわれる物語の出発点で、すでに善導が着眼しているように、阿闍世という一人の子どもを欲しいというて、仙人を殺してまでして子どもを得ようとした。ところが、子どもがやがて親に怨《うらみ》を懐き害をなすようになると聞いたとたんに、こんどはその子どもを殺そうとした。そういう問題が最初にありましたですね。子どもを持つ親だというところには、親は子どもの生殺与奪の権を持っているという思いがあるわけでしょう。いわば、生殺与奪の権を持っているという高慢さがあるわけですし、生殺与奪の力を持って、それを自由に行使できると思っているという問題があるわけです。子どもを自由にできるというあり方で、親というものが設定されている、いわば仮設されているわけです。

ところが、生も殺も自由であるべき親が子どもを産んだ。その産んだ親が、こんどは逆に生殺与奪の権を奪われるわけですよ。こういうかたちをとっています。だから善導は、子のために幽禁せられたと、こういうふうに言うわけです。このような問題のところにわれわれは何を見ていくのかという問題提起を、最初に善導はしていくわけでしょう。

知られざる無責任性

そうすると、そこにはもう一つ奥に問題があるわけでしょう。今、生殺与奪の権というようなことを言いましたけれども、親は自分の意志で産んだと思っているわけですね。殺してもよかったのだけれども産んだのだと、このように人間というものは思うてくるわけです。

実は、失敗して生んだわけでしょう。今日の言葉で言えば、堕胎に失敗したというわけです。堕胎に失敗したが、生まれてきた子どもを見ていたら、あれは自分の意志で産んだのだと、このように思いだしたわけでしょう。そのように思いだした者に対して、「どっこいそうか」と、子どもはそう言うたわけでしょう。おまえの意志で産んだのかと、このように反逆してきたわけでしょう。

だから、そこには親も子どもも、殺そうとしたり、あるいは閉じ込めたりしたりするという、その事柄のなかには、産んだのだ、生まれたのだということの背後にもう一つの意識が動いているわけです。それは、産まざるをえなかった親と生まれざるをえなかった子どもという消極性があるのです。受動性があるわけです。産まざるをえなかったという親の問題と、生まれざるをえなかったという子どもの問題とがあるわけです。そこにはお互いに、生まれようとして生まれたのではない、産もうとして産んだのではないという、言うてみれば、生命における主体性の放棄を、そこでお互いに仕合うわけです。そういう一つの問題があります。そして、産まざるをえなかった親と生まれざるをえなかった子、その深い受動性、その受動性というところに、実は人間の「苦」という問題があらわになってくるわけです。

だから、その苦悩のなかで出てくる言葉は、やがて韋提希自身の口から出てくる時には、「我、宿何の罪あってか、この悪子を生めるや」と問わざるをえないわけです。自分の意志、つまりほんとうに自分の主体的な決断で産んだということが、生命のなかで確認されているならば、「この悪子を生めるや」という言葉は出てくるはずがないのですね。そしてまた、生まれたということが生命のなかで確かめられるならば、その時には、親を幽禁するというあり方で親に反逆するということもないはずなのです。

とすると、親は産んだのであると、このようにはっきり自分の生命のなかで、産んだという事実を正直に頷くことができたならば、その時に初めて、それこそ生命と一つになるような責任を背負うて生きることができるわけでしょう。また子どもの方も、生まれざるをえなかったのではなくして、誕生したのだということが、ほんとうに生命のなかで確かめられれば、一切の責任を転嫁しないで生きるという積極性が見つかるわけです。

ところが、産まざるをえずして産んだ、生まれざるをえずして生まれたという、その消極性のところに、実は深い無責任というようなことがあるわけです。無責任はやがて責任を転嫁せざるをえない。どこへ責任を転嫁するのか。こうなってくると、どこへ責任を転嫁するのかわからないわけです。たとえば、それが運命というような言葉で語られるようなところへ転嫁する場合もあるでしょう。或いは、神というようなかたちで語られるところへ責任を転嫁することもあるでしょう。

この場合、韋提希にとっては阿闍世を十ヶ月間胎内に宿していたのですから、身に覚えのあることです。産んだ覚えはないということは絶対にないのであって、ちゃんと産んだ覚えがあるからして、そのことはいやおう言わさない事実なのです。そのいやおう言わさない事実を、産まざるをえなかったと、こういうふうに自己弁護をしていこうとする。自我の意識では、子どもが目の前にいるという事実をひき受けていけない。ひき受けていけないけれども、子どもがいるという事実を変えるわけにいかない。その時その問題をどこへもっていくのかというと、その責任を、その関係の外へもっていこうとする。いわゆる、それが神であるか運命であるか、その他諸々のもののところへもっていって、それによってその受動性をひき受けてもらおうとするわけです。

ところが、事実はそれを許さないわけです。その許さないという問題が、実は人間の根本的な問題なのです。もしほんとうに人間の問題が解決するとするならば、その受動性が一転してほんとうの能動性、積極性というものに成らない限り、この問題は解決しない問題なのだ、という課題を善導は提起しているわけでしょう。そこに人間であることの課題というものがあるわけです。

人間に起こってくる課題ではなくして、人間であり、人間として生きる存在の、存在そのものが内に秘めている深い課題性というものがあるわけです。その課題性というものは、端的に言えば、その受動性を転じて能動性にするかしないか、受動性を転じて能動性にするということがどこで可能になるのか、何によって可能になるのか、という問題が、実は存在における根源的な問題として提起されているわけです。だから、善導は「夫人、子の為に幽禁せらるる」という表現で問題提起をしたわけです。そういうところに「機彰」ということがあるわけです。

だから、機というのは、今の表現で言うならば、能動性です。いうなれば、能動性の回復です。機が彰われるというのは、受動というかたちをとっておおわれているなかに、この受動ということを突き破って能動性というものが開顕されてくる。いわば、自己の存在のすべてを大切にできる存在、たとえば自己を掌中の珠の如くにめでていけるような人間に転ずることです。それが宗教的人間です。

仏陀というのはそういう存在なのでしょう。めざめたる存在というのは、自己の存在の一点一画をも人に譲らないというわけです。一点一画もわたしにとっては欠け目があってはならないものだというわけです。それを言葉で表わせば「天上天下唯我独尊」というのでしょう。どの一点も自分にとっては捨てられない。どの一点も愛すべきもの、どの一点も大切なものである。これは大事でこれはつまらないと、賢《さか》しらな分別で存在の事実を弁別しない。どの一点も大切なものだというわけでしょう。それが「機彰」、つまり浄業の機が彰われるということです。

愁憂

そこで、善導の文に即して考えますと、善導はこのように言うています。

これ、夫人死の難を勉《の》がると雖も、更に深宮に閉じ在かれて守当極めて牢《かた》くして、出づることを得るに由なし、唯念念に憂いを懐くことのみ有って、自然に憔悴することを明す。

（『全集九』七六頁）

こういうふうに言うています。これだけの言葉のなかに大きな問題が提起されています。韋提希夫人という人は子どもによって殺されかかった人間ですね。ところが、殺されかかったにもかかわらず、やっとの思いで命拾いをした人間です。その命拾いをした人間のなかに、実は大きな問題が起こってくるわけです。どういう問題かというと、いわゆる深宮に閉じ込められたという問題です。深宮に閉じ込められた、そのなかで、韋提希夫人自身の心情として起こってきたことは、「念念に憂いを懐くことのみ」だというわけです。そして、「自然に憔悴す」と、善導は言うています。

「憔悴」というのは、いろいろ言うことができるでしょう。無為とか、退屈とか、疲れとか、いろいろ言うことができます。そういう意味では、韋提希の問題の中心はどこにあるかというと、「憂うる」という一字のなかにあるわけです。だから、この「憂うる」という一字が、ずーっと仏陀釈尊に遇うまで韋提希の中心問題になっていくわけでしょう。やがてこの次のところへいきますと、耆闍崛山においでになる釈尊の方をはるかに礼して、「我いま愁憂す」と韋提希自身が言うでしょう。ですから、問題の中心は「愁憂」というところにあるわけです。

愁憂というのは、最近の表現でよく使われる、不安でしょう。だから、非常に情緒的なものです。決して、痛いとか、苦しいとか、いわゆる苦痛というような問題とは違うわけです。憂いというようなものは、つかみどころのないような問題ですね。つかみどころはないけれども、自分の存在を全部おおっているような、そういうものでしょう。

前には人間の未開示性という表現をとりましたが、そういうあり方の人間が、ほんとうに人間存在というものを開示するということがない限り、「憔悴」という事実は自然のことわりであって、当然のことなのです。どんなに頑健だというていても疲れるのです。どんなに疲れを知らないようなことを言うて頑張っている人であっても、子どもが死んだとたんにいっぺんに気落ちがしてしまうというようなものです。疲れを知らないというて頑張っておりましても、針の先のようなものでちょっとつつかれても疲れるような人間の質、いわば人間の未開示性、そういう問題が実は人間の問題としてあるのだということが、ここでは押えられていくわけです。

それを押えようとして、善導はずいぶん注意深く見究めていきます。「自然に憔悴した」、その悲しみというものを韋提希はおそらくこういうふうに独白したであろう、と推測するわけです。経典には韋提希が言うたとは書いてないけれども、善導は推し測るわけです。

禍なるかな今日の苦しみ。闍王の喚《よ》んで、利刃の中間に結ばれ、また深宮に置く難に遇値う。

（『全集九』七六頁）

と、このように韋提希は言うただろうと善導は言うています。難しいことを言うているようだけれども、「ああ疲れた」と、こう言うたわけでしょう。疲れから解放する道はどこにもないというようなことですね。子どもの剣からは逃げることはできたけれども、剣でない不自由のところへ追い込まれてしまったと、こういうふうに韋提希は一室のなかでつぶやいただろうというわけです。

善導という人は、そういう意味では、すごい洞察力の持ち主です。経典に書いてないことを、このように言ったに違いないと、確信をもって言うています。人間がこのような状態になったならば、必ずこのように言うに違いないというわけです。これから次々と韋提希が言う言葉は、人間が必ず言う言葉を代表しているわけです。

そこでそういうふうに韋提希は言うたであろうと、こういうふうに言うておいて、だが、ちょっとそこが問題だというわけです。

問うて曰く。夫人既に死を勉がれて宮に入ることを得たり。宜しく訝楽すべし。何に因ってか反って更に愁憂するや。（『全集九』七六頁）

大きな問題です。おかしいではないかというわけです。韋提希夫人は自分の子どもに剣を突きつけられて、殺されそうになった。ところが、その剣にしがみついて拝んで命ごいをした。それが二人の大臣の諫言によって命拾いをした。命拾いをして一室へ入れられた。そこでは、ほっとして喜ぶべきではないか。ところが、命拾いをしたとたんに「更に愁憂する」というのはいったいどうしてか。生命が助かったとたんにかえって深い憂いになぜしずむのかと、こういうふうに「愁憂」という問題を立て直すわけですね。いわば、殺されかかっていた者が生命が助かったということだけで終わらない問題がそこにあるということです。

たとえば、「この病気さえ治ってくれれば、あとは何も愚痴は言いません」と、よく言いますね。ところが、治ったとたんに愚痴が出てくるというようなもので、生命が助かったということを通して、逆に生命が助かっただけでは解決できないような問題が露呈してきている。それはいったいどうしてなのかと、このように善導は問題を立てるわけです。そして、三つの理由を善導は見ていこうとしているわけです。

愁憂の正体

その三つの理由の第一は、

答えて曰く。即ち三つの義の不同有り。一つには夫人既に自ら閉じられて、更に人として食を進めて王に与うるもの無し。(『全集九』七七頁)

今まで自分が一生懸命に三・七、二十一日の間、王の所へ食事を運んでいたわけでしょう。ところが、自分も牢に閉じ込められてしまったということになると、もうだれも食事を運んでいくものがない。そうすると、七日間水食を断てば人間が死ぬというのだから、おそらく夫は死ぬであろうと、こういうわけですね。

ところが、もう一つやっかいなことがある。それは、食事が運ばれてこないということを通して夫は思うだろう。おそらく食事を運んできた自分の妻に危難がかかっていったのだろうと思うだろう。そうすると、食事という生命を養うものを失ったと同時に、憂いをもう一つ加えられたということになる。身も苦しみ、心も苦しむ、こういうことになった時、夫はどうなるだろう。そういうことが「愁憂」の大きな原因の一つだと、こういうふうに善導は押えていきます。

それは何かというと、それこそ、やがてこの『観無量寿経』の主題になってくる、業縁の無尽性という問題でしょう。そこに重々無尽の業縁関係を生きる存在の問題があるわけです。助けようと思っていた韋提希自身が閉じ込められた。そのとたんに、助けようと思った自分が、逆にその助けられるべきはずの夫の苦悩の原因になっていくというわけですね。食事を運んでいたということによって、夫を助けようとしていた。しかし、自分が閉じ込められて食事を運べなくなったという一つのできごとを通して、かえって今までの夫以上に倍にも三倍にもなる苦悩を与えてしまう人間になってしまったということです。助けようとした自分がこんどは苦悩を与える存在になったというわけです。そういう問題が押えられるわけです。

それが、生きているという生命の事実のなかに隠されている課題だというわけですね。だから、そういう重々無尽の因縁を生きているということをかいま見た目が、そういう死の難を勉れてほっとしたということを許さないのです。死の難を勉れたとたんに、生きているという事実、そしてその因縁の無尽性というものに触れて、触れたとたんに深い存在の根源から突き上げてくるような、そういう憂いのなかに沈んでいかなくてはならない。だから、そういう意味では、因縁を生きるといいますけれども、これが人間の具体性です。人間の具体性が、抽象化した人間の底を突き破るわけです。夫を助けることができるというかたちで、実は問題を抽象化していく。ところが、助けるということができる自分は、同時に助けられなくてはならない自分であるというような、そういう矛盾があるわけです。

いわば、抽象化が亀裂を生じて、具体的な因縁の世界をかいま見たとたんに、「愁憂」という、払うことのできない深い憂いというものを感じて生きていかなくてはならなくなる。だから、生命が助かったということでほっとしたというわけにいかない問題がそこにある、というのが、第一に善導が見ている問題です。

第二番目に見ている事柄というのは、

夫人既に囚難を被って、何れの時にか更に如来の面《おもて》及び諸の弟子を見たてまつらんということを明す。(『全集九』七七頁)

と言うています。韋提希夫人は、今までは仏にも遇い、仏弟子にも遇うことができたけれども、一室に閉じ込められたことによって、今はもう自分は仏にも仏弟子にも遇うことができないということが憂いの原因になっているのだと、このように言うています。

そこにも一つ大きな問題があります。いわば、自分は自由の身であったならば仏に遇える、ところが自分の身が不自由になったら仏に遇えない、という意識によって仏に遇うというような問題が考えられているわけです。自分が自由の身である時には仏に遇える。しかし、不自由になったからして、もはや仏に遇えない。ということは、仏というもの、さらに言えば、宗教というものを人間の自我心の恣意という問題のところで扱っていくわけです。

いうなれば、自由を奪われた身にとっては、もはや仏には遇えないのではないか、ということは、逆に自由の時に遇っていた仏というのはいったい何だったのかという問題が、ここでは問われてくるわけでしょう。仏に遇うていたというけれども、ほんとうに遇うていたのか、というわけですね。ほんとうに遇うていたのではなくして、やはり人間が遇うていたものは人間の仮相なのです。自我の意識で遇うていたものは、自我の意識の仮相です。仮りの相でしょう。それをあえて仏と名づけていたのでしょう。

だからして、このように人間存在そのものが繫縛される仏である。いわゆる、自由を奪われたとたんに、目の前から消えていくような仏であるわけでしょう。とするならば、その遇うていたという仏は、自我心の投影として見ていたものではなかったのか。いわば、一度も仏に遇うたことがなかったのではないかというわけですね。だから、一度も仏に遇うたことがない限りにおいて、開示されない問題を人間はいつでも持っている。仏に遇うまで開示されない、そういう問題が「愁憂」というかたちで現われているのだというのが、第二点です。

第三点は何かというと、こんどは、

夫人、教えを奉けて禁じて深宮に在り、内宮に守当して水泄ること通ぜず、旦夕の間に唯死路を愁うることを明す。（『全集九』七七頁）

というわけです。命拾いをした人間が、こんどは死ぬのではないかと心配しだしたわけです。生命がやっと助かった、生命の助かったとたんに、初めて「死」という問題が自己の問題になったわけです。

一般的には「死」はわかっていたわけですよ。ところが、命旦夕《いのちたんせき》に迫るという「死」は一度も気づかなかった問題であったわけです。だから、生命を助けられて一室へ閉じ込められたのだからして、もう喜んでいいはずではないか。にもかかわらず、なぜ憂うるのか。このように善導が問題を立てたことについて答えているわけです。つまり、生命を助けられたという姿を通して初めて、わたしはいつ死ぬかもわからないと知るわけです。今日であるかもわからない、次の瞬間であるかもわからない、いわば人は死すべく生きている存在だ、ということが実感されてくるわけです。つまり、人が生きているという、その底から突き上げてくる問題となってきているのだということが、第三にあげている問題です。

だから、この三つの理由をもって、身も心も切りさいなまされるようになるからして、「憔悴」をしていくのは当然であろうと、こういうふうに押えるわけです。経説としてはきわめて短い一節の経説を取り上げて、それを通して人間における「憂い」というような問題に焦点をあわせて、その「憂い」の正体は何かというふうに問いを立てて、それを三つの事柄で押えているわけです。

そうしますと、これは一つの問題提起であって、人間存在の課題性というものをここで提起したわけです。それがどのように解決されていくのか、それはどのような道をもって開かれてくるのか、というのが、「機彰」という問題です。これからあと、その問題を中心にしながら、韋提希自身が仏陀に向かって「我いま愁憂す」と言って、「愁憂」という事実を「我いま」と押えて表現をして、仏に遇おうとする。その仏との出遇いということが人間にとってどういう出遇いになってくるのかというふうに展開してくる本が、このいちばん最初の一句の経説のなかで善導が見とったものだ、ということになっているわけであります。

(2) 仏不請

二従《リ》「遙《エウ》向耆《キ》闍崛山《ト云》」下至《ル》「未《ミ》挙《コ》頭《ツ》頃《クキヤウト云ニ》」已来、正明《ス》夫人因《ヨテ》禁《キンニ》請《シ》仏《ヲ》、意《ニ》有《コトヲ》所《ロ》陳《ノフル》。此《レ》明《ス》夫人既在《ニアテ》囚禁《シウキンニ》、自身無《シ》由《ヨシ》得《ルニイタルコトヲ》到仏辺《ヘンニ》、唯《タヽ》有《アテ》単《タン》心《ノミ》、面《テヲ》向《ヘテ》耆闍《ニ》、遙《ハルカニ》礼《上テ》世尊《ヲ》、願《ハクハ》仏慈悲表《ヘウ》知《チシ下ヘト云コトヲ》弟子《カ》愁憂之《ノ》意《ヲ》。言《イフ》「如来在昔《シヤクシ》之時《シト》」已下、此《レ》有《リ》二義。一明《ノ》父王未《タ》被《ラレ》禁時《セトキハ》、或可《ハヘシ》王及《ヒ》我身親《シンシタシク》到《イタリヌ》仏辺《ニ》、或可《ハヘシ》如来及《ヒ》諸弟子《ヲノ》、親受《クウケシメツ》王《ノ》請《ヲ》、然《シカモ》我《レ》及《ヒ》王《ノ》身倶《トモニアテ》在囚禁《シユニ》、因縁断絶《タンセツシ》、彼此《ヒシ》情乖《コヽロソムケリト云コト》（ママ）。二明《ス》父王在《アテヨリ》禁已来《コノ》、数《シハ〳〵》蒙《カウムルコトヲ》世尊遣《ツカハメ》阿難《ヲ》来《キタラシメテ》慰《ヰ》問《モンシ下コトヲ》我《ヲ》。云何《カキ》慰問《スル》。以《テ》見《ヲ》父王《ノ》囚《ノシユ》禁《セラル、ヲ》、仏恐《オソラクハ》夫人憂悩《ウナウセムコトヲ》。以《テ》是《ノ》因縁《ヲ》故《コトサラニ》遣《ツカハメ》慰《ヰ》問《スルナリ》也。言《フ》「世尊威重《キチウ》無《ム》由《ユ》得見《ト》」者《ハ》、此明《ス》夫人内《ウチニ》自卑謙《ラヒケンメクキ》帰《ス》尊於仏弟子《ニ》、穢《エ》質《セツノ》女身、福因尠薄《フクインセンハクナリ》、仏徳威高《キタカシ》、無《シ》由《ヨシ》軽《カロ〳〵シフル、ニ》触、願《クハツカハメ》遣目連等《ヲ》、与《タメニ》我《カ》相見《ヒシメ玉ヘト云コトヲ》。問曰。如来《ハ》即《チ》是《レ》化主《ナリ》、応《ヘシ》不《サル》失《ウシナハ》時宜《シキヲ》。夫人何以《ニヲテ》不《スノ》三《ミタヒ》加《ヘ》致《チヲ》請、乃《チ》喚《ヨハフ》目連等《ヲ》、有《ル》何意《カ》也《ヤ》。答曰。仏徳尊厳《コンナリ》。小縁《ヲモテ》不《ス》敢《アヘテタヤスク》輒請《セ》。但《タヽ》見《テ》阿難《ヲ》欲《フ》伝《ツタヘテコヲ》語往《ユイテサント》白世尊《ニ》。仏知《シリ玉ヘリ》我意《カヲ》、復使《シメ玉ヘノ》阿難《ヲ》伝《ツタヘテ》仏之《ノ》語《コヲ》指授《シシユセニ》於我《レ》。以《テノ》斯義《コノヲ》故願《ニフ》見《ミムト》阿難《ヲ》。言《フ》「作是語已《イト》」者《ハ》、捴《ソウメ》説《キ》前意《ノヲ》竟《ハルナリ》也。言《イフ》「悲泣雨涙《ヒキウウルイト》」者《ハ》、此明《ス》夫人自唯《ラタヽシツミオモシ》罪重、請《ルニ》仏加哀《ノカアイヲ》、致《スキヤウヲコヽロ》敬情深《フカクシテ》、悲涙満《ヒルイミテリ》目《メニ》、但《タヽ》以《テ》渇《カツ》仰《カウスルヲ》霊儀《レイキヲ》、復加《マス〳〵》遙《ハルカニ》礼《ライシ》、叩《タヽイテカウヘヲチ》頂時《チヨシシユニ》除須臾《タチモトヲル》未《タ》挙《アケサルコト》。（『全集九』七七頁）

善導の確認

「厭苦縁」を善導は四段に分けて領解していますが、その二段目です。

経文は、

時に韋提希、幽閉せられ已りて、愁憂憔悴す。（『真聖全一』四九頁）

そこでいったん切ったのですが、次に、

遙に耆闍崛山に向かい、仏の為に礼を作して、是の言を作さく。如来世尊、在昔の時、恒に阿難を遣わし来りて、我を慰問せしめたまいき。我いま愁憂せり。世尊は威重にして、見たてまつることを得るに由無し。願わくは目連と尊者阿難とを遣わして、我と相見せしめたまいき。是の語を作し已りて、悲泣雨涙し、遙に仏に向かいて礼したてまつる。未だ頭を挙げざる頃に、（『真聖全一』四九頁）

ここで切っています。妙な切り方をしているようですが、こういう切り方が大事なのです。普通ならばもう少し続けていく方が段切りがいいようですが、「未だ頭を挙げざる頃に」というところでポンと切っているところに、実はずいぶん大事な問題を善導は押えているわけです。

ところで、この経説を第二段として、この第二段は、前の第二段を受けてくるわけです。いわゆる前に「愁憂憔悴す」と言ったのですから、その「愁憂」という人間をおおっているような心情、その「愁憂」の心情というもののなかにいったいどういう問題が隠れているのか、ということです。韋提希自身が幽閉せられて「愁憂」という状況のなかに置かれる。そのなかで韋提希が独白をする。

その独白の言葉というもののなかに、実は大きな問題が秘められているということを、この一段で特に注目をしていくわけです。

この一段では、善導の領解も非常に注意深いですが、しかしもう一つ注意しておかなくてはならないのは、経文そのものが注意深く言葉を用いているということです。経典の言葉そのものが、もうすでにして善導の解釈を待つに先だって、言葉使いが非常に厳密で、注意深く使われています。経典そのものが注意深い言葉をもってつづっているということに着眼したのが善導なのです。したがって、善導の領解も厳密をきわめて、一点一画もゆるがせにしないわけです。ところで、善導はこの経文の一段を、一言で、

正しく、夫人、禁に因って仏を請し、意に陳《のぶ》る所有ることを明す。（『全集九』七七頁）

と、こういう独自の押え方をしています。この一段は何を示しているのかというと、一言で言うと、韋提希夫人が一室へ閉じ込められた、その幽禁せられたなかから請仏するわけです。いわゆる、仏の救いを求めるということなのですけれども、その仏の救いを求める意に陳《のぶ》るところあることを明すと言うています。つまり、韋提希が牢に閉じこめられたから救ってほしいと仏を求める、ところがその救いを求める韋提希の意のなかに陳るところがあると、こういうふうに押えております。その陳ることという事柄が、ここの主題になるわけです。

たしかに、経文にあるように、遙に耆闍崛山にまします仏を礼拝して、韋提希自身が自分の愁憂の心というものを独白して、そして救いを求めているのですけれども、その表現されていることは

別に仏を求めているわけではないのです。あくまでも言葉としては目連と阿難とを求めているわけです。ところが、善導がその言葉全体を押える時には、あくまでも仏弟子を求めていると直訳しないで、仏を求めているのだと言って、その仏を求めている意のなかに一つの問題があるというわけです。その陳るところの様相が、実は経説の上では、仏を求めつつ仏を求めえない、という問題を含んでいるわけです。したがって、阿難と目連という仏弟子を求めるというかたちをとっているわけです。

たしかに仏を求める心ですけれども、その仏を求める心は、仏を求めつつ、求めるという姿のなかに一つのことが隠れている。隠れているものは何か。ここでは出てまいりませんけれども、仏を求める心が、実は仏を怨む心なのです。これはやっかいなことですね。仏を求める心の質、いわゆる宗教を求めるという心の本質が、実は救われないという自分自身を通して仏を怨む心であるわけです。それが隠れているわけなのです。それがやがて展開をしていきますと、仏を見たとたんにあらわになるわけです。つまり、

世尊、我、宿何の罪ありてか、この悪子を生める。世尊また何等の因縁ありてか、提婆達多と共に眷属たる。（『真聖全一』五〇頁）

というかたちで、仏を見たとたんにあらわになるわけです。そのあらわになるのは、仏を見たから急に出てきたものではなくして、すでに幽禁せられたところから、陳る意のなかに隠れていたものなのです。

そういう意味では、宗教心とは決していわゆる美しいものではない。極端な言い方をしますと、逆境を怨む心が宗教心というすがたをとっている。とすると、怨む心そのものが、一転しない限り、宗教心の成就というものがない。ここに大きな問題が隠れているわけでしょう。それを、

正しく、夫人、禁に因って仏を請し、意に陳る所有ることを明す。(『全集九』七七頁)

と、一言で善導は押えていくわけです。

悲の主張

ところで、経文の言葉、さらに善導の領解に先だって、全体的に一応のことを先に申しておきます。

韋提希が自分の心を告白しながら救いを求めていくという姿をとっている。その韋提希のひとりごとのなかに、凡夫といわれる人間の、深い悲しみの主張があるわけです。その悲しみの主張の本質は何であるかは、だんだんあらわになってきますけれども、やはり悲しみの主張です。凡夫であるということのなかに、凡夫であると気づくことのできない悲しみ、その悲しみの主張というものが、宗教心のすがたのなかに隠れているわけです。

したがってそれはまた、韋提希自身の心根からいいますと、絶望的な主張でもあるわけです。いわば、自分は囚われの身なるが故に、仏のみもとへ行くことができない。このように自分の現実を押えておいて、にもかかわらず仏の救いを求めずにはおれないという、二重の心情というものがあ

るわけです。幽禁せられたから仏のみもとへ行けない、それ故にこそ、切実に仏を求めずにはおれないという、形式論理でいうならば一つの矛盾です。矛盾をもった陳るところ、そこに凡夫であることの悲しみが表現されている独自の姿があるわけです。

だから、それは囚われた人間のつぶやきです。救われそうもない、しかし救われたいという、いわば虚空に向かってものを言うようなつぶやきです。どこへ訴えるというわけでもないのだけれども、つぶやかざるをえない、そのつぶやきは、つぶやいたからというてどうなるというわけでもない。けれども、黙っていればいいといって、「どうにもならないことを言うな」と、こういうことを言うのは他人であって、どうにもならないことを言うのが凡夫なのです。

そのつぶやきの内容は何なのかというと、一言で言ってしまえば、「愁憂の心を知ってほしい」ということです。縁によって起こってきたできごとを契機として、愁憂の心というものが人間をおった時、表現はいろいろになるでしょうが、一言で言えば、「わたしを知ってくれる人がどこかにないだろうか」ということでしょう。

ところが、「わたしを知ってくれる人はどこかにいないだろうか」とつぶやいた時の気持ちの、もう一つ底にあるのは、「わたしの心はだれに言ったところで、所詮、知ってくれる人はないんだ、独りぼっちなんだ」と、内にはそういうものがこもる。こもるけれども、こもった全体がひとりごとというかたちで出る時には、知ってほしいというかたちで出てくる。こういうところに、「幽閉せられ已りて、愁憂憔悴す」と経文で言うように、人間をほんとうに疲れさせていくわけでしょう。

愁憂が人間存在をおおって、その全体が人生に疲れさせていくのです。いわば、人生全体をいつのまにやら、生きるに値するものだろうかという問いにまで、疲れさせていくわけです。「だれにもわかってもらえない。しかしわかってほしい」という反復があるわけです。

そういうところに、いわば、意に陳るところがある、と善導が言いましたけれども、その独自そのものが自縄自縛していくということがあるわけです。言うたら解決するということではなくて、言うことによって、ますます自分が縛られていく。縛られていくから、また言わずにおれない。言うことによって、「だれにもわかってもらえないんだ」というところにまた沈んでいく。自縄自縛して、それこそ憔悴しきっていってしまうわけです。

わたしは自殺ということで思うのです。新聞記事などでは、だれかが自殺したというといろいろな諸状況をあげて、生活苦が原因であったのだろうとか、あるいは汚職したことの責任をとったのだろうとか、いろいろ言って、新聞はそれでサッサと終わって、次の日には何も言いません。しかし、自殺する人にとっては、それはあくまで縁であって、それが原因で自殺するわけではないのです。その事柄がその人間そのものを愁憂のなかに包むから自殺するのです。愁憂に耐えがたくなるわけです。ただ解決できるとかできないとかいう問題ではなくて、そういう人間として生きているということが耐えがたくなるわけです。そういう問題が人間の深い問題なのでしょう。

そういう問題のところに開かれてくる教えが、浄土教というものだと思うのです。浄土教の大衆性とか、大地性とか、凡夫性とか、いろいろ言いますけれども、大衆性とか、大地性、凡夫性とかいうとたいへんなことのようですけれども、いたって身近なことを言うているのでしょう。

聖の道を求める者から見るならば、愚痴にしかすぎないような現象が言われているわけです。聖から言わせれば、何を言っているかというような話なのでしょう。何をめそめそしているか、百遍それを言ったならば解決するのかと、こう言われて、「ごもっとも」と言うしか返事のしようがない問題ですよ。だけど、言わずにおれないというものです。そういうところに、浄土教というかたちの仏教を求めた大衆の苦悩というものを感じるのです。スカッと割り切っていけるほど自分の問題が自分にとって軽くないというような、そういう苦悩を持った人々に対して、聖道の教えといわれるものが冷たい教えに感じられるようなものがあるのではないですか。

そういう問題がここに出てくるわけで、実はそれがやがて、『観無量寿経』という経典のうえにおける、浄土教興起の大地になるわけです。

無自覚の傲慢

このように、自縄自縛していくような独白、いわゆる愁憂の心を知ってほしい、しかし知ってもらえるはずはないと、こういう反復、行きつ戻りつの感情のなかでのひとりごとというもののなかに、善導は大事な問題を見つめていくわけです。いわば、言うていることの全体のなかに隠れているのは、仏の自在力というものを人間が限定していく傲慢さが指摘されているわけです。つまり、凡夫が仏力をはかるわけです。不自在なる凡夫が自在なる仏の力というものをはかって、そしてと

ても救われそうもないと、こういうふうに言うているわけです。そういうことが経文の上では、

遙に耆闍崛山に向かいて、仏の為に礼を作して、是の言を作さく。(『真聖全一』四九頁)

と、こういうふうに表現されるわけです。「遙に耆闍崛山に向かいて、仏の為に礼を作して、是の言を作さく」というのですから、「是の言」、つまり意に陳るところのあった、その陳る言葉、独白の言葉は、仏に近いところで語っているのではなく、遙なる仏、いわば仏から遠くなったという自分のなかから出てきた独白です。だからそこには、今申しました、仏の自在神力というものを限定する傲慢さ、凡夫が仏の力をはかるということが、おおよそ三つの姿として経説のなかでは示されるわけでしょう。

第一に、自由を奪われたから仏に遇えなくなったという、自己に対する解釈があるわけです。自分は自由の身であれば仏に遇えたはずだ。しかし自由を奪われたから仏に遇えなくなったという、自己解釈が隠れています。

第二番目は、仏は自分にとって遠い存在になってしまったという悲嘆があります。かつては、仏は自分に近かった。かつては、宗教はわたしに近かった。さらには、かつてはわたしは宗教的に生きていたという思いがあるわけです。ところが、自由を奪われてここにいる自分にとっては、仏は遠くなってしまったという、一つの自己領解があります。つまり、自由の身でなくなったからこそ仏に遇えなくなったのだという自己解釈と、仏は遠い存在になってしまったという自己解釈が、やがてそのまま第三番目に、仏といえどもわたしの愁憂の心を知ることはできないだろうというとこ

ろにゆくわけです。
　そういう自己解釈が、「仏といえども」というかたちで、仏の自在神力というものを限定してしまうわけです。それは、深い人間の固執なのです。しかし、そういう独白をしている全体が、実は仏を求めているわけです。だから、やがて仏は、そういう韋提希の言葉に応《こた》えたというよりも、後に出てまいりますように、韋提希の心の所念に応えるわけです。いわば、存在全体が求めているものに応じて釈迦牟尼仏が誕生されるわけです。
　だから、そういう意味では、三つの固執があるということは、仏をやはり外に見ていることです。だからして、仏が近くなったり遠くなったりするわけです。
　仏が近づいてきたり、あるいは離れていったりする心根、それを信心というような言葉でいうならば、曇鸞が言ったように、「若存若亡」する心です。ある時には宗教的に生きているという高揚した感情があるけれども、ある時には自分自身の生活が沈滞していくと、宗教心そのものもなくなってしまったような思いになるわけです。「若存若亡」というのは具体的に言うと、仏と近づいてみたり、仏と遠ざかってみたりする心です。仏と遠くなってみたり、近くなってみたりというのは、逆に言うと、遠くしてみたり、近くしてみたりする心です。その遠くしてみたり、近くしてみたりする心というのを善導は的確に押えていくわけです。それを経文は、
　遙に耆闍崛山に向かいて、仏の為に礼を作して、是の言を作さく。（『真聖全一』四九頁）
と、こういうふうに言っているわけでしょう。経典にこのように示されている感情を、善導は的確

に押えて、

遙に世尊を礼したてまつって、（『全集九』七七頁）

と一言で言い切るわけです。だから、耆闍崛山という所が遠いのではないのであって、世尊が遠いのです。仏を遠くに拝んだというわけです。自分の身が自由でなくなったという、その状況のなかで仏を遠くに拝んだ。ただ地理的に遠いというのではなしに、仏を遠くに拝む心で仏に訴えようとしていると、こういうふうに善導は押えていくわけです。

ところが、このように仏を遙なる存在としている心、その全体が、仏を求めている。その存在が求めている求めに応じて、釈尊が目の前に現われたとたんに、

世尊また何等の因縁有りてか、提婆達多と共に眷属たる。（『真聖全一』五〇頁）

と言うわけですね。そういうところへつながっていくわけです。

ところが、その心がだめだとか、いいとかいう評価でないのです。その心がやがて仏の前にあって、それこそ白日のもとにさらされたところへ、仏の自在神力がうつってきた時、いわゆる仏の力によってそういう独白をする人間の心が開けてきた時、仏陀の教えは最初にどう聞こえるかというと、

汝いま知れりやいなや。阿弥陀仏、ここを去ること遠からず。（『真聖全一』五〇頁）

であったわけです。大きな展開ですね。

世尊を遠くに拝んでいたというのは、同時に世尊が語るところの仏説を遠くにおいていたことで

あるわけです。その遠くにおいていた仏説が、釈尊の教えとして最初に聞こえてくるのは何かというと、「遠からず」ということなのです。その「遠からず」の世界が、やがて『観無量寿経』の経説になって、ずーっと一貫するわけでしょう。その「遠からず」の教えが、やがて最後には「具足十念称南無阿弥陀仏」という、近いというよりも、もっと近い教えにまで具体化していく、これが『観無量寿経』なのです。

慰撫の宗教

さて、韋提希の、いわば人間の愁憂の心の表現としての独白は、経説の上では、

如来世尊、在昔の時、恒に阿難を遣わし来たりて、我を慰問せしめたまいき。我いま愁憂せり。世尊は威重にして、見たてまつることを得るに由なし。願わくは目連と尊者阿難とを遣わし、我と相見せしめたまえ。(『真聖全一』四九頁)

と、こういうふうに語られているわけですね。かつて世尊はいつも阿難を遣わしてわたしを慰めてくださった。わたしは今愁憂のただなかにいます。だが、わたしは今のそういう自分自身のもとへ世尊のおこしを願うというわけにはいかない。願わくは目連と尊者阿難とを遣わしてわたしに遇わせてください、と、このように言うているわけです。

そこに一つあらわになっていることがありますね。かつて自由であった時には仏にも遇えたと言うていますが、実は仏でなくて阿難を遣わした仏に遇えたというわけです。そして未来においても、

仏に遇いたいという言葉ではなくして、「目連と尊者阿難とを遣わしてください」という言葉となっています。いわば間接性です。だから、そういう言葉自体が、仏に対面しようとしない心の表現なのです。

そういう意味では、韋提希にとって宗教とは何だったのかというと、慰撫であったわけです。慰撫が救いであるという意識だったわけです。慰撫はやはり日常性の意識と一緒ですから、その意識が宗教的よそおいをとった時、慰撫されるというかたちをとるわけでしょう。つまり、慰められるはずだというかたちをとっていくわけです。

ところが、今の「愁憂」という現実のところでは慰撫が通用しないわけです。愁憂という現実のなかでは、そういう宗教はもはや何ら力をもたないわけです。「むかしの時」という思い出というかたちになってしまうわけです。だから、そういう意味では、自分にとって慰めであったという思い出になっていくということは、的確に押えていうならば、一度も宗教的に生きたことがなかったということなのです。経説にしたがって言うならば、一度も仏に遇うたことがなかったということです。

このように、これまで一度も仏に遇わしめなかったもの、したがって一度も宗教的に生きるということをさせなかったもの、それこそ韋提希自身の言う、今の愁憂ということを見ている「我」の心なのです。その「我」の心が一度も宗教的生き方をさせなかったわけです。宗教的生き方を拒否させていたわけです。一度も仏に近づくことをさせなかったものが、その「我」の心だったのです。

それが、「我今愁憂」というて、その現実を「我」が見た時、その「我」が、かつてはこれが宗教的だと思っていたものが、みな自我の慰めとしての宗教でしかなかったというわけでしょう。ところが、やっかいなことには、昔は宗教的に生きたという意識だけが心の底に残っているわけです。だから、仏に一度も遇ったことがないという身の事実に目を開こうとしないわけです。わたしは仏に遇ってきた身だというわけです。遇っている身でなくして遇ってきた身だと、こういうわけですね。だからそこには、言うてみれば宗教的に生きたことのある人間としての自負心があるわけです。わたしはかつて宗教的人間であったという自負心が、「在昔の時」という言葉になって出てくるわけです。だからそういう意味では、宗教者として生きたという一つの幻想があるわけです。幻想のなかにある宗教だからして、それは虚構としての宗教です。そういう意味では、造られた宗教です。

ところが、その虚構としての宗教のなかに自分が生きていたということを、「我」の心は虚構だとは思わないで、かつて宗教的にわたしは生きたというかたちで、その宗教というものに執着するわけでしょう。今の愁憂の現実が日常性のなかでどうにもならなくなった時、虚構としての宗教というものが「在昔の時」というような思い出になるわけです。昔は仏に救われる身であったのだという思い出になるわけなのです。

ところが、恒《つね》に慰問される存在であったのだという思い出は、思い出で終らないわけで、やがてその幻想をもう一度未来に描こうとするわけです。むかし仏は恒に阿難を遣わして我を慰めてくださった。今わたしは愁憂のただなかにいる。世尊は威重にして見たてまつることはできないけれど、願わくは目連と尊者阿難とを遣わして、我に相見せしめたまえと、こういうわけですね。

だからそういう意味では、今のこの現実のなかにありながら、かつては宗教的に生きたという思いが思い出になったとたんに、その思い出の事実の再現を、また新たに未来に期待するわけです。未来に託してもう一度慰めてほしいというわけです。そこには「今」という時が欠落してしまっているわけですね。今の愁憂のところで仏にピタッと遇えないわけです。それが自分を暗くしていくのでしょう。今仏に遇わしめないのは、ここで言うている我執ですけれども、我執は仏との出遇いというものをいつでも慰めというかたちで見ている。したがって、慰めの内容は何かというと、端的に言うて、慰めの内容は間接性です。

かつても阿難を媒介としていたわけですし、未来に夢みる場合も阿難と目連とを媒介として考えられて、仏陀と対面しないわけです。そういう間接性というのが、慰めというかたちをとるわけです。だから人間は、その間接性というところに宗教の位置を設定するわけです。だからして、宗教は慰めてくれるものだという意識で宗教をとらえるわけです。宗教というものは甘やかしてくれるものだというわけですよ。ところが、慰めはやはり慰めであって、解決になっていないわけです。人間が慰められることを求めるということは、眠りたいということです。

宗教がほんとうに救いになるということは、「めざめ」でなくてはならないはずですね。人間をめざましむるのは仏陀しかないわけです。仏陀以外のものはめざましむることができない。めざめた人、つまり仏陀だけが人をしてめざましめるということです。

ところが、人間はやっかいなことに、めざめることを恐れるわけです。深い本能がめざめることを恐れるわけです。だから、めざめなくてはならないような課題を背負いつつ、慰めで解決をしていこうとする。だから、日常性のうえで言うならば、日常的に処理していこうとする処理の延長上に宗教を置くわけです。その宗教は慰撫の宗教です。眠らしていく宗教です。慰撫である限り宗教は、やはり人間にとってほんとうの意味での積極性をもたなくなるのではないでしょうか。

以上のような問題が経文そのものに示されているのですが、この経文の問題を善導は鋭く押えて吟味していくわけです。そこには善導自身の求道の厳しさがあるわけでしょう。単なる心理分析をしているのではなくして、求道の厳しさがあるわけです。求道のなかにある一点のごまかしも、自分自身で許せないというものがあるのでしょう。したがって、今の経説の主題になっている韋提希のひとりごとを善導は分析していくわけですが、そこで大きく問題を二つ善導は立てていきます。ひとりごとの内容を二段に割ってしまうわけです。

設定された宗教

善導が第一に着眼したのは、

如来世尊、在昔の時、恒に阿難を遣わし来たりて、我を慰問せしめたまいき。我いま愁憂せり。（『真聖全一』四九頁）

という経文の、「我いま愁憂せり」という韋提希のひとりごとの前半に重点を置いています。その重点を置いたところで問題をさらに吟味して、二つの意味をここで押えていこうとするわけです。

「如来在昔之時」と言う已下、これ二つの義有り。一つには父の王未だ禁ぜられざる時は、或は王及び我身親しく仏辺に到りぬべし、或は如来及び諸の弟子をして、親しく王の請いを受けしめつべし、然も我及び王の身俱に囚禁に在って、因縁断絶し、彼此の情乖《こころそむ》けりということを明す。（『全集九』七七頁）

これが一つの意味です。

二つには父の王禁在りてより已来、しばしば世尊阿難を遣わして来たらしめて、我を慰問したもうことを明す。云何が慰問する。父の王の囚禁せらるるを見るを以て、仏恐らくは夫人憂悩せんことを。是の因縁を以てことさらに遣わして慰問するなり。（『全集九』七八頁）

このように「二義有り」と善導は押えています。

ここで善導が韋提希の意中に見取っているのは何かというと、大王と自分とが自由の身であった時には、わたしたちはいつでも仏のみもとに行って説法を聞いた。それだけではなくして、わたしたちの請いに応じて仏や仏弟子が来てくださった、と言うています。このように言うている言葉の奥に隠れているものは、仏をも自分の自由にできるはずが、囚禁された現在はできなくなった、という意識です。

そういう意味では、仏のもとへ行こうとするのも韋提希の自我意識ですし、仏を請うのも自我意識です。自我の意志で仏を自由にできたはずだという意識です。だからそういう意味では、仏という言葉を宗教という言葉に置き換えて言うならば、自我の要求にかなうものとして宗教を設定している心の問題があるわけです。

こういうことが宗教心といわれているものの現状のなかでも、いろいろなすがたをとるのではないですか。願掛けをするとか、御祈禱をしてもらうというでしょう。願掛けをする意識は、自我意識でしょう。自我の意志というものを、願を掛ける、祈願するという表現をとって、そして仏に応えてもらうというわけでしょう。宗教で解決してもらおうというわけです。そういう思いを善導はこのように押えるのです。

仏の所へ行くこともできる。仏を呼びよせることもできるという思いは、大きな傲慢ですよ。しかし、そういうものが宗教というかたちをとっているわけです。だから、教えにわたしが帰依しているのではなくして、教えをわたしに従わしめるものとしていこうとするわけです。そういう一つの要求があるわけでしょう。その要求が宗教を設定していくわけです。

罪福信

ところが次に、囚われた時に仏はどういうことをしてくれたかという問題があるわけです。父の王が囚われて自分が苦悩におちた時に、しばしば世尊は阿難を遣わしてわたしを慰めてくださったと、こういうわけですね。善導は「云何が慰問する」、つまり、どうして仏は阿難を遣わして慰めたのかと、こういうふうに押えているわけです。

それはどういうことかというと、父の王が七重の牢獄へ閉じ込められたという現実を見た時、仏の大悲心は「おそらく夫人は愁憂のなかにおちるであろう」ということを見抜いたというわけです。夫といっしょに自由であった時には、宗教的に生きていると思う思いのなかにいる。ところが、その思いの一端が破れたならば、おそらく愁憂のなかにおちるだろう。そのように見ぬいた仏の大悲心が、あえて阿難を遣わして、韋提希を慰問させていたわけですね。だから、慰問はあくまでも仏の大悲の表現なのです。大悲心が慰問させていたわけです。

ところが、その大悲心が慰問していた事実を韋提希はどう受けとめているかというと、だからこそ今の愁憂しているわたしのところへも、阿難を遣わしてくださるはずではないか、というわけです。昔、あの苦しみのなかにいる時もそうだったのだから、今は自分が囚われて愁憂のただなかにいるのだからこそ、仏は今もまた新たな方法で阿難や目連を遣わしてくれるはずではないかと、こういうわけです。いわば、そこにあるのは甘える心です。前のは要求する心ですし、後のは甘える心です。

一般に宗教心というているものは、どちらかに流れるわけです。甘えていって救われようとするか、自分の思いどおりにして救われようとするか、どちらかです。ほんとうは、韋提希を慰問された仏の心、いわば仏の大悲心にふれれば、頭が下がるという世界が開けなくてはならない。ところが、仏の大悲心の用きのなかにあることをいいことにするわけです。図に乗るというわけです。

ずいぶん荒っぽい言葉で言うと、人間が仏様や神様を嚇《おど》かしたり、賺《すか》したりするわけでしょう。神様を嚇かして、これだけ祈禱したのだから、これでも救ってくれなかったら本堂に火をつけて焼いてしまうぞ、というような落書きがあるそうですね。入学試験の祈願の文殊堂の落書きを見ると、そういうのがあるそうです。仏様だか神様だかしらないけれども、嚇かしているわけですよ。そうしておいて、ほんとうに学校に入れてくださったらお礼を言います、と言って、こんどは賺しているわけです。嚇かしてみたり、賺してみたりして、仏様の方をこちらで何とかしようとしているわけです。宗教心というものの根っこにそんなものがあるのです。

そういう心を親鸞は一言で、「罪福を信ずる心」と言うたのでしょう。「罪福を信ずる心」というのは、宗教というよそおいをもった功利心です。宗教というよそおいをもった自我心です。自我の要求、それを「罪福を信ずる心」というのです。

このように善導は韋提希の独白の前半を押えていくわけです。

仏不請

ところが、その後半がまた大事なのです。

世尊は威重にして、見たてまつることを得るに由なし。願わくは目連と尊者阿難を遣わして、我がために相い見せしめたまえ。(『真聖全一』四九頁)

という後半の経文を、善導は問答をもって押えています。まずその問答より前に、

「世尊威重無由得見」と言うは、これ夫人内に自ら卑謙して仏弟子に帰尊す、穢質の女身、福因尠薄なり、仏徳威高し、軽がろしく触るるに由なし、願わくは目連等を遣わして、我がために相見せしめたまえということを明す。(『全集九』七八頁)

と言うて、これが「世尊は威重にして、云々」の意味だと、こういうふうに一応言うておいて、

問うて曰く。如来は即ち是れ化主なり、時宜を失わざるべし。夫人何を以て三たび致請を加えずして、乃ち目連等を喚ばう、何の意か有るや。(『全集九』七八頁)

と問いを立てています。これは大きな問題を出したものだと思いますね。普通は気づかないことです。善導が指摘したから、われわれも気づくことですが、大切なことなのです。

答えて曰く。仏徳尊厳なり。小縁をもって敢えて輒く請せず。ただ阿難を見て語を伝えて往いて世尊に白さんと欲う。仏我が意を知りたまえり、また阿難を使して仏の語を伝えて我に指授せしめたまえ。斯の義を以ての故に阿難を見んと願う。(『全集九』七八頁)

このように問答をしています。ここで「夫人内に自ら卑謙して仏弟子に帰尊す」と言うていますように、表面は「世尊は威重」、すなわち仏様はとてももったいなくて、おいでを願うというようなことはできない。だから、せめて仏弟子をわたしのところへ遣わしてほしいと、こういうふうに言うているわけです。

自分のような穢質の女身が仏様においでを願うというようなことはとてもできるものではありません。だからして、願わくは目連と尊者阿難とを遣わして、わたしを慰めてほしい。せめてそれだ

けのことだけしてください。それで結構ですと、こういうわけです。

このことが、善導が押えたように、そこに大きな独断がある。なぜ三請して求めないのか。仏弟子を介しての伝言、そんな悠長なことのできる問題のなかに韋提希はいるのか、というわけです。三請とは、『法華経』や『涅槃経』に「三止三請」ということがあるのです。いわゆる、仏弟子が仏に教えを説いてくれと頼む。すると、「止みなん止みなん、説くべからず」と、こういうふうに釈尊が答えます。つまり、とても説いてもわかるものではないから、説くことはできないと言われる。さらに仏弟子が請うと、仏は「止みなん止みなん、説くべからず」と断わるわけです。そして、四回請うて初めて仏が説法したと、こういうふうに記されているわけです。

また「劉備は三顧のこよなき知遇」といいますように、劉備は諸葛孔明を招聘したいと願って頼みに行った時、三顧の礼を尽くしたといわれています。

いうならば、韋提希は大地に体を投げ出してでも、仏の御出世を願わなくてはならないような問題のなかにいるではないか。それなのに、なぜ目連と阿難でいいなどということを言ったのかと、こういう問題です。そこで、実はそのなかに善導は、宗教というよそおいをもったところの大きな独断と、合理的要求というものを見ているわけでしょう。

だから、「世尊は威重にして、見たてまつることを得るに由なし」と言うていますが、世尊は尊いお方であるからして、遇うことはできないと、だれが決めたのですか。仏の方が言うたのではないですね。それは韋提希が決めたのです。とすれば、それこそ仏の自在神力、仏の慈悲力というものを限定する独断です。とても仏には勿体なくて遇えません。仏はここへは出ておいでになれないだろうというかたちで、無限の力を有限が限定したわけです。言葉で拒否するのではなくして、勿体ないというかたちで拒否しているわけですから、それは独断です。凡夫が仏の心を推し測ったわけですから、それは独断です。勿体ないとは言うていますけれども、内心は推し測っているわけです。そこに一つの問題があります。

安慰を求める心情

もう一つは、世尊には遇えない、けれども「願わくは目連と尊者阿難を遣わして、我がために相見せしめたまえ」と、韋提希は言うています。その意識は何かというと、目連や尊者阿難ならば遇うことができるというわけです。いわば、仏には遇えない、しかし目連や尊者阿難ならば遇うことができるというわけです。明確にするために言いますと、韋提希自身が、自分は、仏には勿体なくて遇えないが、仏弟子目連、阿難には遇う資格があると、こう言うているわけですね。こういうふうに意識は動いているわけです。

しかも、この経文が厳密なのですよ。目連の方は「目連」と呼びすてにして、阿難の方だけは、「尊者阿難」と言うていますね。ところが、仏の十大弟子のなかでは阿難はいちばん低い弟子であって、舎利弗や目連は、仏陀釈尊が半座を分かったとまでいう高弟でしょう。前に、提婆達多が釈尊に「あなたはもうだいぶ歳をとったから隠居しなさい」と言うた。すると釈尊に「舎利弗にすら自分はその後事を委ねようとしない。おまえのような者に云々」と言われて、大衆の面前で罵倒されて、提婆が腹を立てるということがありましたね。いわば、舎利弗とか目連というのは、仏弟子のなかでは三迦葉につぐ高弟であるわけです。三迦葉につぐといいましても、舎利弗、目連は、仏伝では早死されるから、あのような位置になるのですが、ともあれ仏陀自身が一目置くような仏弟子です。そういう意味では、韋提希が「目連」などと呼びすてにできるはずがないわけです。

ところが、韋提希の心はそういう仏弟子の尊厳というものにも触れていないわけです。韋提希に意識されていたものは何かというと、目連はかつて頻婆娑羅王一族の親族であったということです。目連は、いわゆる「俗に在っては親と為し、出家せるを友と名づく」と、こういうふうに押えたように、かつては頻婆娑羅王一族の親族であったわけです。と同時に、仏弟子となってからは、頻婆娑羅王一族の、いわば檀那寺の住職のようなものであるわけです。非常に近い関係にあるわけです。だから、なれなれしいのです。

ところが、韋提希は阿難に対しては「尊者阿難」と、このように言うています。だいたい、阿難という人は女の人にいちばんもてたお弟子なのです。もてすぎたからして、困ったのでしょう。だいたい、蓮華比丘尼という女性を初めて教団のなかに入れたのは阿難ですから、釈尊の教団が頽落していく原因を作ったのは阿難だといってみんなに叱られたのでしょう。阿難は托鉢に行っても、女の人に出遇うと、ついホロッとするわけですね。情にもろいというわけです。そういう意味では、女性である韋提希から見るならば、阿難尊者こそ親しい、そして有難い仏弟子なのでしょう。

仏弟子伝を見ましても、阿難尊者というのはずいぶん色男だったらしいですね。それで、托鉢に行きますと、阿難尊者のところへはたくさん布施があるのだが、いっしょに行く仏弟子のところへは布施が少ないというので、いっしょに行くのを嫌がる人が多かったという話があるのです。阿難はそのような人なのです。だから韋提希は、阿難尊者は尊い方だと、こう言うているわけです。

ここで、阿難は尊い方だと言うている意識と、「目連」と、このように呼びすてにしている意識と、そして仏は威重にして遇うことができないと言うている意識は何かというと、それはいわゆる宗教の関係で触れていないということです。人間関係で触れているというわけです。仏とも人間関係、そしてましていわんや目連も阿難も韋提希にとっては人間関係で触れているというわけです。人間関係の意識で触れている。それがあたかも宗教心であるかの如くよそおいつつ、人間関係の意識で触れているというわけです。そういうかたちで押えてあるわけです。

それが、宗教心、求道心という謙譲というすがたをとったなかに隠されている人間の質です。それを善導は厳しく問うわけです。そして、「如来は即ち是れ化主なり」の一言で押えるわけです。

ここで「化主」というのは、「玄義分」で明らかにされているように、「能化の人」です。また「化主」というのは、いわば能動性ということです。『和讃』に「摂化随縁不思議なり」とあるように、仏の摂化は縁に随って不思議であって、人間が人間の心、すなわち自我心で推し測ることのできるものではないのです。摂化は仏の自在神力の用きなのです。そういう自在神力のある方を仏というわけです。にもかかわらず、韋提希は勿体ないから来てもらえないと言う、そこに大きな問題があるわけです。
いうなれば、仏は化主である。だから、求むれば必ず時機を失せずにおでましになるはずだ。だからして、韋提希は三止されても四請して求むべきなのに、なぜ求めないのか。なぜ仏弟子を呼んだのだ。こういう問題があるわけです。

予測された宗教

前のような韋提希の心情を押えて、善導はどこに着目しているかというと、
答えて曰く。仏徳尊厳なり。小縁をもって敢えて輒く請せず。(『全集九』七八頁)
と、こういうふうに言うています。「小縁だ」というわけです。つまり、自分のようなこんなささいなことぐらいで仏様においで願うのは勿体ないと、こういうわけです。
囚禁されている事実は、韋提希にとっては小縁どころでないのですよ。一大事なのでしょう。だから、遠慮して言うているというけれども、遠慮しているひまのない問題なのです。遠慮しているひまのないような問題の渦中、まっただなかにいるわけでしょう。韋提希は、小縁をもってあえてたやすく請することはできないと言うて、遠慮している。ということは、押えて言うならば、一大事ということに目が開かないというわけです。
韋提希は小縁だと思うているからして、三請してでも仏においでを願うというふうなことにならないわけです。それこそ三祇百大劫を尽くしてでも仏に遇いたいという求道に立てないわけです。

いわば、小縁だというのは、深い意味で、存在の底にある思いあがりなのです。その思いあがりが、やがて問題の解決は仏弟子を仲介者にしての仏との応答で何とかできると思うわけです。つまり、仲介者を介して仏と遇えばいいのだという意識となっている。だから、阿難に来てもらえば自分の苦悩を語って仏に伝えることができる。仏はわたしの心を知ってくださって、阿難を遣わしてまた伝言してくれる。その言葉にしたがってわたしの苦悩は解決していくに違いない。そういう心が韋提希のなかに隠されているわけです。

実はそういう全体が宗教の救いというものを予測していることなのです。予測された宗教です。予測している意識のなかをさらに押えていうならば、救いを予想するということは、実は救われることへの正当性を主張しているということの表現です。当然救われるんだと思っているのでしょう。救われるべき自己の正当性を主張していることが救いを予測するわけです。

未解決の慰め

「未聞の益」という言葉がありますが、宗教的救いというのは、人間にとって未聞であって、万劫の初事なのです。深い驚きなのです。いまだかつて触れたことがない、いまだかつて予想したこともない、人間の思いのなかには一点もそのようなものがなかったという「未聞の益」です。そういう事実を法然は、

極悪最下の人の為に、しかも極善最上の法を説く。（『真聖全一』九七三頁）

と、このように言われたのでしょう。救いの縁なき人間のところへ無縁の大悲がかかる。救いの縁をどこかで予想して、救われることの正当性を主張している意識で予測した宗教の救いというものは、やはり予測した程度の救いなのです。予測した程度の救いというものは、実は救いでない。かえってそれが自分自身を自縛していくことになるのです。

だからそういう意味では、予測されたものは、宗教だといっても、宗教心というよそおいをもった合理的要求にすぎないわけです。だから、かりに満たされたとしても、有難くないのです。救われて当然なのですから、有難いという感動も何もないわけです。いわゆる、親鸞が言うように、

遇いがたくして今遇うことを得たり。聞きがたくしてすでに聞くことを得たり。(『全集一』七頁)

というような「聞きがたくして」とか「遇いがたくして」というような感動がないのです。いうなれば、予測されたものは遇うべくして遇うたのであるし、聞くべくして聞いた、という意識があるだけです。それを親鸞は、「罪福信」と、こう言うたのです。そして、罪福信ずる心のところに現われる宗教の世界を、「七宝の牢獄」と言うてみたり、あるいは「金鎖をもってつなぐ」と言うてみたり、あるいは「疑城、胎宮」と言うてみたり、あるいは「懈慢界」と言うてみたりしていますが、あれは全部譬喩的表現です。牢獄であっても、七宝の牢獄だというわけです。

鉄格子のなかにいて鉄鎖をもってつながれたのであれば、牢獄の感覚がピシピシきますが、金・銀・瑠璃というような宝のちりばめられたところに閉じ込められても、閉じ込められたという意識はないでしょう。「ああ、いいところだ」という感じです。「ああ、いいところだ」といって縛ら

れているわけです。人間の合理的要求によって予測された、いわば虚構としての宗教の救いというのは、その「七宝の牢獄」のようなものだというわけです。夢のなかに夢をみているというような宗教のあり方なのです。まさにそれこそアヘンです。

そういうものを親鸞は経典の言葉等を通しながら大事なことを押えています。「疑城」だと押えています。深い疑い、いわば存在の底にある疑いだというています。

それも、ただ疑いだというのではありません。懐感禅師の『群疑論』に引用される『菩薩処胎経』のなかから、「懈慢界」という言葉を見出してきて押えるわけです。この「懈慢界」ということは、深い意味のある言葉だと思うのです。懈慢・怠慢というのですから、宗教的世界が人間を怠慢にするというのです。宗教的世界というかたちをとった疑城・胎宮、すなわち金鎖につながれた世界が、人間の本来的なものを怠慢にするというのです。怠け者というのは何かというと、働かないという話ではないのです。やはりいろいろな宗教的世界に生きている人も、善根を積もうとして一生懸命に働いているわけです。そういう意味では、むしろ誠実なのです。

ところが、その誠実全体が宗教的怠慢だというのです。人間的な、倫理的な誠実さというものが宗教的に怠慢だというわけです。宗教的に怠慢だというのは、人間を根源まで見つめるということをやめてしまうというわけです。人間の底の底まで見つめていこうとする、その澄んだ目をくもらせてしまうというわけです。存在の根源まで目を開く、いわば、三祇百大劫の菩薩の大行に耐えるというようなものから目をそらしてしまうというわけです。親鸞の言葉に託して言うならば、

臨終一念の夕、大般涅槃を超証す。（『全集一』一五一頁）

という言葉に耐えるような自己にならないようにしてしまうというわけです。途中でごまかし、途中でやめてしまうわけです。一生懸命だというすがたをとって、宗教的覚醒への方向から自分を遮断してしまう。それを懈慢というのでしょう。

『菩薩処胎経』の経説は、一生懸命に道を求めていったら、楽な美しい世界のところへ来た。これがお浄土に違いないと思うた。そうしたら、もう進む気がしないようになって、そこで一服してしまった。それが懈慢界だったというわけです。

それこそ「地獄は一定」というところまで見つめる目を、懈慢の世界でやめてしまうわけです。これが宗教の救いだとしてしまうわけです。いわば、これが慰撫の宗教です。そういう意味では、自己を問うことをやめたという大きな停滞です。だから、わたしはそういうのを「未解決の慰め」と言うのです。だから、めざめをもって救いとしない限り、宗教は楽なかたちをとりつつ影をもつのです。

以上のように善導は韋提希の独白を押えて、内容を一点もゆるがせにしないで押えていきます。したがって、「斯の義を以ての故に阿難を見んと願う」たのであると、こう言うて独白を全部閉じて、

「作是語已」と言うは、揔じて前の意を説き竟るなり。（『全集九』七八頁）

と言うています。

自我意識の限界

「悲泣雨涙」と言うは、これ夫人自ら唯し罪重し、仏の加哀を請るに、敬を致す情深くして、悲涙目に満てり、ただ霊儀を渇仰するを以て、またますます遙に礼し、頂を叩いて須臾に跱跦し未だ挙げざることを明す。（『全集九』七八頁）

仏に対して、目連と阿難を遣わして、慰めて欲しいと韋提希が言うている。言うている韋提希の全体が、実は存在としては深く仏を求めずにはおれない存在なのだ。仏に遇うまでは救いのない存在である。だからして、韋提希はそのように言うているけれども、言うている生命のなかから、「情深くして」ですから、心の深みから何かが突き上げてくる。そして霊儀を渇仰している。つまり、仏を求めている。だけど、その生命そのものの言葉が口をついて出てこない限りにおいて、ますます遙に仏を礼するのみである。ますます仏は遠くなっていってしまう。仏が遠くなるからして自立ができない。頭をたれて、頭のあげようのない状態になった。このように善導は言うて、ポツンと話が終っているわけです。

いうてみれば、人間からの宗教的要求の限界がここで押えられているわけです。すなわち、存在全体は、もうどうにもならないところへきている。言葉ではいろいろ言うているけれども、存在全体は頭のあがらないところへきている。その時だと、このように善導は押えているわけです。

(3) 世尊の自来赴請

三従《リ》㆓「尓時世尊」《ト云》㆒下至《ル》㆓「天華持用供養《チヨウクヤウニ》」㆒已来、正明《ス》㆔世尊自《ラ》-来《キタテオモムキ下コトヲ》赴㆓請《ニ》㆒。此明《ス》㆘世尊雖《トモマシマスト》㆑在㆓耆闍《ニ》㆒已《ステニシルコトヲ》知㆗夫人《ノ》心念之意《ヲ》㆖。言《フ》㆓「勅《チヨク》大目連等従《シユ》空而来《ニ》」《ト》㆒者《ハ》、此明《ス》㆑応《スルコトヲ》㆓夫人《ノ》請《ニ》㆒也《ナリ》。言《フ》㆓「仏従《シユ》耆《キ》山没《モツト》」㆒者《ハ》、此明《ス》㆘夫人宮内《ナイノ》禁-約《ヤク》極《メテカタシ》難、仏若現《シメ》㆑身来《ヲライフシ下ハ、》赴《オモムク》、恐《ヲソラクハ》-畏闍世知《チ》-聞《モンソ》更《ニ》生《センコト》㆓留《ルトヽマル》難《ナンヲ》㆒、以《テ》㆓是《ノ》因-縁《ヲ》㆒故《ニ》須《ラクヘキコト》㆗此没《ニモツ》彼《メカシコニ》出《イツ》㆖也。言《フ》㆓「時韋提礼《ライ》已《イ》挙頭《コツトアケカウヘ》」㆒者《ハ》、此明《ス》㆓夫人《ノ》致《ス》㆑敬《キヤウヲ》之時《ヲ》㆒也。言《フ》㆓「見仏世尊《ト》」㆒者《ハ》、此明《ス》㆘世尊宮中已《ニステニイテ、》出《コトヲ》致㆗㆑使《シムルコトヲ》㆓夫人《ヲ》㆒挙《アケテカウヘヲ》㆑頭即《チ》見《ミセ》㆖。言《フ》㆓「釈迦牟尼仏《ト》」㆒者《ハ》、簡《ケン》㆓異《イス》余仏《ニ》㆒。但《タヽシ》諸仏名《ノミナ》通《ノ》、身-相不《ス》㆑異《ナリ》。今故《マコトサラニ》標《ヘウアラハス》㆓定《チヤウソ》釈迦《ヲ》㆒使《シム》㆑無《カラ》㆑疑《ヒ》也。言《フ》㆓「身紫金色《シ》」《ト》㆒者《ハ》、顕《シ》㆓定《サタム》其相《ノヲ》㆒也。言《フ》㆓「坐《サ》百宝華《ト》」㆒者《ハ》、簡《ケン》㆓異《イスル》余座《ヨサニ》㆒也。言《フ》㆓「目連侍《シ》左《サ》」等《ト》㆒者《ハ》、此明《レス》㆘更無《ニナクソ》㆓余衆《ヨノシユ》㆒唯《タヽ》有《コトヲ》㆗二僧《ソウ》㆖。言《フ》㆓「釈梵護世《コト》」㆒者《ハ》、此明《ス》㆘天王衆《シユ》等、見《ルニ》㆔仏世尊隠《カクレテ》顕《シ玉フヲ》㆓王宮《ニ》㆒、必説《ス下ヘシ》㆓希奇《ケキ》之法《ノヲ》㆒、我等《レラ》天人因《ヨルカ》㆓韋提《ニ》㆒故《ニ》得《エン》㆑聴《キクコトヲ》㆓未聞《ミモン》之益《ノヲ》㆒、各乗《ソ》㆓本念《ニ》㆒普《クチユ》住㆓臨《リンソ》空《ニ》㆒、天耳遙《ハルカニ》飡《サンソアチハウ》、雨《フテ》㆑華供《ク》養《スルコトヲ》㆖。又言《フ》㆑「釈《ト》」者、即《チ》是《レ》天帝也《タイナリ》。言《フ》㆑「梵《ト》」者《ハ》、即《チ》是《レ》色-界《ノ》梵王等也《ナリ》。言《フ》㆓「護世《コト》」㆒者《ハ》、即《チ》是《レ》四天王也《ナリ》。言《フ》㆓「諸天《ト》」㆒者《ハ》、即《チ》是《レ》色《シキ》・欲《ヨク》界等天《ノ》衆《シユ》、既《ニ》見《テ》㆔天王来《ノキタリムカヘルヲ》㆓向仏辺《ヘンニ》㆒、彼《ノ》諸《ノ》天衆亦《マタ》従《シタカテ》㆑王《ニ》来《タテキ、テ》聞《ヲク》㆑法供養《ス》。（『全集九』七九頁）

所念への応答

「厭苦縁」が四段に分けられていますが、その三段目です。経文では、その時に世尊、耆闍崛山にましまして、韋提希の心の所念を知ろしめして、即ち大目犍連および阿難に勅して、空よりして来たらしめ、仏も、耆闍崛山より没して、王宮に出でたもう。時に韋提希、礼し已りて頭を挙げて、世尊を見たてまつる。（『真聖全一』四九頁）

ここのところで一つ注意しておきますが、聖典によっては、「世尊釈迦牟尼仏を見たてまつる」と、こういうふうに読ましている聖典がありますけれども、善導の領解を通して言いますと、「世尊を見たてまつる」と、このように切るわけです。そして、改めて次のように言うわけです。

釈迦牟尼仏、身は紫金色にして、百宝の蓮華に坐したまえり。目連は左に侍り、阿難は右に在り。釈梵護世の諸天、虚空の中に在りて普く天華を雨らして、持もって供養す。

（『真聖全一』四九頁）

今読みました経文を、善導は、

正しく世尊自ら来たって請に赴きたもうことを明す。（『全集九』七九頁）

と、こういうふうに押えています。この一段は何を明らかにしているのかというと、世尊の自来赴請ということです。世尊が世尊自らの意志をもって自ら出来して韋提希の請い、いわば要望に応《こた》えようとして現われてくるということが、この一段に示されている。こういうふうに押えています。

考えてみますと、「自来」ということと、「赴請」ということとは、一見矛盾した言葉ですね。要求されてから来たのだということになると、「自来」ということにはならないわけです。普通に考えると、自ら来たのであれば、要求しようがしまいがかかわりがないということになるでしょう。

ところがここでは、自ら来たのであるけれども請いに赴くのだと、こういう「自来赴請」という言葉でこの一段を押えているわけです。この「自来赴請」というのはどういう問題を含んでいるのか。世尊が自らやって来て韋提希の要求に応えようとするのがこの一段だというけれども、それは、今申しましたように、一足飛びにいかない問題をもっている。それはどういう事柄なのかというと、それをもう一度押えまして、善導は、

これ世尊耆闍に在しますと雖も已に夫人の心念の意を知ることを明す。（『全集九』七九頁）

こういうふうに言うています。世尊は耆闍崛山という山の上においでになったけれども、すでにして韋提希夫人の心念の意を知っておられるということを、これは明らかにしているのだと、こういうふうに言うています。「已知」です。人間が知るに先立って、人間の課題を仏すでに知ろしめしておられるということです。その仏すでに知ろしめしておられるところから、人間の意識の底にある要求に応えようとした。だから、経典では「心の所念」と言うているのを、ここでは「心念の意」とわざわざ言いなおして、善導は領解するわけです。いわゆる意識的要求に応えるのではなくして、意識的要求の底にある願い、存在の根っこから出てくるような願いに応えるのだということです。

しかし、その意識的要求の底にあるような願いというのは、自我の意識にとらわれている人間にとっては、いまだかつて気づかないような要求である。気づかないけれども、生命が願うているような要求です。だから、世尊が自らやって来て請いに赴くというわけです。

請いというのは、意識的な要求に応えるというだけではなくして、その要求の根にある無意識、

無意識というよりも、存在の願い、いわば「愁憂」というような課題を背負うて生きている人間の存在全体が願うているような願い、そういう願いに応《こた》えようとして出てきたのだということです。だから、そういう意味では、あくまでも「自来」である。仏の意志において、衆生を救わんとして仏自身が出てこられたと、こういうふうに押えていくわけです。

善導は「心念の意」と言い、経典は「心の所念」と言うていますけれでも、これは、清沢満之が宗教心ということを押えて、「人心の至奥より出づる至盛の要求」と言われたことに相当するものでしょう。ここで清沢満之が押えているのは、「人心の要求」と言わないで、人心の最も深いところから出てくる最も盛んな願い、いわゆる存在の要求、生命の願い、というようなもの、それが実は宗教心なのだ。宗教的要求というのはこのようなものであって、意識的に狂ったようになって求めていても、意識内の問題である限りにおいて、至奥ではない。いわゆる、表面上の要求だということです。だから、どんなに悪戦苦闘して求めているようであっても、そのことが至奥の願いというものに触れしめるものでないならば、やはりそれは一つの特殊意識ということなのでしょう。存在の根っこから沸いて出るような願い、その願いが宗教的要求なのであって、その願いに応えるのが、実は真に宗教という名にふさわしい宗教だと、こういうわけです。

ところが、人心に応《こた》える、いわゆる心念に応えるというだけであるならば、人間を根源に帰さない。つまりめざめしめないで、人間を中途半端なところに置くわけですから、慰撫の宗教である。そういうものに選んでいこうというわけです。それがここの一段で明らかにしようとしている事柄なのだと、善導ははっきり押えているわけです。

応答の二重性

最近考えていることですが、宗教的出遇い、いわゆる人間におこる宗教的事実というのは、二重の構造をもっていると思うのです。「序分義」のはじめにも言いましたが、わたし流に「宗教における応答の二重性」という言葉を作って考えてみたのです。

そのことが最も端的に示されているのは、この一段だと思うのです。それはなぜかというと、いわゆる宗教的出遇いのなかには一つの大きな運動があるわけです。転回運動というようなものがあるわけです。人間を一転換さすという運動をなさしめる出遇いの事実を、「応答の二重性」という言葉で言おうとするのです。それを経文に即して言うならば、

耆闍崛山に在しまして、韋提希の心の所念を知ろしめして。(『真聖全一』四九頁)

という、これだけの言葉のなかにそのことを思うわけです。耆闍崛山というのは、仏が一如の法を説いている世界です。その一如の法を説いている世界に仏在しまして、韋提希夫人の心の所念を知ろしめしたと、こういうふうに示されていますね。そして、その仏自身が韋提希のところへ現われる現われ方は、

即ち大目犍連および阿難に勅して、空よりして来たらしめ、(『真聖全一』四九頁)

と言うています。韋提希は釈尊に対して、仏は尊い方であるからして、自分のようなところへはお

でまし願うことはできないだろう。せめて阿難尊者と目連とを使わしてくださいと、こういうふうに願う。

それに対して、仏はその言葉を受けとめて、目連と阿難に勅して、空よりして、韋提希の要求に応《こた》えて王宮へ行かしめた。ところが、仏自身はどういうかたちで出てきたかというと、仏自身は、

仏は、耆闍崛山より没して、王宮に出でたもう。（『真聖全一』四九頁）

仏の方は耆闍崛山から没出したと言うています。韋提希が要求した仏弟子は空から飛んで来た。それに対して、仏は隠れて出て、王宮へやって来た。表現がずいぶんこっていますね。韋提希は仏のおいでを要求していないのですから、仏は不請の衆生のところへ耆闍崛山から出る相は、没して王宮へ出た。没出である。韋提希が深刻な顔をして要求している宗教的要求の意識に対しては、目連と阿難尊者とを空から使わしたと、こういう二重構造をとらしています。これが大事なことなのだと思うのです。

それをわたしは二重性というのです。なぜかといいますと、人間の意識として現われた宗教心というものを頭ごなしにバカにするのであったならば、人間への手がかりがなくなってしまうわけです。それは自己自身の根源の要求にめざめないまま求めている相には違いないけれども、めざめないということはないということではないのであって、やがてそのことに触れることを通して、実は根源の要求にめざめる人間になるということへの信頼がなくてはならないわけです。いわゆる人間の意識的要求に対して、「おまえそんなものは本心ではないだろう」と言うて切って捨てるのでは、

少なくとも「諸の黎庶」といわれるようなものにとっては宗教は無縁になります。かというて「あそうかそうか」と言うて、要求したことだけを慰撫していくという直接的なふれあいで宗教が終わるならば、宗教は人間をめざめさせるということはできなくなります。ますます人間を眠らせていってしまいます。めざめを通して救いとすることがないならば、人間を眠らすばかりです。

いわば、高等な宗教は頭からどなりつけますし、高等に対して下等というわけではありませんが、直接的なふれあいをもって語る宗教は、人間をほんとうに根源にまでめざめさせるという用きをもたないわけです。だから、一重で語るならば、拒否すれば縁がなくなる、つながれば目を開くところまで人間を導いていくことができない。往々にして宗教問題はそういうかたちをとるのでしょう。そこに問題があると思うのです。

ところが、真の宗教は、心に応じつつ「所念」に答えるという二重性をもたなくてはならないわけです。意識の表面に現われた宗教的要求、つまり意識的な求道心、それがたとえどんなにお粗末に見えようとも、どんなに幼稚に見えようとも、その幼稚さをバカにしないわけです。

そういう意味で、まず韋提希の心に応じるわけです。この「応じて」の場合には、わたしは「応同」というのです。韋提希の心に「応同」するわけです。凡夫の意識の表面が言葉として出しているものに応同する。一つになっていくわけです。「応同」することを通して仏自身は何を為すのかというと、韋提希自身が自らの意識で知ることもできないような存在の根っこで求めている「所念」に解答を与えるわけです。「応同」し、解答を与えると、こういう二重構造をもって宗教的な出遇いというものが成就していくわけです。こういうことでしょうね。

空来の没出

それはわたしが勝手に言うているというわけではなくして、すでにして善導が押えていることです。だから、善導はその問題を押えて、このように言うています。

即ち大目犍連および阿難に勅して、空よりして来たらしめ、(『真聖全一』四九頁)

という経文については、

「勅大目連等従空而来」と言うは、これ夫人の請に応ずることを明す。(『全集九』七九頁)

と、ここでは、はっきり言うています。目連と阿難尊者とを遣わしたというのは何かというと、韋提希夫人の請いに応じたのである。請いに「応同」したのだ、ということが明らかにされている。そして、もう一つ、釈尊自身のお出ましのすがた、いわゆる「仏は、耆闍崛山より没して、王宮に出でたもう」という、いわゆる韋提希の「心の所念」に応えるというところでは、釈尊自身は「世尊自ら来たって請に赴きたもう」と、いちばん最初に押えたような問題があるというわけです。

かた方は、韋提希自身の意識的要求に「応同」するというかたちで、目連と阿難とを遣わした。仏が没出するというところでは、いちばん最初に規定していますような、「自来」というかたちで出てきた。その仏自らが出てくるということではなくして、自ら来たるということがそのまま請いに赴くということになっている。深い「所念」に応えていくことになっていると、こういうふうに押えています。

善導の説明は、どうしてそのようにこっそり没して出てきたのかというのに対して、おそらくお弟子といっしょに空からやって来たならば、阿闍世王がそれを知って厳しく止めるだろう。だからこっそりと来られたのだと、こういうふうに一応解釈しています。しかし、内実は何かというと、人間の意識を超えたかたちで出てくるということです。人間の意識を超えたかたちで人間に応えようとするということを言おうとするわけです。『観無量寿経』を解釈するいちばん終りの「散善義」のいちばんおしまいのところでもう一遍この問題を善導が取り上げますが、その取り上げるところでは、

如来神力転変無方なり。隠顕機に随って、王宮に密に化す。（『全集九』二一八頁）

と、こう言うています。如来の威神力というのは転変無方だ。こういうふうに押えて、だから隠れてお出ましになることも、顕れてお出ましになることも、それは機に随うのだと、このように言うています。

すなわち、仏の出現は機に随って、自在に隠れ自在に顕れるというかたちで出てくる。だからして、この一段は正に韋提希の機に随って、実に密に化したもうということで没出したもうたのだと、こういうふうにあくまでも釈尊の自在力のところへかけて問題を解釈しています。ということは、ただみんなが見るから空からは入らないという話ではなくして、根機に応えて没出したもうたのだと、後のところではっきりと押えていますように、そこに仏の「自来」ということがあるわけで

す。その「自来」は、さらに押えて申しますならば、耆闍崛山に在しまして、一如、真理を説いていた釈尊が、正に「如来」されたということです。

「従如来生」といいますが、この「従如来生」というのは中国人がこういうふうに解釈しただけであって、少々説明が過ぎるのでしょう。如より来生するというと、如というような世界があって、そこからトコトコと出てくるように感じますね。しかし、そうではないのでしょう。「如来」なのでしょう。「如来たる」です。来たるというのは、ただ「やって来る」というだけではなくして、用くことですね。「如」が「如」の実をそこであらわにするということです。だから、如が如にとどまらずして、如が正に内実をもつ、如が正に用きをもつ、如の具現があるということです。

そういう意味では、「如来」というのと、ここで「自来」というのとは、同じことであって、地上の根源的な要求に応えようとする用きそのものであるわけです。

逆対応

しかも、ここの経説は非常にていねいに善導が釈していますね。没出ということについて、「此に没して彼に出づ」という言葉を使っています。

普通はこれと逆な言い方が妥当なように見えませんか。「彼に没して此に出づ」と、こう言うと、如より来たのだと、わかるのではないですか。彼岸の世界を没してこの現実へお出ましになった、それが「如来」だと、こう言えばすんなりと説明がされます。

しかし、この場合は逆になっていますね。「此に没して彼に出づ」と、このように言うています。だから、「彼」というのは王宮です。「此」は耆闍崛山でしょう。だから、如来をわれわれが説明しようとするならば、「彼に没して此に出づ」と、こう言えば、如来の説明としては百点満点でしょう。

ところが、善導はあえて逆に押えたわけです。「此に没して彼に出づ」。だから、あくまでもこれが仏の「自来」ということなのです。いわば、如来ということを言葉にして明らかにしているわけです。あくまでも「此」なのですよ。「此」というのは如来において言うている言葉です。仏において言うている言葉でしょう。人間から言うと彼方かしらないけれども、仏においてはそれのみが故郷です。仏の場です。

もし説明的に言うならば、「此」は本来です。とするならば、われわれが現実と言うているのは非本来です。ですから、本来の世界を没して非本来の世界に出るということを通して、非本来にめざましめて本来へ帰せしめるわけです。それが如来、如去です。これこそ実は如来という言葉の徹底した領解でしょう。

如来という言葉を説明するならば、「彼に没して此に出づ」と、これでいいのですけれども、如来ということを頷こうとするならば、「此に没して彼に出づ」というところに如来の如来たる所以があり、如来の如来たることが明らかに、具体的になるわけです。だから、本来の世界を没して非本来の世界へ出てくる。非本来の世界は本来をいつも拒否している世界ですね。不請です。本来を求めることなくして、その非本来のなかに転変していく、すなわち迷いというかたちをとるわけです。

それに対して、正に本来は、本来の世界を没して非本来の世界に自らを顕現することを通して、不請の友となって不請の法を説き、そして一切衆生、つまり非本来の衆生を自己の生命として本来の世界にめざめる存在にしようという用き、それが如来の用きです。それを善導は、ここではこのように押えてきているわけです。

そういう意味で、宗教というものは二重性なのです。表に現われた要求を決してバカにしない。あるいは、それを決しておろそかにしない。そのことを唯一無二の手がかりとして、いわば無上の方便として真実の願いというものに解決を与えようという用きをするわけです。そこに「自来赴請」で、自ら来たって請いに赴くという如来の用きがあると、このように善導は押えてきます。

こういうところに、宗教における応答の二重性、問いと答えとの二重のかかわり方というものがあると思うのです。そういう二重性をもつところに、初めて真実の宗教的出遇いの成就ということがある。そういう意味では、宗教的出遇いというのは、くり返し言いますけれども、人と人との出遇いというよりも、文字通り教と機との出遇いですね。人と人との出遇い、つまり釈尊という人とわたしという人間の出遇いであるよりも、そのなかにあるものは、教、いわゆる如来如実言と、その教に遇う機との出遇いです。機教の相応です。だから、そういう教と機との相応というのは、仏とわたしが真向かいになって相応するのでなしに、わたしが逃げていくかたちをとっている。

いわば、哲学の言葉を借りて言うならば、順対応でなくて逆対応です。背くものを包むという出遇いですから、その背くものを包むというところに宗教の真実ということがあるわけです。機というものは一如に背く存在であったと頷くというかたちで、教に遇うていくというわけです。

未覚者の知見

親鸞も摂取不捨というのは、

ものの にくるをおわえとるなり。（『全集二』五一頁）

と左仮名しています。背く者を包むというところに、教と機との相応ということがあるわけです。つまり背く者と、それを包むというところに、一重の関係で触れることのできない問題があるわけです。背く者は背いていることに眼をさまさなくてはならない。しかし、眼をさますのは、ただ眼をさますというわけにはいかない。眼をさまさせられるということがなくてはならない。人間は背いたことにめざめないで、自我の要求に転化して仏を求めているというかたちをとっている。それに応同しつつ、そのことがいかに仏から遠くある存在であるかということに気づかしめるということを通して、真に背く者を包むという応《こた》えがある。そこに宗教の二重性というようなことがあるのではないかと思うのです。このような二重の応答ということが宗教的出遇いというものの具体的内容なのであって、その出遇いのすがたが、

時に韋提希、礼し已りて頭を挙げて、世尊を見たてまつる。（『真聖全一』四九頁）

という経説のところに出てくるわけですね。

ところが、善導はその「頭を挙げて、世尊を見たてまつる」という経説を押えて、こういうふうに言っています。「夫人の敬を致すの時を明すなり」と、こういうふうに押えておいて、

「見仏世尊」と言うは、これ世尊宮中に已に出でて夫人をして頭を挙げて即ち見せしむることを致すことを明す。（『全集九』七九頁）

と、このようにやっかいな解釈をしていますね。経典の方は、頭を挙げて仏を見たと、こういうふうに書いてあるわけです。だから、頭を挙げて仏を見たのは韋提希自身です。ところが、善導はそれを解釈する時に、仏が王舎城の王宮にお出ましになって、韋提希夫人をして頭を挙げて、そして仏を見せしめたと、こういうふうに言っています。だから、もっとていねいに言うと、頭を挙げしめて仏を見させたと、こういうふうに言うています。見たのは確かに韋提希です。韋提希自身の目で見たということが、実は仏自身の用きだという表現のしかたですね。

ここに一つの問題があるわけです。言葉をつめていうならば、未覚者が覚者を見るということは決してないということを明瞭にしているわけです。韋提希は未覚者です。めざめない人間です。めざめない人間がめざめた仏を拝んだと、こういうふうに経典そのものは書いていますけれども、善導はそこを押えるわけでしょう。めざめない人間が覚者を見るということはない。このようなことはありえない。いかなる意味においても、未覚者が仏を見るということはない。未覚者が覚者を見るということはない。未覚者が見るものは未覚者でしかないわけです。人間が見るものは人間的な

ことでしかないわけです。だから、人間は人間以上のものを見ないけれども、人間以下のものも見ない。これは、そういう道理です。

あいつは鬼みたいな人間だといいますが、鬼みたいな人間しか見ないわけです。あの人は清浄な生き方をして、仏様のような人だと言うている時は、仏様のような人しか見ないわけです。やはり、鬼のような人を見るのですし、仏のような人を見るのであって、鬼を見ることもないし、仏を見ることもない。そこに未覚者という問題があります。

このことがはっきりしないからして、宗教という問題が混乱するのではないのですか。人間が仏を見たというようなことを言い出すものだから、ややこしいことになるのですよ。幻想をあたかも仏であるかの如く錯覚をして、錯覚が救いであるかの如く思われるということになっていくわけです。そういう興奮状態みたいな、神経の異常な高ぶりが救いであるかの如き錯誤というものを善導は許さないわけです。

つまり、人間はどんな苦悩のなかにあっても人間以下のものを見ることはない。人間はどんな喜びのなかにあっても人間以上のものを見ることはない。人間が見ているものは人間だと、こういう澄んだ目でもって押えているのです。

ところが、人間が見るものは人間しかない限りにおいて人間にストレートなかたちでは救いはない、ということをはっきりしておかなくてはならないわけです。そうすると、見ることのできない人間が、実は人間を超えたものに触れなくてはならない。それは人間の大きな課題です。人間の力で見ることのできないものに人間が触れなければ人間そのものは解決しないという、深い問題をかかえている。その深い問題が表現された時には、「愁憂」、不安というような、きわめて漠然としたすがたをとって現われてくるわけです。

だからして、人間がほんとうにめざめるということは、実は人間からの方向ではなくして、むしろ人間そのものが一転換するような方向としてしかないのだというところに、未覚者が覚者を見ることがない。にもかかわらず、未覚者は覚者の言葉を聞かずしては覚者になれないという、大きな問題があるのです。

そういう意味では、未覚者は覚者を見ることができない、しかし未覚者ゆえに覚者に遇わなくてはならない。そういう論理的にいうならば矛盾ですが、そういう矛盾的事実のところに宗教問題というものの深みがあるわけです。

所照者の知見

ところで、その未覚者と覚者という、このかかわりで宗教ということがあるのですけれども、しかし未覚者は覚者を見ることができない、にもかかわらず、未覚者ゆえに覚者に遇わなくてはならないという課題を背負うている。その出遇いの事実を、たとえば『法華経』では、特に「唯仏与仏の知見」という言葉で言うのでしょう。宗教的出遇いの根源にあるのは「唯仏与仏の知見」だ。仏と仏との出遇いだと言います。『大無量寿経』では、「発起序」のいちばん最初の序のところで、阿難と仏との出遇いを「仏仏相念」と言いますね。凡夫と仏が出遇ったとは言うていません。

去・来・現の仏、仏と仏と相念じたまえり。今の仏も諸仏を念じたもうことなきことを得んや。

（『真聖全一』四頁）

こういうふうに阿難は仏の姿を拝んで、驚いていますね。過去の仏も、現在の仏も、未来の仏も、お互いに仏と仏は相念じおうている。とすると、今の仏、つまり仏陀釈尊も必ず諸仏を見たてまっておいでになるにちがいない。その諸仏を見たてまつっておられる姿が「光顔巍巍」というすがたで表現されているのだろうと、こういうふうに阿難が言うています。

そうすると、未覚者が覚者に出遇うということはない、人間が仏を見ることはない、人間には仏を見る眼はない、にもかかわらず、仏に遇わなくては人間の問題が解決しないという問題を押えて、善導は、

これ世尊宮中に已に出でて夫人をして頭を挙げて即ち見せしむることを致すことを明す。

（『全集九』七九頁）

と、こういうことを言うているわけです。人間の能力で仏を見たのではなくして、仏の用きによって仏を見たのだと、こういうふうにわざわざ言葉を押えているわけです。

少し抽象化して言うならば、未覚という相をとってあるところの仏性を、覚者はすでに知ろしめして、その仏性開覚の場所として人間の生存の事実を提起したのだというようなものです。だから、仏がすでにして自ら来たのですから、韋提希という一人の未覚者、凡夫のところへ現われて、凡夫

をして仏を見るようにせしめている。したがって、韋提希は仏の用きによって仏を見ている。韋提希の能力で仏を見ているのではないのだというわけです。

このように人間が仏に遇うたというできごとを押えて、仏の用きによって、頭を挙げることのできない人間が頭を挙げしめられ、仏を見ることのできない人間が仏を見せしめられたと、こういうふうに押えている。そうすると、仏とは何かというと、頭を挙げない人間をして頭を挙げしめ、仏を見ることのできない人間をして仏を見せしめるという用きをなす、その用きを「如来」というのです。如来の行と、こういうわけでしょう。

だから、仏を見せしめられた方の人間は、その時点で言うならば、自主性がないわけです。いや首根っこをつかまえて頭を挙げさせられたような話ですから、愚痴が出るわけです。本音が出るわけです。その、いわばドロをはかないと仏にほんとうに遇えない。ドロをはいたことを通して仏に遇うという、ずいぶんやっかいなかたちで示しています。

ところが、そこに実は人間の大きな転換、廻心というような問題があるわけです。見せしめられるということを通して見る人間になるという転換があるわけです。そうすると、同時にまた、未覚者を覚者にせしむるというところに仏の仏たる所以があるのです。それが実は仏の出世本懐という問題なのです。だから、ここでわざわざ経言を押えて、「時に韋提希、礼し已りて頭を挙げて、世尊を見たてまつる。釈迦牟尼仏、云々」と言うわけです。

それは、はじめに注意しましたように、「世尊釈迦牟尼仏を見たてまつる」と読んでしまうと、わけがわからなくなるわけです。「世尊を見たてまつる」と、こう押えておいて、そこでその見せしむるような仏、すなわち釈迦牟尼仏の出世とは何かと、このように押えてくるわけですね。だから、釈迦牟尼仏の出世の本懐とは何かということがそこに出てくるわけです。そして、釈迦牟尼仏の出世の本懐、つまり仏陀釈尊が人間界に誕生するということの意味は、苦悩の衆生すなわち未覚者をして覚者たらしむるという仕事をすることである。それこそ「仏事」です。如来の行を行ずるということであるわけです。

阿弥陀仏の出現

そういう如来の行を行ずる釈迦牟尼仏陀の出世の本懐のあり方というのが、この経典では非常に象徴的に示されているのです。その象徴的だというのは、「釈梵護世」という、いわゆる帝釈天だとか、梵天だとか、その他の天界の仏法護持の神々がどこからともなく集まってきて、釈尊はきっと今に珍しい話をしてくれるだろうというて讃嘆して、「未聞の益」を聞こうとして耳をそばだてていたと、このように経文に書いてあるわけです。

普通に読んでいけば、どうということもないでしょう。「そういう話かなあ」だけで終わるわけです。ところが、善導はそれを見逃がさないわけです。そこに実は『観無量寿経』における仏陀の出世本懐ということが、そういう象徴的な表現をとって説かれているのだと、このように善導は押えていくわけです。これが大事なことですし、おそらく善導がこういうふうに『観無量寿経』における釈迦牟尼仏が人間界に現われた本来の意味を押えようとしたところには、そこには『大無量寿経』の釈尊出世本懐の経説というものを憶念しておられたにちがいないと思うのです。そうでなければ、「釈梵護世の諸天」が空より来たというような話はそんなに大事な問題として取り上げられるということはなかったのではないかと思うのです。

また逆にこの『観無量寿経』における釈尊の出世本懐ということを通してみますと、初めてあの『大無量寿経』の阿難と釈尊との出遇いの意味がよくわかるのですよ。『大無量寿経』の方では、阿難が座より立って、そして「光顔巍巍として、威神極まりましまさず」という釈尊を見て、「未曽見」と言うて驚いた。そして、「唯然《やや》なり」と言うた。自分で「ああそうだ」と頷いて、そして「今日、世尊、奇特の法に住したまえり」と、こう言うて、釈尊が「光顔巍巍」という姿をとっておられるのはこういうことがあるからだろうと、仏陀釈尊の内面の心情をおもんばかって、「五徳現瑞」を讃嘆しますね。

『大無量寿経』を読んでいると、阿難という人は偉い人だ。仏様の心のなかまでよく見抜いた、ということになります。ところが、『大無量寿経』でそのように示されていることは、具体的な歴史的現実に生きている人間と、仏との出遇いということになると、惨たんたるものなのです。「光顔巍巍」とはまるでさかさまみたいなことです。韋提希のように子どもにいじめられて、どうにもこうにもならないというようなところで仏に遇うのです。その惨たんたるものの相のなかに、実はあの「光顔巍巍」として『大無量寿経』に書かれるような、出世本懐ということの具体性があるわけです。そういうことは『観無量寿経』を通さないとわからないことですし、その『観無量寿経』というものはまた『大無量寿経』を鏡としないと一編の物語に終わっていってしまうわけでしょう。

さらにいえば、正依の『大無量寿経』では、

今日、世尊、奇特の法に住したまえり。　今日、世雄、仏の所住に住したまえり。
今日、世眼、導師の行に住したまえり。　今日、世英、最勝の道に住したまえり。
今日、天尊、如来の徳を行じたまえり。
去・来・現の仏、仏と仏と相念じたまえり。（『真聖全一』四頁）

と、こういうふうに五つの徳をあげています。

ところが、異訳の『如来会』という経典になりますと、二つの徳で押えています。二つの徳というのは、

大寂定に入りて如来の行を行じ、（『真聖全一』一八六頁）

と、簡明直截に説いています。仏陀釈尊が弥陀三昧に入って如来の行を行じているというわけです。

五徳現瑞（無量寿経）
- 今日世尊、住㆓奇特法㆒
- 今日世雄、住㆓仏所住㆒
- 今日世眼、住㆓導師行㆒
- 今日世英、住㆓最勝道㆒
- 今日天尊、行㆓如来徳㆒

二徳（如来会）
- 入㆓大寂定㆒
- 行㆓如来行㆒

一宗教的偉人である釈迦が、宗教的天才の能力をもって、人間を宗教者に育てたのだとは言わない。そこでは一宗教的偉人は消えるわけです。どんなに偉大であっても一宗教的偉人は人間を真に覚者たらしむることはできない。にもかかわらず、釈尊が出てきて人々を救うという。そういう仏教というものを興起したということはどういうことか。それは、一人の歴史的人物である釈尊が大寂定弥陀三昧に入って、宗教的偉人の行を行じたのではなくして、如来の行を行じたのだというわけです。如来の行を行じた、そこに覚者の覚者たる所以がある。こういうふうに、ここで押えていくのです。

さて、『観無量寿経』の方では「釈迦牟尼仏」と、このように押えまして、その釈迦牟尼仏の出てくる姿が、

釈迦牟尼仏、身は紫金色にして、百宝の蓮華に坐したまえり。目連は左に侍り、阿難は右に在り。釈梵護世の諸天、虚空の中に在りて普く天華を雨らし、持もって供養す。

（『真聖全一』四九頁）

と説かれています。そこで「釈迦牟尼仏」と、こういうふうに押えたのはなぜかと、善導は一つずつ押えていきます。釈迦牟尼仏というたのは余仏に簡異するのだ。他の仏に簡《えら》んだのだ。諸仏が出てきたのではなくて、釈迦牟尼仏が出てこられたのだと言うています。だから、釈迦牟尼仏というのは、余仏に簡異して釈迦を標定したのだ。出てこられたのは弥勒でもないし、観音でもないし、勢至でもない。あくまでも釈迦牟尼仏が出てきたのだ。このように押えたのは、余仏に簡んだのだ。

それは、人間の姿をとって人間界に誕生した釈尊なのだということを押えたのである。あれは釈尊とはちがうのではないだろうかという疑いをおこさないようにしたのだと、こういうふうに押えています。

善導がなぜそのようなことを言うのかと申しますと、善導は釈尊を「娑婆の化主」と言うていますね。その「娑婆の化主」の仕事は何かというと、釈尊という一人の人間の能力で用いていくというのではなくして、「如来の行を行ずる」というのが「娑婆の化主」の「娑婆の化主」たる所以なのだということです。

だから、あえて諸仏に簡んだということは、諸仏が出たというのでは話がはっきりしないわけです。善導自身が注意をしているように諸仏、つまり、あらゆる仏という名前は、どの仏にも通用していくし、またどの仏も三十二相八十随形好といわれるように、仏は平等の姿をもっておられるということになる。そういう話で終わるのならば、仏陀の出世ということは一般論になるわけですよ。仏という用きが具体性をもたない。いわゆる一般的仏の概念をもって宗教を語っていくというだけに終わっていくわけです。そういう、宗教の一般論化ではない。あくまでも釈尊が出てきたのである。その釈尊出世の意味ということが、ここで明瞭にならなくてはならないのだと、このように押えている。その釈尊誕生の意味が、『観無量寿経』ではまず「身は紫金色」だという言葉で語られているわけです。

紫金というのは、金のなかの最も勝れた金ですね。しかし、いくら釈尊であっても紫金色をして出てきたわけではないでしょう。やはり、茶褐色ですか白ですか知らないけれども、そういう膚色で出てこられたのでしょう。しかし、ここではあえて「身は紫金色」と説かれている。その「紫金色」という、きわめて象徴的な言葉で釈尊の姿が語られているというところに、単なる人間釈迦の誕生という問題でないということが押えられている。つまり、仏身として出てこられた、如来身として出てこられたのだということです。

座の決定

その如来身だということをどこで証するのかというと、出てこられた釈尊というのは「百宝の蓮華に坐したまえり」となっています。蓮華の上に端座しておいでになるという姿で出てこられたというわけです。それを善導は、

「坐百宝華」と言うは、余坐に簡異するなり。（『全集九』七九頁）

と言うて押えています。蓮華に座しておられるということは、何でもないことのようですが、その蓮華の上に座っているというところに善導は注目したわけです。

仏教の教学の大成だといわれている天台の教学で、「五時八教の教判」というのがありますね。釈尊の説法、いわゆる一代仏教は「五時」、つまり五つの時期があって説かれている。そして、その仏陀の説法のあり方には、「八教」というように、八つの説き方がされている。その「五時八教」の教相判釈」をもって天台教学の中心である『法華経』の位置づけをするわけです。その「五時八

教」のいちばん最後の時に説かれたものが、いうまでもなく『法華経』だと、こう言うてくるわけですね。

いちばん最初に説かれたのは『華厳経』である。最初に『華厳経』を説いた、ところが難しくてだれもわからない。これではだめだというて、次に『阿含経』を説いた。その『阿含経』を説いたところから、しだいに進んでいって、『方等経』を説いて、『般若経』を説いて、そして最後に『法華』、『涅槃』の経を説いた。だから、『法華』、『涅槃』の経は同時であって、そのなかでも『法華経』こそは最後に説かれた真実経である。それまでの経は方便の経であって、「未顕真実」の経である。それに対して『法華経』は真実開顕の経だと、こういうふうに位置づけていくわけです。

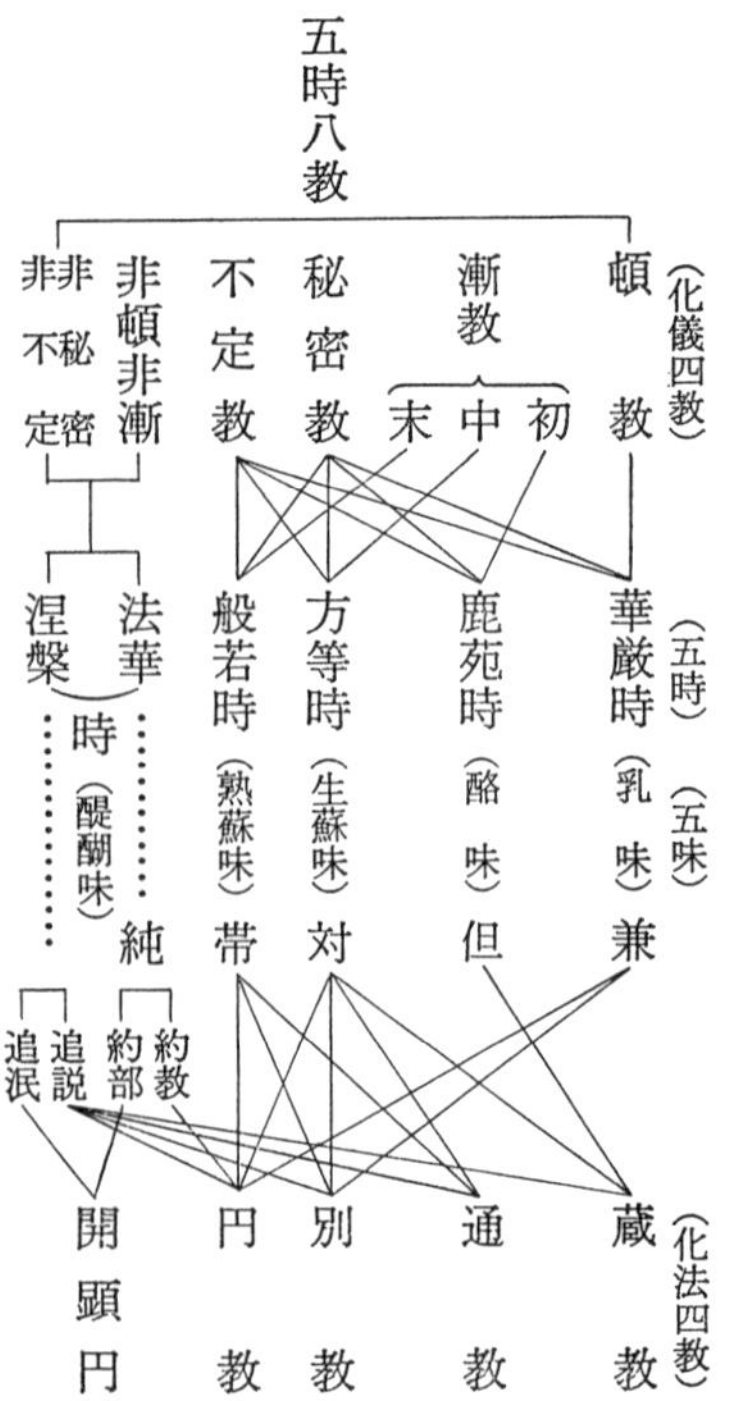

そのなかで「八教」というのがありまして、いわゆる、頓・漸・秘密・不定という四つの説き方がある。それを化儀の四教といいます。そして、不定教が『法華』『涅槃』だと、このように位置づけるのです。それから、「化法の四教」といいますから、内容からいうならば、最初に説かれていたのを蔵教、その次は通教、その次は別教、そしていちばん最後に円教、つまり完全円満な教が説かれる。その完全円満な教が『法華経』だと、こういうふうに位置づけているのが、簡単にいえば「五時八教の教判」です。

その「五時八教」のなかの、蔵・通・別・円という、この「化法の四教」ということを天台大師が説明する時に、仏の相で説明しているのです。その蔵教を説く時の仏はどんな姿で出てこられたか、別教を説く時は、通教を説く時は、円教を説く時はと、こういうふうに説明していくわけです。その時に何で決めているかといえば、何の上へ座って説かれているかということで決めているのです。何の上へ立って仏は説法しているかということで位置づけをしているわけです。つまり、座で決めるわけですね。

いうなれば、何を根拠にしてそれを言うているのかというようなことですね。根拠が座なのです。どこに立ってものを言うているのだということなのでしょう。そのどこに立っているのか、ということがはっきりしませんと、人間の問題でもやっかいになるわけでしょう。天台大師は、仏はどこに立ってこの経を説いたのかという、その座で経典の性格を決めているわけです。

まず、いちばん最初の蔵教を説く時の仏は、劣応身だといいます。法・報・応の三身のうちの応身である。応身であっても劣応身だというのです。仏に劣だとか勝だとかいうことがあるかどうか知りませんが、劣応身だというわけです。その劣応身は何を座にして説いているかというと、草の坐の上に在って説かれるというています。草の座の上に在ってということは何を象徴しているのかというと、大覚世尊が成道をしていかれた姿に託しているわけです。決して高いところに立ってではなく、生えている草の上から説法しているわけです。そこでは人間釈尊だというわけですね。だから、劣応身は草座に居して説いていると、こういいます。

その次の通教を説いている時の釈尊は、やはり応身にはちがいないけれども、勝れた応身だというわけです。勝れているという意味は、応身は応身でも単なる応身ではなくして、内容にあるものは、報身である。いわば報身なのだけれども、あえて応身の姿をとって説いている。その仏はどういう座の上に居しておいでになるかというと、天衣座だというのです。天衣座というのは、天人の衣を座にして居しているのでしょうか。ともあれ天衣をもって座として説法をしておられるのを通教の仏という。

さらに進んで、別教を説かれる時の仏は、やはり釈尊にちがいないけれども、別教を説かれる時は、いわゆる応身ではなくして、それは報身である。本願に酬報した報身仏は何の座の上で説法されたかというと、報身こそ蓮華座に居して説法されたと、こういうふうに言っています。

さらに、円教を説かれた時は、もう一つ高いところへのぼっていかれるのです。円教を説かれる時には、仏はもはや報身とか応身とかいうものを超えて、法身の説法なのです。そのときには、何を坐にするかというと、虚空をもって座とする。いわゆる、座のないところを座として説法されたわけです。

そうすると、蓮華を座として説法する仏は報身仏だということです。善導は、一つにはこういうことにも着眼していたのではないかと思います。

もう一つは、そんな遠いところへ求めなくても、『観無量寿経』そのものが語っているわけです。それは正宗分の「華座観」のところにあるわけです。蓮華の座というものは何かというと、善導は「法蔵願力の所成だ」と、こういうふうに言っています。法蔵菩薩の本願力によって成り立っているのが蓮華の座だと言うています。

このように見てきますと、釈迦牟尼仏というのですから、現われたのは人間釈迦です。応身であるべき釈迦牟尼仏が座にしているのは何を座にしているのかというと、報身の座を自己の座としているというわけです。応身である釈迦牟尼仏が、本願に酬報する座、本願を座として立っておられると、こういうことです。だから、釈迦牟尼仏が座にしているのは、宗教的偉人という能力を座にして語っているのではない。釈迦牟尼仏が座にしているのは、阿弥陀の本願を自己の座として出てこられたのだと、こういうふうに座で押えているわけです。

何を根拠として、何によって釈尊が韋提希という一人の人間の救いを説こうとしているのかというと、韋提希という一人の愚かな人間の救いだから手軽にやっていきましょうというわけにいかないということです。韋提希という一人の実業の凡夫の救いは、実は手軽にというわけにいかないという問題をもっている。実業の凡夫の救いは本願以外にない。本願を座とする時、初めて実業の凡夫の救いが成就する。これが善導が言おうとすることなのです。だから、釈尊の出世というのは、阿弥陀の本願を座として出世されたのだということです。

それを『大無量寿経』へかえせば、「大寂定、弥陀三昧に入って、如来の行を行ずる」ということなのでありましょう。それは、偉人釈迦が偉人の能力によって人間をめざめさすということはできないということです。いうなれば、釈尊がいかにすぐれているといえども、その釈尊個人のすぐれた能力をもっては、一人の人間をもめざますというようなことはできないというところに、実は最も深い意味での人格の尊厳というものがあるということが現わされているのです。そこには、侵すこともできないし、侵されることもないという問題があるわけです。

釈尊の出世本懐

そうすると、釈尊が現実に出生されたという意味は、釈尊自身が個人性をはらうということに目を開いて、初めてすべての人間の私有の心をはらっていくという、めざめを開示していくところにあるということができる。だから、釈尊は釈迦という人間の座に立っているのではなくして、阿弥陀の本願を座として、人間界に出興し、すべての人間に阿弥陀の本願を説くことによって人間をして如来たらしむるのだと、こういうことですね。

もっと端的な表現をとるならば、釈尊と韋提希とが平等の座に立つような世界に身を置いたということです。阿弥陀の本願を憶念した釈尊が、阿弥陀の本願を憶念する韋提希を誕生せしめる。それが「如来の行を行ずる」ということです。「如来の行」のみが人間をして真なるめざめということを成就していく。こういうふうに善導は押えていくわけです。

そういう釈尊の出世であるからして、人間韋提希、未覚者韋提希の目から見ると、その釈尊のすがたは蓮華を座にしていても見えないのですよ。むしろ自分をいじめた張本人にしか見えなくなるわけです。そうすると、「紫金色」のすがたで蓮華を座としてお出ましになった釈尊をだれが見たのかというと、韋提希ではなくして、実は「釈梵護世の諸天」が見たわけです。いわゆる、帝釈天だとか、梵天だとか、四天王だとかいわれる仏法護持の神々だといわれる存在が見ているというのです。そのような神々が見ていて、天華を雨《あめふ》らせて供養したと、こういうふうに説いてある。それこそ実は出世本懐ということの具体的な意味だろう、と善導は押えていくわけですね。

それを『観経疏』では、

「釈梵護世」と言うは、これ天王衆等、仏世尊隠れて王宮に顕わしたもうを見るに、必ず希奇の法を説きたもうべし、我ら天人、韋提に因るが故に未聞の益を聴くことを得ん、各本念に乗じて普く空に住臨して、天耳に遙に飡して、華を雨らせて供養することを明す。

（『全集九』八〇頁）

となっています。これは、韋提希は見せしめられたのですけれども、見れども見えずというすがたで、ここに釈尊を迎えるわけです。ところが、諸天が見た。諸天はどういうふうに見たかというと、深い感動をもって釈尊を迎えたというのです。一如を説く耆闍崛山からすがたを隠して王舎城にお出ましになったのだから、必ず希奇の法を説かれるにちがいない。「必ず」と、こう押えていますね。ただ出てこられたのではない。必ず希奇の法、つまり未だかつて聞いたことのない、驚くべき教えを説くにちがいない。このように諸天は釈尊を迎えて感動したというのです。

「我ら天人、韋提に因るが故に」と、こういうふうに押えていますね。「韋提に因るが故に未聞の益を聞くことを得ん」と、このように、いまだかつて聞いたことのない説法の利益を必ず聞くことができるにちがいない。韋提希の請いによって我ら天人は未聞の益を必ず聴聞することができるにちがいない、という深い感動をもったわけです。そして、「各本念に乗じて」と、こう言うています。本念、つまり、人から頼まれてとか、人の心でではなくて、その諸天の本念、内から沸いてくるような、その心で仏を讃嘆して、華を雨《あめふ》らせて供養したと、こういうふうに言うています。

天耳遙に湌して、華を雨らせて供養することを明す。（『全集九』八〇頁）

と、こう言うていますね。おそらく善導はここの経文をずいぶん感動して読んでいかれたのでしょう。一つ一つ吟味しています。

「必ず希奇の法を説く」と天人は信じた。そして、「韋提に因るが故に未聞の益を聴くことを得ん」と言うて、諸天は各本念に乗じて、人耳ではなく天人の耳をもって、全身耳にして待っていたというわけです。というところに、実は韋提希個人は釈尊の紫金色のすがたを見ることもできず、蓮華の座に立ちたもう所以も知らずして、「我、宿何の罪ありてか」と言わざるをえないかたちでしか仏を見ることができなかったけれども、天人はその釈尊の出世を見て、必ず希奇の法を説いて、そして未聞の益を聴かれるにちがいないというので、天耳をもって自己の本念に乗じてその教えを聞こうとして、雲の集まるが如く雲集したと言うています。ずいぶん象徴的な表現をとっています。

これは象徴的だからして解釈しない方がいいのかもしれませんが、私はあえて一度言い切ってみるわけです。それが完全な解釈であるというふうに主張するわけでは決してありません。しかし、韋提希をして見せしめたという釈尊のすがたが、どうしてこういうかたちで説かれているのかというと、その中心は「韋提に因るが故に」という一句のところにあると思うのです。

生命の願い

それでは、帝釈天だとか、梵天だとかいうて説明されているものはいったい何かというと、いわば仏陀出世の本懐に頷く心ではないでしょうか。頷く人というよりも、頷く心である。

では、その頷く心とは何なのかと問い直してみますと、「釈梵護世の諸天」というかたちで象徴的に説かれているところに、実は韋提希の我執がおおっている生命があるのだろうと思うのです。我執におおわれている生命、いうならば、韋提希の我執は紫金色の仏身を見ることもできず、蓮華の座に立っておられる意味を知ることもできない。韋提希自身の我執はそれを見ることを拒否している。しかし、我執でおおわれている韋提希自身の生命は、実はもうすでにして韋提希のその苦悩のなかで仏の説かれる未聞の益を聴こうとして待っているというわけです。

押えていえば、諸天とは宿業の世界の象徴化でしょう。いわば、生命の象徴化です。自我心によって執せられるような自身の象徴化です。自身の世界はいつでも未聞の益を聴こうとし、希奇の法を聞こうとするわけです。それを疎外しているのは何かというと、我執なのでしょう。そういう意味では、やがて「法蔵菩薩願力の所成」に立った釈尊の説法を聞くのは、法蔵菩薩をもって根本生命とするような宿業の大地が聞くわけです。諸天とはその宿業の大地の象徴化だと思うのです。

そこにこそ生き生きとした生命が耳を傾けているという世界があるのでしょう。意識は拒否しているが生命が求めている。その拒否している意識が生命の世界へかえるのに、実は大きな転換がいる。それは我執の我が身を仏の前にさらすというすがたをとってしか現われることがない。そこに、こういう象徴的な経説を通してほんとうに仏陀出世の本懐の教、つまり未聞の益を得、希奇の法を聞こうとしている生命の願いというものがあるということを示しているのでしょう。ここに善導は生命の願いというものを見ているわけです。

そうすると、ここに説かれているのは、韋提希の意識は釈尊の出世本懐に遇いつつも、それをうらみの言葉をもって迎えなくてはならない。けれども、韋提希の生命は、希奇の法を説くにちがいない。未聞の益を得ることができるにちがいないと、耳をそばだてて聞いている。そういう世界の象徴化であるわけです。

これはやがて説法が進んで「華座観」のところへきて、「諦かに聴き、諦かに聴け。我いま汝がために苦悩を除くの法を説かん」と、このように説いた釈尊の言葉が消えて、宮中に弥陀三尊が現われたという象徴的な表現で説かれていることと、相呼応しているわけです。この「厭苦縁」では、釈尊の出世ということのなかに出世本懐の意味が示されている。それはやがて韋提希自身に見えるというすがたをとったのはどこかというと、「華座観」です。「華座観」のところでは、「苦悩を除くの法を説かん」と、釈尊がそう言うわけですから、そういう声を聞いている韋提希自身に、「苦悩を除くの法」が聞けるという世界が開かれているわけでしょう。そういう意味で、善導はこの象徴的な経説を深い感動をもって領解しているのであろうと思うのであります。

(4)　深き怨結の情

四従《リ》二「時韋提希見世尊《ト云》」一下至《ル》二「与《ヨ》提婆共為《ハク》眷属《ソクニ》」一已来、正明《ス》下夫人挙《テ》レ頭《ヲ》見《上テ》レ仏、口言傷歎《シヤウタンシ》《イタミナゲキ》、怨結《オンケツノ》《アタ》情《コヽロ》深《キコトヲ》上也。言二「自《シ》絶瓔珞《セツヤウラクト》」一者《ハ》、此明《ス》下夫人身荘《ノカサリ》・瓔珞、猶愛《ナホアイメ》未《タ》レ除《ノソカ》、忽《タチマチニ》見《上テ》二如来《ヲ》一羞慚《ハチハツルニ》自絶《ラヌクコトヲ》上。問曰。云何《ソ》自《ラ》絶《ヌクヤ》也。答曰《ク》。夫人乃《ハチ》是《レ》貴中之《クキチウノ》貴、尊中之《ノ》尊《ノナリ》。身四威儀多《ノシキキニクノ》人供給《クキウシ》、所《ロノ》レ著《キタル》衣服《エフク》皆使《ナツカフ》二傍《ハウ》人《ヲ》一。今既《マニ》見《テ》レ仏《ヲ》、恥愧《ハチハツル》情《コヽロ》深《フカクシテ》、不《ス》レ依《ヨラ》二鉤《コウ》帯《タイニ》《クサリヲヒ》一。頓《トムニ》《タチマチニ》自掣《ラヒキサク》却。故云《ニイフ》二「自絶《シセツト》」一也。言《フ》二「挙身投地《コシントウチト》」一者《ハ》、此明《ス》三夫人内心感結《ニカンケツシ》怨苦《オムク》《アタ》難《カタシタヘ》レ堪、是《コヽヲ》以《テ》従《ヨリ》レ坐《サ》踊《シウメ》《ユウ反》レ身《ヲ》而立《リウシ》、従《ヨリ》レ立《リウユウメ》踊レ身《ヲナクルコト》投レ地《チニ》、此乃《レチナケキ》歎恨《ウラミ》処《トコロ》深《フカクメ》、更不《ニス》レ事《コトヽセ》二礼拝威儀《キヲ》一也。言《フ》二「啼泣向仏《テイキウカウト》《タンコム》」一者《ハ》、此明《レス》下夫人婉転《エンテンメ》仏前《ニ》一、悶絶《モムセツシ》《イキトヲリ》号哭《サケフナク》《コクスルコトヲ》上。言《フ》二「白仏《ト》」一已下、此明《レス》下夫人婉転《エンテンメテイ》涕哭《ナクナキ》《コクスルコトヤ、ヒサシクスコシキ》量久、少惺《サメテ》始《ハシメテ》正《タヽシクメ》二身威儀《ノヲ》一、合掌白《ノコトヲ》中仏《ニ》上。我自《ヨリ》二一生一已来《ノ》未《タ》三曾《タ》（ママ）下曾《カツテ》造《ラ》二其大罪《ノサイヲ》一。未審《イフカシ》、宿業因縁《シュクノ》有《テ》二何殃咎《ナンノアフク》一、而与《モト》二此児《ノチコ》一共《トモニタル》為《シ》二母子一。此明《レス》下夫人既自《ニラ》障《サワリ》深《フカク〆》不《ス》レ識《シラ》二宿《シュク》因《ヲ》一、今被《カウムル》二児《チコノ》害《カイヲ》一、謂《オモフテ》二是《レ》横《ワウニ》来《キタレリト》一、願《クハ》仏《ノ》慈悲示《シメシ玉ヘト云コトヲ》中我径路《ニケイロヲ》上。言《フ》二「世尊復有何《カ》等因《イン》-縁《ト》」一已下、此《レ》明《ス》下夫人向《フテ》レ仏《ニ》陳訴《ノヘウタフ》、我《ハ》是《レ》凡夫、罪惑《ワク》《マトヒ》不《サレハ》レ尽《ツキ》、有《リ》二斯《コノ》悪報《ホウ》一、是事《ノ》甘《シカン》心《ス》、世尊《ハ》曠劫《ニ》行《ノ》レ道正・習《シフ》倶《トモニ》亡《マウシ》、衆智朗然《ラウネントメ》果円《クワマトカナルヲ》号《カウス》レ仏《フチト》。未《イフ》-審《カシ》、有《アテカ》二何《ナンノ》因-縁一、乃与《チト》二提婆一共《トモニ》為《シ玉ト云コトヲ》下眷《クエン》属《ソクト》上。此《ノ》意有《ニリ》レ二。一明《ス》三夫人致《スコトヲ》二怨《ウラミヲ》於子《ニ》一。忽《タチマチニ》於《ヲイテ》二父母《ニ》一狂《タワレテ》起《オコス》二逆心《ヲ》一。二明《ス》下又恨《ウラムラクハ》提婆教《ヘテ》二我《カ》闍世《ヲ》一造《ラシム》二斯《コノ》悪計《ケイヲ》《ハカリコト》一、若《シ》不《ス》レ因《ヨラ》二提婆《ニ》一者《ハ》、我児終《チコツイニ》無《ナシト云コトヲ》中此意《ノ》上也《ナリ》。為《ノ》二此《ノ》因縁《ノ》一故《ニ》、致《ス》二斯《コノ》問《ヲ》一。又夫人問《テ》レ仏云《ニイフ》二「与《ヨ》提婆眷属《ト》」一者《ハ》、即《チ》有《リ》二其二一。一者《ハ》在家《ノ》眷属、二者《ハ》出家《ノ》眷属。言《フ》二在家《ト》一者《ハ》、仏之《ノ》伯《ハク》-叔《シクニ》有《リ》二其《ノ》四人一。仏《トイフハ》者、即《チ》是《レ》白《ヒャク》浄王《ノ》児《コ》、金毗《ヒ》者《ワチ》白飯王《ノ》児、提婆者斛《コクホム》飯王《ノ》児、釈魔男《ナン》者是《レ》甘露飯《ホム》王《ノ》児《コ》、此《ヲ》名《ク》二在家《ノ》外《クエ》眷属《ト》一也《ナリ》。言《フ》二出家《ノ》眷属《ト》一者《ハ》、与《タメニ》レ仏《ノ》作《ナル》二弟子《ト》一、故《ニ》名《ク》二内《ナイ》眷属《ト》一也。上-来雖《ニトモ》レ有《ト》二四句《クノ》不同一、広《ク》明《シ》二厭苦縁《ヲ》一竟《ヌ》。（『全集九』八〇頁）

真実の機を開く眼目

善導が「厭苦縁」を四段に割っているのは、最後のこの一段の意味を徹底することにねらいがあるわけです。「愁憂憔悴」という事実から、韋提希は「我いま愁憂す」と訴える。それをとらえて、そして「向耆闍崛山」を通して、釈尊は「没出」というすがたをとる。その「没出」の釈尊と韋提希との出遇いというところで、「厭苦」、苦を厭《いと》うということの本質を明らかにしていこうとするわけです。

だから、この一段を善導は非常に明瞭に押えています。

時に韋提希、仏世尊を見たてまつり、自ら瓔珞を絶ち、身を挙げて地に投げ、号泣して仏に向かいて白して言さく。世尊、我宿何の罪ありてか、此の悪子を生める。世尊また何等の因縁有りてか、提婆達多と共に眷属たる。（『真聖全一』四九頁）

という経説を善導は、

正しく夫人頭を挙げて仏を見たてまつって、口言傷歎し、怨結の情深きことを明すなり。（『全集九』八〇頁）

と、このように押えていますね。韋提希夫人が頭を挙げたら思いがけなく仏がおいでになったというわけです。仏はよもやお出ましにならないだろうと、意識の底では思っていたわけでしょう。勿体ないから出てきてくださらないだろうという意識のなかには、よもや出てこられることはあるまいという思いがあるわけです。その、よもやと思っていた釈尊が出てこられたわけです。

思いがけなく、頭を挙げたら目の前に仏陀釈尊が立っておられた。立っておられた釈尊を拝んだとたんに、韋提希自身の口をついて出た言葉は、「傷歎」の言葉である。その歎きを仏に訴えなくてはならない情は何かというと、「怨結の情深し」と善導は押えています。この「深し」ということが一つの着眼点でしょう。

「欣浄厭穢の妙術」というような言葉がありますし、「厭苦欣浄」と言いますから、浄土教というのは、厭世思想というか、厭世観だというふうに理解されたりしますね。苦を厭《いと》い、そして浄土を欣《ねが》うということをとらえようとするのですけれども、決して、いわゆるペシミズムというようなかたちで言われるところの厭世思想ではないわけです。

だから、「厭苦」、苦を厭うということのなかに、実は厭わるべき苦とは何かという問題へのめざめがあるわけです。ただ苦しいから逃げ出そうというのではなくて、厭わるべき苦とは何かというめざめです。つまり、苦の状況を厭うというよりも、苦しむべき因にめざめて、因から解放されようということです。苦の状況がいやだというのではない。たしかに現われているのは状況です。苦しみといいましても、どこかで考えるわけにいかないわけで、つねると痛いというようなことです。だから、現われているのは状況です。しかし、ただ状況を厭うというのではなくて、その状況を引き起すところの因、いわば苦因にめざめて、その苦因からの自身の解放を求める。それが「厭苦」の質なのです。

だから、そういう意味では、「厭苦」の最後の一点が明確に押えられないと、「欣浄」、浄土を欣うということの意味が不明確になるわけです。「厭苦」の最後の一点が押えられることによって初めて「欣浄」、いわゆる「往生浄土」という「願生心」というものが何であるか、どこから出てくるものであるかということが明瞭になるわけです。しかし、「厭苦」の一点が不明瞭ですと、「願生心」というようなものも明確にならない。

だから、そういう意味では、言葉では苦を厭うて、それから「願生」するのだといいますけれども、苦を厭うということの最後の一点のところは「願生」ということと重なっているわけです。それが、ここで善導が力説する点でしょう。そういうところに、ほんとうにめざめの宗教としてある浄土教の、明確にしていかなくてはならない一点があるわけです。『観無量寿経』は機の真実を明らかにするといいますが、機というのは何かというと、法の機です。法のチャンスです。その真実の機というのは、「厭苦」の一点で押えられるわけです。真実の法がそこに具現するような機です。人間が機だというのではなしに、人間が真実の法顕現の器となるということです。その器というのはどこで押えるのかというと、この苦を厭うという「厭苦」という、この一点で押えられるわけです。

だから、そのことがはっきりしていかないと、真実の機というても何のことかわからないわけです。その点が明瞭にならないからして、浄土教はいつも負い目みたいなものを持つことになるのではないですか。どこかで弁解をしなくてはならないわけです。浄土教も仏教なのだからといってどこかで言い訳しないと落ち着かない。善導はその一点を、当時における『観無量寿経』を中心とする聖道の諸師との経典に対する触れ方の問題で対比して、浄土教も仏教だという発想を破ったわけです。

たとえば、仏教では人生は苦だといいますね。苦・集・滅・道ということで「苦」と押えられた。仏陀の本来的な人間領解の出発点というものが、どこでどのように徹底するのか。その苦ということが観念にならないで、苦が具体的に苦の現成としてありつつ、その現成の因、つまり苦因が明らかになってくるのは、いったいどこでそういうことが可能になるのかという問いを、『観無量寿経』の上に問いつめていって、そしてこの一点のところへきてそれを押えた。その時、善導にとりましては、浄土教も仏教だという弁解と、仏教のなかにおける浄土教の負うていた負い目という感情が、そこで払い去られていったわけです。もはやそこには、弁解は無用であり、かというて浄土教こそ仏教だというて力む必要もない、そういう事実というものを、明瞭にしていこうとするわけです。

意識的存在の終焉

そこで、苦しみの状況というものを、仏陀釈尊にたまたま出遇うということを通して、韋提希の上に善導はどのように見たのかというと、

仏を見たてまつって、口言傷歎し、(『全集九』八〇頁)

という。つまり、韋提希の姿の中身は「怨結の情深し」ということである。逆に言うならば、深い怨結の情です。深く結ばれている怨みの情であって、浅く結ばれている怨みの情でないのです。酒を飲んだら消えていくというような、そんな怨みの情ではない。酒を飲もうがどうしようが消えない、存在の根っこに結ばれているような怨みの情です。

その深く結ばれている怨みの情というのは、阿闍世の物語のところへ移して言うならば、「未生怨」ということでしょう。「未生怨」というのは、意識の前面で結ばれている怨みではなくして、存在の底に秘められているような怨み、しかもその怨みは結ばれた怨みである。結ばれたということは解かれなければ解決されないということです。妥協でも解決されないし、あるいはどなりつけられたからといって頭が下がるという話でもないわけです。結ばれたものは解きほぐされるという、

そういう法に遇わなければ、その「結ばれ」というものはどうにもならないというものです。だから、結ばれているという言葉のところに、実は人間存在というものを善導はどう見ているかということがあるわけです。そこに真実の機だと、人間を押えていく眼があるわけでしょう。

だから、その結ばれている怨みというものが、仏陀の前において白日のもとにさらされるということを通さずしては、結ばれた怨みというものは、永遠に隠されたままでいくわけでしょう。

ところが、人間が宗教に触れていく時の触れ方が、これまでのところで明らかになっていましたように、隠されたままで救われていこうというすがたをとっているわけですね。いちばん奥に隠れ、存在が秘めている恥部はあらわにしないまま、きれいな顔をして救われていこうというのが、救いへの人間からの要求だったわけでしょう。韋提希自身もそうありたいわけです。愁憂の状況を「我いま」と取り直して、その「我いま」と取り直した愁憂を遙かな耆闍崛山に向かって救ってくださいと、このように頼んでいくわけです。

ところが、そういうかたちでのいかなる応答が出されていきましても、根源的な救いにはならない。なぜかというと、深き怨結の情は永遠に結ばれたままであり、おおわれたままに終わるわけだからです。そういう問題が、それこそ「仏かねて知ろしめして」という世界の前にあらわになってくる。その一点を善導は「口言傷歎し、怨結の情深きことを明すなり」と、こういうふうに示したわけです。

釈尊が思いがけなく出てこられたのですから、望外の喜びとなってしかるべきであるにもかかわらず、思いがけなく出てきたから、邪魔者が出てきたというかたちをとるわけです。釈尊を呼んだ覚えはない。わたしは遠慮しながらお弟子を呼んでいたのだというわけです。そこに遙かにおられる仏陀はいつも拝んでいた。しかし、眼前に立つ仏陀は拝むことができない、という人間の質があるわけです。

「故郷は遠きにありて……。」ということがありますが、遙かにあるものはいいのでしょう。だから、宗教というものを遙かなところに置いておきたいわけです。遙かなところに置いて感傷でつながって、そして情操のなかに解消していこうというかたちで、多くの宗教的状況というものが現実にあるわけでしょう。そこではほんとうに救いを求めていないのです。恥部を隠して求めているわけですから、求めているという言葉そのものが、すでに粉飾されたものなのです。そういう問題がここでは暴露されてくるわけです。

だから、そういう意味では、この一点というのは、仏陀に人間が遇うたら人間はどうなるのか、という問題であるわけです。仏陀に人間が遇うたら、いったい人間はどうなったかというと、

仏世尊を見たてまつり、自ら瓔珞を絶ち、（『真聖全一』五〇頁）

というかたちをとるわけです。「仏世尊を見たてまつり、自ら瓔珞を絶ち」と、こういうふうに経文では説いてある一段を、善導は、

夫人身の荘・瓔珞、なお愛して未だ除かず、忽に如来を見たてまつって羞じ慚ずるに自ら絶ぐ。（『全集九』八〇頁）

と、こういうふうに解釈したわけです。これは単なる言葉の解釈ではないのです。いわゆる、釈尊の前にあらわした韋提希の姿を、「仏世尊を見たてまつり、自ら瓔珞を絶ち」と、こう書いてあるだけの経説を読む時に、善導は三つの問題を見ているわけです。

一つは、「身の荘・瓔珞、なお愛して未だ除かず」という人間のあり方です。仏に遇うまではわからなかった最後のかざりを未だ除かないというわけです。仏に遇わなかったならば、ついに人間は自己を最後の一点において解放しえないのだということに気づかなかったであろうという問題です。最後まで恥部の恥部としておおっていくということにすら、目を開かないまま終わっていくだろうというような問題が、「なお愛して未だ除かず」と押えられるわけです。

その「なお愛して未だ除か」ないというのは、単なる虚栄心というようなことで終わらない問題です。身のあることと同時にあるような、人間の自閉の姿です。自らを閉じる姿、それを「なお愛して未だ除かず」と、このように押えたわけです。いわば、どんなに努力をしても、人間の努力をもって払うことのできないような自負の心でもありましょうし、自愛の心でもありましょうし、自見の心でもあるのです。

『成唯識論』を読みますと、人間の我執の根源になっている末那識《まなしき》というものがありますね。阿《あ》頼《ら》耶《や》をおおっている末那識です。末那識というものは、四つの煩悩といつでも相応しているといいます。阿頼耶は、人間の場合、裸では出ていないのです。阿頼耶はいつでも末那によって染汚されてあるわけです。その染汚する末那識というものは、四つの煩悩と相応している。いつでもどこでも相応している。それは、我痴・我見・我慢・我愛だと、このように言うています。こういう問題があるわけです。

そういう意味で、「なお愛して未だ除かず」というのは、人間の努力を尽くしても、尽くしている努力そのもののところにあるような我愛を言うわけです。その事実が「忽に如来を見たてまつって」ということになるわけです。「忽見」です。

この「忽」というのは、「二河譬」でいうならば「忽然」という「忽」ですね。偶然、たまたまということです。仏のお出ましを知っていたというのではなくして、思いがけなくというのが「忽」です。この「忽」、「たちまち」という字は、仏教の学問のなかでも大事な字なのでしょう。『起信論』で「忽然念起の無明」と、こういうふうに人間の問題を押えます。そういう意味をもった言葉が「忽」です。

だから、そういう意味で「忽に如来を見たてまつって」というわけです。経典では「世尊」と書いてあるのを、ここでわざわざ「如来」と置き換えまして、「忽に如来を見たてまつって」と言うています。忽に如来として用く仏を見た。見た時に、一度も自分では見れなかった人間の恥部が、文字通り恥部としてあらわになったわけです。「羞じ慚ず」というのは恥部があらわになったということです。ただ恥ずかしいというようなものではなくして、恥部があらわになったわけです。最後まで隠しておらずにはおれなかったものがあらわになった。あらわになった時に、「自絶瓔珞」、つまりその荘《かざり》をひきちぎったと、こういうふうに非常に精密に押えていきます。

「自絶瓔珞」とは、存在が根底からくつがえされたということです。いわば、恥部があらわになって、なおかつ毅然として人間が立っているということはできないわけです。

そういう意味では、このように押えられてみますと、われわれが平気でこうして生きているというのはどんなものでしょうか。独立自尊と力んでいますが、案外、独立自尊の精神が立たしめているのではなくて、恥部がわれわれを平然と立たしめているのでしょう。恥部を人に見せていないものだから、平然としているわけです。それはあつかましいということです。人間というのはみんな、そういう意味ではあつかましいのではないですか。恥部をみんなに見せていないからといって立っておれるわけですよ。たとえ反省しても、あるいは身をもだえて泣いてみても、恥部は厳然として恥部として隠しているわけです。その恥部に照明があてられた時には、もはや人間は立っておれないのです。存在が崩れるのです。その存在の崩れた姿が、「自絶瓔珞」でしょう。

だから、「自絶瓔珞」は、経典そのものでいうならば、「挙身投地」、つまり身を挙げて地に投ぐ、立っておれなくなったというわけですね。その瓔珞をひきちぎったとたんに立っておれなくなった。つまり、瓔珞でかろうじて立っていたわけです。韋提希は、一室に閉じ込められて自由を完全に奪われて、「愁憂憔悴」して、もはや自分には立つべき所はどこにもないと、こう言うて立っていたわけです。立てないと言うて立っていたのです。立てないと言うて立っていた、その韋提希自身の前に、「心の所念を知ろしめした」仏陀釈尊の出世がある。そこで、忽に如来を見たてまつった時に、実は「なお愛して未だ除かず」ということが明らかになる。その恥部があらわになった時、韋提希は存在を地に投げ出さざるをえなくなった。まさに「挙身投地」です。

いわば、具体的事実としては、身も世もないということですよ。だいたい人間は、恥と外聞とを気にしながら救われようというのでしょう。恥も外聞もないというところ、それこそ自力無効のところであり、そこに「絶対他力の大道」は開けるのです。しかし、恥と外聞とにとらわれているところでは、絶対他力の道も彼方なるものになっていく、そういう事柄なのです。

依他性

ところが、どうして善導がこの「自絶瓔珞」というようなことに、これほど力点を入れたのかといいますと、ただ経文を厳密に読んでいたからだというだけではないのです。実は、『観無量寿経』に対する当時の学者たちの解釈のずさんさと申しましょうか、宗教感覚の欠如感というものを厳しく批判しているわけです。

たとえば、用欽という人がおりますね。この用欽という人の『観経疏』を見ますと、こんなふうに言っています。『法華経』の「普門品」に、無尽意菩薩という名前の菩薩が出てきます。その無尽意菩薩が仏に遇うた時、何も仏に供養するものがなかった。それで、最後につけていた瓔珞をもって仏に対する供養の具としたということがあるのです。その「普門品」の無尽意菩薩の瓔珞供養の経説をここへもってくるわけです。

韋提希は仏に出遇うた。出遇うたところが、何も仏に捧げるものがなかったので、最後につけていたその瓔珞を捧げたのだと、こういうふうに解釈したわけです。そのように解釈すると、また都合よく話というのは展開していくもので、「挙身投地」というのは最後の捧げ物を捧げて頭を下げたと、こういうことになるわけです。

善導はそのような解釈に対して、単なる経典解釈上のあやまちだとして、それを指摘したのではなくして、宗教感情の欠如したかたちで経典に触れた時、経典はもはや教えでなくなるという、その一点を明確に押えたわけです。そういう善導の意図もあるわけです。

その一点の押え方がこういうふうになっています。ここに問答をもってきています。

問うて曰く。云何ぞ自ら絶ぐや。答えて曰く。夫人は乃ち是れ貴中の貴、尊中の尊なり、身の四威儀に多くの人供給し、著たる所の衣服皆傍人を使う。今既に仏を見て、恥じ愧ずる情深くして、鉤帯に依らず。頓に自ら掣き却く。故に「自絶」と云うなり。（『全集九』八〇頁）

と、こういうふうに解釈しています。夫人というのは、いわゆる「奥さま」ということではないのでしょう。「貴中の貴、尊中の尊」を言うのです。「貴中の貴、尊中の尊」とは何かというと、自分のことを自分でやらないということだと、このように書いてあるのです。おもしろい書き方ですね。着物を身につけているのを脱ぐのも、他人に脱がしてもらうのです。つっこんで解釈しますと、「貴中の貴、尊中の尊」というすがたのなかにある依他性が指摘されているわけです。他に依っている。自律のないすがたです。

さらに言えば、それは一人大夫人だけがそうなのではなくして、「貴中の貴、尊中の尊」も、「貧中の貧」も、平等に依他的なのです。いわゆる尊い人だけが依他的なのではなくして、どんなにみすぼらしい者も仏に遇うて恥部をあらわにされるまでは依他的なのです。その質が「貴中の貴、尊中の尊」という夫人のところで代表させて言われているのです。「身の四威儀」ですから、行・住・座・臥すべて依他的である。多くの人に仕えられて、着ているものは脱ぐ時も着る時も傍人に依る。いい御身分なのかどうかはわかりませんですね。そういう意味では、われわれはみんな依他的なのです。

その依他的であるということが、「仏を見たてまつって、恥じ愧ずる情深くして」というわけです。依他的である存在が崩れていくわけです。だから、崩れていくということにおいては、「自絶」なのです。やはり「絶」というところには、ごろ合わせするようですけれども、人間の心情で言うならば、絶望的状況というものがあるのでしょう。その絶望的状況ということが自覚的存在への転期なのです。唯一無二の転期なのです。いわゆる、依他的であること全体が崩れ落ちたところから自尊の道というものが、彼方から教えられてくるという転期です。それゆえに真実の機なのです。

そういう意味で、「貴中の貴、尊中の尊」といわれる夫人も、仏を見たてまつったとたんに、恥も外聞もないというすがたで投げ出されたわけです。それは「自絶」です。絶望的状況として崩れるのですけれども、崩れたことそのことが、実は仏のもとに開かれてきた人間のすがたなのです。

そういう意味では、「貴中の貴」も、「尊中の尊」も、いわばそういう人間における属性の差別としてのすべてのものが、実は何ら客観性をもたないものであったということです。人間における属性の差別のすべてが、貴も尊も、貧も富も、頭のいいのも悪いのも、人間の差別そのものが、恥部があらわになったとたんに、何ら客観性をもたないものであった。それは平等に崩れていかなくてはならないようなものをかかえているというわけです。それが突き破られ、たたき落とされたすがた、それは具体的には、文字通り恥も外聞もないというかたちをとって崩れていくわけでしょう。そういう意味で、この一段を善導は非常に力点を入れているのです。「自絶瓔珞、挙身投地、号泣向仏」と、このように展開していく経文を一つ一つ押えていくわけです。

功利的自慰行為

しかし、ここでもう一つ大事な問題があるのです。それは、その次の領解ですが、

「挙身投地」と言うは、これ夫人内心に感結し怨苦堪え難し、是を以て坐より身を踊して立し、立より身を踊して地に投ぐること、これ乃ち歎き恨み処深くして、更に礼拝威儀を事とせず。

（『全集九』八一頁）

と、こういうふうに言うています。

これは、また非常に力点を入れた解釈ですね。どこに力が入っているのかといいますと、「挙身投地」ということを多くの学者方は、「五体投地」というような礼拝の姿だと、こういうふうに見ていたのに対して、善導は、それは礼拝のない姿だと、こういうふうに言うたのです。礼拝を事としないというのですから、全く逆を言うたわけですね。聖道の諸師は、これが最上の礼拝だと、こ

ういうふうに解釈をしていったのに対して、善導は、恨み歎きの処が深くして、礼拝の威儀を事としない姿だと言うわけです。いわば拝めませんという人間の姿だというのです。

韋提希はそれまでは仏を拝んでいたわけです。遙に耆闍崛山に向かって礼を為しているまでの韋提希は、仏を拝んでいたわけです。ところが、目の前に仏が出てこられた時に、実はわたしから仏を拝むことはできませんという、そういう人間の質をあらわにしたわけです。わたしから仏を拝むことはできませんというかたちが「自絶瓔珞、挙身投地」という姿をとってあらわになってきていると、このように押えるわけです。

ここの「感結し怨苦堪え難し」という、「感」という字は、「ウラムラクハ」という、りっしん偏の「憾」です。だから、うらみの心が結ばれているということですね。前の「怨結の情深くして」というのと同じことです。

次に、「不事礼拝威儀」と、このように押えていますが、これはただ韋提希夫人が仏を見たとたんに身も世もあらぬ姿になって拝むことを忘れたというのではないのです。礼拝の威儀を忘却したとは書いてないわけです。いわば、一度も拝んでいなかったということがあらわになったということです。礼拝するという姿をとって仏を利用していたという存在の事実があらわになったわけです。礼拝して、謙譲であるという姿をとって、実は仏をも自分の瓔珞に変えていた。宗教をも自分の瓔珞に変えて、身につけていた。そういう韋提希の姿が仏の前にあらわになるわけです。

だから、この「自絶瓔珞、挙身投地」というところを接点にして、それまでの韋提希は拝むという姿をとりつつ、いつでも拝んでいなかった。いうならば、仏に一度も遇わずして仏を拝むかたちをとっていたということです。仏に遇うことなくして仏を拝んでいたということでしょう。

仏に遇うことなくして仏を拝んでいたということは、押えて言うと、仏を想像して、想像した仏を拝んでいたということでしょう。端的に言うならば、自我意識の投影に自我を託していこうとしていたわけです。自分で作ったその幻影を拝むかたちで、その幻影に自分を託していこうとする、そういう一つの悲喜劇が行なわれていたわけです。だから、そういう意味では、「礼拝の威儀を事とせず」と押えられた時、それまでの宗教というものが韋提希にとって何であったのかというと、宗教という名の粉飾でしかなかったということです。

もっとつっこんで言いますと、自我の投影を礼拝の対象としていたということは、功利心の自慰行為だったわけです。慰めることのできない自分を、慰めの具でないものをあたかも慰めの具であるかの如くに使って、そして自分を慰めていこうとしたと、こういうようなかたちなのです。

それは一人の人の問題ではなくして、われわれが宗教的関心と言うているものが、そういう構造をもつわけです。だから、偶像というものは、形をとったものが偶像だとは限らないわけです。偶像は彼方にあって、その偶像を破壊しようとしても、これはもう無理な話なのです。なぜならば、限りなく偶像を作っていく自己がいるからです。限りなく偶像を作っては、作った偶像によって、苦悩を解決してもらおうという、そういう人間の意識構造があるわけでしょう。だから、その偶像を作る自我そのものが廃棄されてくるような、そういうところを通らない限り宗教というものは人間を解決する力を持たないわけです。むしろ、限りなく人間を呪縛していくわけです。限りなく人間を呪縛していくということは、逆に言うと、人間は限りなく呪縛されることを欲しているわけです。だから、宗教批判というようなものも、いいかげんにできないのです。宗教批判といって、外に宗教をおいて批判する人間自身のなかに、限りなく宗教を変形しつつ作っていくという、そういう質があるわけです。そういう問題にまで善導は問いをつめていくわけでしょう。

悲泣と号泣

そういうことで、「自絶瓔珞、挙身投地」という、何でもないような経文を善導はしっかりと押えていくわけです。そして、「厭苦縁」の最後の、いわゆる二つの問いという内容をもった愚痴に転じていく一点のところを、善導はきちっと二つに分けて解釈をしていくわけです。経文そのものは、

自ら瓔珞を絶ち、身を挙げて地に投げ、号泣して仏に向かいて白して言さく。

（『真聖全一』五〇頁）

と、こういうふうになっています。だから、経文では「号泣向仏白言」と、このように続くわけですね。韋提希が自ら瓔珞を絶ち、身を挙げて地に投げ、身も世もあらぬというかたちで号泣して仏に向かいて白《もう》して言《もう》さくと、このように読んでいくのが経文の読み方です。

ところが、善導は「号泣向仏」ということと「白言」ということとを切り離しているのです。こ

れがたいへんなことなのですよ。経文そのものを読んでいけば、「号泣して仏に向かいて白して言さく」でなければ意味が通じません。「号泣して仏に向かう」というのでは、泣いて仏を見たというだけの話でしょう。泣いて仏を見て、仏に言うたと、このように続いてくるところに経文の文章があるわけですね。

ところが、善導は途中で切ってしまったのです。

「号泣向仏」と言うは、これ夫人仏前に婉転して、悶絶し号哭することを明す。「白仏」と言う已下、(『全集九』八一頁)

とこういうふうにはっきり切っています。これは何を意味するのかといいますと、「号泣向仏」というのは、「自絶瓔珞、挙身投地、号泣向仏」と、この三つの展開が一貫して続いているということです。もしあえて言うならば、「自絶瓔珞、挙身投地、号泣向仏」、意・身・口、いわゆる身口意の三業になっていくわけです。ともかく、「自絶瓔珞、挙身投地、号泣向仏」というところには、一貫して仏を拝むことのない存在というものが押えられていくわけです。

ところが、この「白言」というところからは、実は仏を拝むところから出てきた問いだと、このように押えていくわけです。

こういうふうに善導が二つに問題を押えたところには、着眼の二点があると思うのです。それは何かというと、ずっとさかのぼりますけれども、韋提希が一室に閉じ込められて釈尊を遙に拝んで、つぶやく時に、「悲泣雨涙」したと言うています。「悲泣雨涙」というのは、さめざめと泣くということでしょう。さめざめと泣いて訴える訴えが、仏に遇うまでのすがたです。

ところが、仏を見たとたんに、さめざめどころではないわけで、「婉転号哭」するのです。ワーワー泣き出してしまったのでしょう。遙に釈尊を礼してさめざめと泣いていて、「我いま愁憂す」と、こう言うた。我において愁憂の状況を抑えて語っていた時の宗教心のすがたと、仏の没出したもうた姿に触れて「号泣向仏」というた時の「婉転号哭」との違いというものを、ここで明瞭に示しているわけです。さめざめと泣くということは、抑えて泣くというわけですよ。泣くことさえできないということでしょう。泣くことさえも恥じらいのなかで泣く。文字通り、そんな悲しみのなかにあっても、さすがに「貴中の貴、尊中の尊」であるとほめられるようなかたちでさめざめと泣いて、仏に救いを求めると、こういうことです。

ところが、「貴中の貴、尊中の尊」がふっとんでしまった時、さめざめと泣いていたのは、さめざめと泣くようなことに出遇ったから泣いていたのではなくして、号泣するようなことに出遇っておりつつも、それをさめざめと泣くというふうにブレーキをかけていたのだ、という質があばかれていくわけです。それが、「号泣向仏」というところで善導が経文を切った大切な問題点です。

存在を問う問い

さらにもう一つは、経文は「号泣して仏に向かいて白して言さく。世尊、我」と、このように続いていくのですが、「号泣向仏」で切っておいて、「白言」以下を改めて領解した。このようにして善導は何を言おうとするのか。それは、「号泣向仏」して「婉転号哭」したところから、仏に向かいて語り出した言葉は、もはや仏に遇う前の自己ではなく、仏の前であらわにされた後に自己の上にあらわになってきた至奥の宗教心の表現として、「向仏」ということを善導は見ていこうとするわけです。

清沢満之先生は、「人心の至奥より出づる至盛の要求」といいますが、われわれが読む時に、読む意識は「人心の至奥より」というふうに力が入るのではないですか。しかし、「人心の至奥より出づる至盛の要求」は、飾りものにならないということでなくてはならないはずですね。「人心の至奥より出づる至盛の要求」まで自己の意識のなかでアクセサリーにしていくということがあるならば、それは言葉の遊びにしかすぎないのでしょう。そこに清沢満之先生は、ああいう自己の深い内省のなかで、宗教心の根というものの無根性、つまり「無根の信」という無根性を、あの言葉で表現しようとされたのでしょう。

そのように領解すると、この問題がよく解けてきますね。「白言」という言葉を善導はわざわざ、「白言」と言わずに、「白仏と言う已下」と、こういうふうに変えていますね。つまり、善導は「号泣向」と「世尊、我宿」との接点に「仏」という字を置いたわけです。そして、「白言」を「白仏と言う已下」とした。いわば、「号泣向仏」までは、実は「婉転号哭」のすがたである。そして、「白仏と言う已下」と、ここで切っていきます。「白仏と言う已下」は何であるかというと、「白仏と言う已下」は、これ夫人婉転して涕哭することやや久しく、少しき惺めて始めて身の威儀を正しくして、合掌して仏に白すことを明す。（『全集九』八一頁）

こういうふうに言うています。だから、あの二つの愚痴の言葉というのは、決して「婉転号哭」のなかから即時的に出てきた言葉ではないということです。すがたは経文のとおりなのです。そのすがたまで善導の解釈のとおりになったらおかしいことになります。現われているすがたは、やはり身も世もあらぬというすがたで泣いて、泣いたなかから、「世尊、我」と、こういうふうに叫んでいるのです。

ところが、号泣のなかから出てくる言葉のもっている意味は、実は単なる狂気の沙汰のなかから出てきている言葉ではなくして、根はさらに深いところから出てきている。その根はどこから出てきているのかというと、その根は泣き終わってやや久しくして、少しく惺めて、めざめて始めて身の威儀を正して、合掌して仏に言うたのです。仏を拝んで言うているのだというのです。

前には、礼拝の威儀を事とせず、号泣したのでしょう。仏を拝まずして泣いたのです。その泣いたなかから出てきた言葉は、惺めて始めて身の威儀を正して、合掌して仏に問うたと、こういうわけです。

だから、押えて言えば、礼拝の威儀を事とせずして、号泣したなかから出てくる言葉そのものが、仏を拝んで仏に問うている言葉なのだと、こういうわけです。すがたは、やはり、号泣のなかから狂ったように訴えた言葉にちがいない。愚痴のすがたをとっている言葉にちがいない。しかし、その言葉の根はどこにあるのかというと、いわゆる精神錯乱の状況から出てくる言葉ではない。いわば、人間は精神錯乱の状態で自己の存在を問うということはない。存在を問うているということは、錯乱状態を示しつつ、存在が大地にたたき落とされるような、そういう状況のなかから、存在を問わなくてはならない。存在についての問いが、存在を問わなくてはならない問いに転ずる。だから、存在を問う問いは、存在について問うこと以外に知らなかった人間にとっては、愚痴というすがたをとる以外に方法がないわけです。改まって問うたというのではなくして、改まっているのはすがたではないのです。改まっているのは「至奥の要求」が改まっているのであって、すがたは身も世もあらぬすがた以外の何ものでもないわけです。

そこに思い合わすことのできますのは、「二河譬」で、四・五寸の白道を解釈する時に、「衆生貪瞋煩悩中、能生清浄願往生心」と、こういうふうに善導は言うたですね。「能生」という字をつけています。「能生」というのは、依他的存在としてある人間からは生まれないということです。「能生」というのは、人間から言うならば、無根ということです。根が無いということです。だから、衆生貪瞋煩悩のただ中に、能生するというわけです。貪瞋煩悩を払ってではなくして、貪瞋煩悩の中に、能生する。わたしの意識を超えて、わたしの存在の底から生まれてくるような願い。それが願生心、つまり宗教心だと言うわけです。

その「衆生貪瞋煩悩中、能生清浄願往生心」という言葉の内容を、清沢満之先生は「人心の至奥より出づる至盛の要求」と、こう言うたのでしょう。その「人心の至奥より出づる至盛の要求」は、意識構造ではなくして、実は意識の終わりの底から現われてくるような能生の心です。善導が押えた「白仏」のすがたですね。身の威儀を正し、そして礼拝して、仏に白した言葉です。ということは、その愚痴の言葉がそのまま仏への、人間における唯一の問いなのです。仏に遇って問わなくてはならない問いはこれしかないという問いなのです。これしかないという問いとして、それが示されてくるということになっているわけでしょう。

生命の内実と表相

ですから、はっきり善導は、この「白言」という言葉は「白仏」だと、このように押えてくるわけです。「白仏」だと押えたということは、仏に表白する言葉だということです。妙なことですね。あの韋提希の愚痴が仏に表白する言葉だというのです。仏に表白する唯一の言葉が、人間にあっては「世尊、我宿何の罪ありてか」ということなのです。だから、善導は「白言」を「白仏」と押えたわけです。

また、「白仏」は同時に「問仏」なのでしょう。仏に問うわけです。人間が仏に表白することは何かというと、自己の存在を仏に問うということ以外に何もないのです。人間が仏を敬うと言いますけれども、普通に言う「仏を敬う」ということは、善導が「礼拝の威儀を事とせず」と、このように押えたように、敬うというすがたをとりつつ、実は仏を拝むことのない存在として生きていこうというわけです。敬うというあり方を通しつつ、仏を利用しようとしていく意識です。そういうものでしょう。それが崩れ折れていくところから、初めて仏を拝むということが人間の上に成就する。その拝むということの出発点、いわば拝むということの根は、拝むという姿をとらないのです。だから、経文そのものはそれをそのままに表現しまして、

号泣して仏に向かいて白して言さく。世尊、我、宿何の罪ありてか、この悪子を生める。
(『真聖全一』五〇頁)

と、こういうふうに一気にいくわけです。そういう意味では、拝むどころではなくして、表現は恨むということでしょう。身も世もあらず泣き崩れたなかから、意識を超えて、存在そのものが意識にとっては不合理だと、こういうふうに訴えていくわけです。そして、それは恨みの表現をとるわけです。ところが、その恨むという恨みのすがたのなかにこそ、実は人間における礼拝の出発点があるある。このように押えたところに、善導の領解の深さと、そして信仰の明晰性というものがうかがわれるわけです。

ところが、善導以外の多くの学者たちが『観無量寿経』を解釈する時には、人間の宗教的要求、いわゆる人間が仏を拝んで、人から仏へという方向を向いたものとして経典を読んでいこうとするわけでしょう。そこに無理が生じてくるわけです。もしも、「我、宿何の罪ありてか」、「世尊また何等の因縁有りてか」という、あの言葉がなかったならば、この経典は多くの学者方が解釈しているとおりにいくのではないかと思いますし、これほどきれいに人間から仏への方向を説く経典はないと言うてもいいと思うのです。

悲劇が起こった。悲劇を何とかしていこうとした韋提希が一室へ閉じ込められた。その時初めて自分が見えてきた。見えてきたなかから、自分自身の穢質、汚れのある自分自身というものを深く反省して、勿体ないと言うて、仏のおいでを遠慮した。非常に謙譲ですね。そして、仏弟子のおこしを願った。その心を知ろしめした仏は、自らお出ましになった。それこそ、勿体ない事実が目の前におこった。その仏を拝見したら、自分は何も捧げるものがなかった。したがって最後の一物である瓔珞を捧げた。そして、身を大地に投げ、感きわまって泣いた。そして、ついに浄土を願う韋提希になった。このように言えば非常にきれいです。あの二句の愚痴の言葉がなければ、すんなりとゆくわけです。

ですから、ここでの、諸師の解釈と善導の領解というものは、単なる経典解釈の違いではないのです。何の違いなのかというと、押えて言うならば、自身の求道の厳しさの違いがあるわけです。いわゆる、いかなる意味においても自己を傍観できない人間の厳しさが、経典の秘密を開いていくわけです。これは、経典そのものの解釈の問題とか、仏教についての学問のずさんさとかいうようなこととは質が違うわけです。学問的にどんなに精密であっても、それには気づかずに通っていくような一点があるわけです。どんなに厳密に経典の言葉の一句一句を押えていっても見逃していく事柄がある。その見逃していく事柄を押えたところに、求道というものの深さということもありますけれども、具体性があるのでしょう。観念を許さないわけです。

さきほどの諸師のあの解釈というものがもっと身近な表現で言えば、生命がけで道を求めておりますという表現をとっているわけでしょう。もう何もない、最後の一つまで仏に捧げていきますという意識のなかで、宗教というものを語っていこうとするわけです。そういう意味では、生命がけで道を求めるとか、すべてのものをふりきって道を求めるとかいう言葉は、確かに尊い言葉か知らないけれども、押えて言えば、危い言葉だと思いますね。その言葉がいちばん人間の宗教性をごまかす言葉になっていくということがあるのではないですか。生命のかかっている世界は言葉にもならないほど静かなのではないですか。そういう問題があります。そのへんが宗教とか求道とかいう問題のなかにおける最後の問題点だと思うのです。

生命がけであることは、実は生命がけという言葉をも許さない。いうならば、静かなものです。沈み込むものではなくして、静かなものです。あたかも草や木が静かではあるが生命をかけているが如き静かさをもって生きていく。そして、それは飛躍のない歩みのなかで生命そのものが確かめて道を求めているようなものではないかと思います。

このような一点を明確にするために善導という方は、「仏に向かう」という言葉で切ってしまって、「白仏と言う已下」と、このように押えたわけでしょう。だから、「白仏と言う已下」というのは、経典にはそんな言葉はどこにもないのですが、押えた時には、はっきり、

夫人婉転して涕哭することやや久しく、少しき惺めて始めて身の威儀を正しくして、合掌して仏に白すことを明す。（『全集九』八一頁）

と、こういうふうに善導は言うているわけです。惺めた言葉なのです。酔うた言葉でもなければ、

興奮した言葉でもない。あるいは、精神錯乱のなかから出てきた言葉でもない。「やや久しく、少しき惺めて」と、このように押えています。

それは、明らかになったというわけではない。明らかになったどころではなくして、不明であるからして問わなくてはならないことなのです。しかし、問わなくてはならないことだということは、問うべきことが何であるかということを、生命のなかでは惺めつつあるかたちで問うているというわけです。意識の表面としては、やはり泣き叫びながらという経典の直接性が、そのままのすがたとして現われているのでしょう。しかし、そのなかにもうすでにして生命はめざめて問おうとしているというわけです。その問おうとしているものが、次の「欣浄」、願生というところへつながっていくことなのだと、このように押えていくわけです。だから、善導は、

やや久しく、少しき惺めて始めて身の威儀を正しくして、合掌して仏に白す。(『全集九』八一頁)

というわけです。

いまだかつて身の威儀を正したことがなかったということは、いまだかつて仏の前に自分の存在を正したことがなかったということです。始めて身の威儀を正し、その時始めて合掌して問うている。何が。生命がです。生命が合掌して仏に問いを出しているわけです。その生命の問いを自我の意識が受けとめた時には、表現は恨みというかたちをしかとらない。しかし、その恨みは、恨みそのもので終わらずして、恨んでいる心そのものを照らし出すかたちをとって、やがて願生という方向へと、人間が方向づけられていく、そういうことになるわけです。

そういう意味では、韋提希の口をついて出たものは確かに愚痴なのです。だから、この経文と善導の釈文とは注意して押えていかなくてはならない。注意して押えていかなくてはならないということは、経典の方はずさんなのであって、善導の解釈の方は精密なのだというふうに分析したらまちがいなのです。経典は端的に示してあるわけです。事実はそのとおりなのです。やはり、身も世もあらぬ状態のなかから、下から突き上げるようにしてあの言葉が出たのです。それ以上のことでもないし、それ以外のことでもない。もしそれ以外に、やや悍めて、改めて座り直してというのであれば、人間の延長上にあるできごとです。身も世もあらぬ姿のままで仏に愚痴をぶっつけていくのです。だから、経典の言葉は決してずさんなのではなくして、端的にその姿を示しているわけです。しかし、そのなかに善導のあの深い分析があるわけです。

ある意味では、仏を目の前にしたならば、いつでも礼拝をするであろうと予想していた人間が、仏を目の前にしたら礼拝ができなくなったという事実のなかに、実はほんとうの礼拝の根があるのだと、このように押えたのが善導なのです。そういうところから、「白仏と言う已下」と、こう押えてきて、そこに提提希が口をついて言うた二つの言葉というものが、明らかにされていくわけでしょう。だから、この二句の言葉というところに善導は、単に二種類の問いではなくして、あえて言うならば二重の問い、あるいは前の問いが後の問いを必然して引き出すような、そういう問いの構造を見開いていこうとしたわけです。

不合理なる共業

経典の方で韋提希が問うたのは、

我、宿何の罪ありてか、この悪子を生める。（『真聖全一』五〇頁）

という問いですね。普通のわれわれの場合にはそうでしょう。どうしてこんな子をもったのだろうと、こういう問いになっているわけですね。いわば、子供の方からいえば、どうして親父の子になったのだろうというような問いです。人間の問いはそういうかたちでしか出てこないわけです。しかし、善導ははっきりと押えているわけです。

我一生よりこのかた、未だ曽て其の大罪を造らず。（『全集九』八一頁）

このように自分で自分が今現にここにある事実に対して解釈しているわけです。ところが、どのように解釈しても自分には納得いかないというわけです。「一生の間」とは、生まれる以前のことはわからないけれども、自分が生まれて今までということです。もっと的確に言えば、わたしが自我の意識にめざめた時から今までということでしょう。だから、われは一生よりこのかた、未だかつてその大罪を造らない、にもかかわらずというのです。「未審《いぶかし》」と、どうしても納得がいかない。いうならば、一生よりこのかたという世界しかわからない自分には、今の身の事実が納得いかない。どうしても領解できない、というふうに問うていくわけです。

未審、宿業の因縁何の殃咎有って、しかもこの児と共に母子たる。（『全集九』八一頁）

と、こういうふうに押えています。経典の方では、なぜこの子を生んだのかと、このように問うているわけでしょう。しかし善導は、そうではなくして、なぜわたしは母であり、この子はわたしの子であるのかと、そのことがわからない。こういうふうに問うていくわけです。だから、そこには人間の存在構造が問われていると言うてもいいでしょう。どういうことかというと、問いそのものは、

我一生よりこのかた、未だ曽て其の大罪を造らず。未審、宿業の因縁何の殃咎有って、しかもこの児と共に母子たる。（『全集九』八一頁）

と言うて、あくまでも「我」が問うているわけです。だれが問うているのでもなく、わたしが問うているわけです。そういう意味では、あくまでも徹底して韋提希個人の問いがここに出ているわけです。しかし、その個人の問いの中身は何かというと、「この児と共に母子たる」というのが問いの中身です。だから、中身の方は「共に」ということが問われているわけです。

わたしの問いであるが、問いの具体的内実は、この児とともに母子であるという、「共に」ということを問うている。つきつめて言うならば、問いの現われているのは不共の業を問うているわけでしょう。だれにも代わってもらうことのない、だれにも代わってやることのできない、そういう不共の業を問うているのでしょう。

ところが、不共の業を問うている中身は、失業というわけです。つまりは、そこに人間が問われているわけです。間的存在といいますか、関係存在が問われているわけです。いわゆる、この問い以前の宗教的よそおいをもった問いは、「我」を問うた時には「共」の世界を捨離して問うている

わけでしょう。それまでの宗教的よそおいをもった問いは、たとえそれがどんなに真剣であっても、エゴでしかないという問題です。いつでも「共に」という世界を捨離して、「共に」という世界を逃避して問うているわけです。ところが、それは、実は問いになっていないわけです。事実から目をそらしていくのですから、問いとは言えないわけです。

ところが、それが、「婉転号哭」のなかから仏を目の前にして存在を問うた時、初めて人間が人間存在における諸問題の一つとして苦悩を問うたのではなくして、人間存在そのものを問うことになるわけです。その問いは「我」の問いであって、だれの問いでもない問いが、そのまま中身は、「共に」ということを問うているということになるわけです。つまり、ほんとうに人間を問うということは宗教的問いとしてしかないということが、ここではっきりするわけでしょう。だから、人間がいかに人間を問うておりましても、そういう依他的あり方というものの崩れをくぐりながら生まれてきた問いでない限り、どんなにすべての人々のことを気にして問うていても、気にしているわたしはすべての人々とは別なところにいるというような問いの構造があるわけです。

ところが、善導の押えを通して言えば、「我」の問いが「この児と共に母子たる」という、「共に」母であり子であるという関係をなぜわたしは生きていかなくてはならないのか、という問いには重さがあるわけです。不共の業を問うているその中身は、共業を問うていかなくてはならない。ですから宗教的な問い、いわば存在を問うていく問いというものが、人間の理知の範疇においては答えがないというのは、そういうことでしょう。だから、その問いは、どんな意味においても、理知の範疇のなかに答えを見出すことができないということを、善導ははっきり押えて、「未審、宿業の因縁何の殃咎有って」と、このように「未審」と言うたわけでしょう。

そういう意味では、わたしたちのあらゆる問題というものがいつでも具体的なものを具体的に問えないというところに、人間の深い悲劇があるわけでしょう。だから、いつでも人間というものは、具体的な事実を具体的だと主張すれば主張するほど、具体的という名の観念のなかへ自己を落とし込んでいくわけです。

そういう意味では、この問いは、そういうすべての問題を観念性、つまり理知で築いた観念に置き換えて、理知がそれに納得するような合理的なあり方を一遍構築して、それにかかわっていこうとする人間の意識構造、そういうものの足をスーッとすくわれるような問いですね。いわば、どのようにしても、今ここにいる子供とわたしとが親子だということは解釈しようがないのです。どれだけ解釈しても、子供と自分とが親子だということは解釈以前の事実なのです。ところが、われわれは解釈以前の事実を解釈しようとして悪戦苦闘するわけでしょう。

そこで、「まあしようがない」と言うてあきらめてみましても、あきらめたというのは解決ではありません。普通で言うあきらめは解決ではないから、そこにはいつでも問いは見捨てられていくわけです。その問いがあらわになっているということがここの問題です。

意識に先立つ事実

そういう意味では、人間というものはいつでも合理的な要求しか持ちえない。しかし、合理的な要求をもって問うていく足をすくわれてみた時に、そこに手の届かないような事実を今生きている、ということがある。こういうわけですね。これは、人間の生きている、解釈に先立つ事実の構造なのでしょう。だから、わたしの問いだからというて、「共」の問題を自己のところへ持ってくることもできないし、「共に」ということが中身だからというて、わたしの問題を「共に」というところへ解消していくこともできないという構造をもっているわけです。わたしの問題でありつつ「共に」の問題だと、こういうかたちをとるわけです。そこに問いの問題点があるわけでしょう。

だから、そういう事実、そういう存在の事実というものは、「一生よりこのかた、未だ曽て其の大罪を造らず」という言葉が、ほんとうにいみじくも、そういう理知によって生きている人間の本音なのです。自分の理性によって見ていける世界のなかには一つもそれに頷かしめるものがないというわけです。自分の経験的事実として現われていること以外には知ることのできない人間の理知にとっては、存在の深みはわからない。こういうかたちなのです。

今日までわたしが四十数年生きてきたとすると、その間いくつかの経験を経てきているわけでしょう。いくつかの経験は、確かにわたしの自我の意識においては、その時その時に一つ一つ何かの意味で解釈しつつ経験してきたわけです。経験の事実をわたしは解釈しつつ今まで蓄積してきたわけです。そういう意味では、われわれの経験している事実は、理知において解釈済みのものなのです。だから、みんな解釈づきの事実を歩いてきたわけです。

ところが、なぜそういう経験をする存在なのかという問いはわたしにはわからないのです。たとえば、結婚して子供を産んだ。子供が生まれたことはわかっているのです。しかし、なぜ結婚して、なぜこの子供を産むのかということはわたしにはわからない。経験したという事柄を理知はちゃんと解釈して知っているわけです。しかし、なぜその経験をわたしはもたなくてはならないのかと問うた時、その問いに対してわたしのなかから答えが出てこないわけです。

しかし、苦悩とは何かというと、経験を解釈する意識ではどうしても解釈できない。しかもその経験をもって生きていかなくてはならないという存在そのものがわたしにとっては苦悩なのです。そのことへの問いがここへ出ているわけでしょう。だから、「一生よりこのかた、未だ曽て其の大罪を造らず」と言う。このような経験をもたなくてはならない存在であったということを、わたし自身の理知が承服するような、そういう経験的蓄積は一つもなかった。にもかかわらず、なぜわたしはこの経験をもたなくてはならないのであろうか。「未審、宿業の因縁何の殃咎有って、しかもこの児と共に母子たる」と、こういうふうに問うていくわけです。

だから、ある意味では、韋提希が仏を目の前にした時のその問いのなかにも、どこかで経験の世界のなかに解決はないであろうかというものを探しているということもあるわけでしょう。どこかに自分の理知が納得するような世界はないかと、このように探しているという、その遍歴がありです。どの隅を探してみても頷けないというて問うているのですけれども、頷けないという問いのなかに、なおかつ探しているという問題が、まだそこには見えているわけでしょう。だから、それが「少しき悋めて」ということでしょう。

ところが、おもしろいことには、それに対して善導は、はっきりとこういうふうに解釈します。

これ夫人既に自ら障り深くして宿因を識らず、「今児の害を被る、是れ横に来たれりと謂う」のである。(『全集九』八一頁)

だからして、身はすでに引き受けている事実を、意識は不合理だと拒否するのはなぜかというと、わたしにまでなった生命の歴史に目を開くことができないからだと、こういう押え方をしています。

自己を問う

ところが、大事なのは、その次に一句を善導が置いていることです。その一句は全く経文のなかにはないし、経文を読んだだけでは出てきそうもない一句です。

願わくは仏の慈悲、我に侄路を示したまえということを明す。(『全集九』八一頁)

という一句です。わたしが今まで経てきた経験のどの一コマを探してみても、わたしにはそういう経験をもたなくてはならない存在として、今ここに生きているということがわからない。このように韋提希が問うているのは、今・ここに・わたしとしてあることが横《よこさま》に来たものであると思わずにはおれないということがあるのだろう。偶然、思いがけなく起こってきたと、このように思っているのだろうと言うわけです。

そういう意味では、よく言われるように、「わたしはわたしになるべくしてなった」という、そのことがわからないわけです。遠い昔々その昔がわからないというのではなくして、いわば生命の歴史、つまり諸経験を自分自身が受けとめていくような、そういう存在にまでなってきた生命の歴史について無明存在である自己にとっては見ることができない。弘法大師の言葉に、

生まれ生まれ生まれ生まれて生の始めに暗く、死に死に死に死にて死の終わりに暗し。

というのがありますが、それが人間の暗さだということでしょう。『歎異抄』で言うならば、「本願をうたがう、善悪の宿業をこころえざるなり」と、このように押えられている事柄なのでしょう。

ところが、このように問うている問いは、ただわからないと言うているのではないのです。今・ここに・わたしとしてあるという事実がわからないということほど深い問いはない。そのこと一つがわかるために人間は生きているのだと、こう言うてもいいような問いだと善導は言うのです。今ここにわたしとしてあるということがほんとうに戴けるようなわたしになる道を問うべく人間は生きている。それ以外のことは何も問うていない。それ以外のことは何を知っていても無になっていってしまう、そういう問題なのです。

だから、「未審《いぶかし》」と言うて問うた問いを、善導はそのまま押えまして、「願わくは仏の慈悲、我に径路を示したまえ」と、こう言うたのだというわけですね。どうしてわたしはかくあるのかわからないと、このように問うている。その問いこそ、そのことがわかりたいという深い願いなのだというわけです。人間が生まれてきて、人間が生きていくということは、そのこと一つがわかるべく

生き、わかることを求めて生きていくのである。だから、そのこと一つがわかるわたしになるということが、実は宗教的な救いということの意味なのでしょう。めざめをもって救いとするというのは、そういう意味でしょう。

だからして、そのわからないという問いは、押えてみれば、わかりたいという問いなのだというわけです。わかりませんという問いは、わかりたいという問いなのだ。わかることを願うている問いなのだ。そのわかることを願うている願いは、願わくば仏の慈悲をもって、このわたし自身が明らかになる道を開いていただきたいという、そういう問いなのだと、こういうふうにこの一句を押えているわけです。

仏を問う

ところが、善導によってこのように押えられている問いは、具体的にはやはり、経文そのものが示しているような愚痴のすがたから何等すがたが変わってはいないわけです。だから、わたしがわからないという問いは、やがてそのまま仏を問うという問いになっていく。しかし、仏を問うというのは、今まで自分が予想していた仏からの訣別というかたちをとって、仏を問うというあり方になっていくわけです。だから、その第二の問いのなかに、善導は二つの意味を見ていこうとするわけでしょう。

世尊また何等の因縁有りてか、提婆達多と共に眷属たる。(『真聖全一』五〇頁)

と、こう言うのはいったい何かというと、

これ夫人仏に向こうて陳べ訴う、我は是れ凡夫、罪惑尽きざれば、斯の悪報有り、是の事甘心す、世尊は曠劫に道を行じて正・習倶に亡じ、衆智朗然として果円かなるを仏と号す。未審、何の因縁有ってか、乃ち提婆と共に眷属と為したもうということを明す。（『全集九』八一頁）

これはすごく精密な解釈ですね。問題点というのはどこにあるのかというと、人間というのは徹底して合理的要求を離れえないということが見えていますね。わたしがわからないと言うていながら、それこそ舌の根もかわかないうちに、わたしはわかっていますと言い出すわけです。そうでしょう。わたしはどうしたらいいかわからない。わたしはなぜこの子と母と子であるのかわからないと言うて、その言うた言葉のまだ終わらないうちに、韋提希は「世尊また何等の因縁有りてか」と、世尊を問うわけです。

そのように仏を問うということのなかに、わたしはわからないという問いを、すでに合理的にわかったものに観念化しようとする操作があるというわけです。それを見逃がさないわけです。それは何かというと、仏に向かって、わたしは凡夫だと、このように言うわけです。わたしは凡夫で、罪惑が深い。だから、自分がわからないという惑も、これはしかたがない。こういうふうに自分で自分を慰めようとするわけです。

自分は凡夫で、罪惑が尽きないものであるからして、この悪報を受けることは承服はできないけれども、それはやむをえないことではないかと、こういうふうに解釈をするわけです。承服できたと言うたら、もう仏を恨む必要はないのですから、承服はできないと言うている。けれども凡夫なのだから、智慧もないし、修行もしたという覚えもないのだから、やむをえない。そういう意味では、甘んじて受けましょうというわけです。

ところが、この「甘んじて受けましょう」という言葉ほどまゆつばものはないと思いますね。われわれの日常生活のなかで、甘んじて受けるという言葉ほど危い言葉はないと思うのです。だから、われわれは注意していなくてはならないと思いますね。甘んじて受けるという人に乗っかると、足もとをすくわれるということがありますからね。わたしはこのことは甘んじて受けると言うた時には、甘んじて受けるけれども、このようにしたことはあなたの責任ですよと、こういう言葉がちゃんと後に隠れているわけです。韋提希の場合も、わたしはしかたがないから甘んじて受けましょう。だがしかし、仏はいったい何をしているのだと、こういうわけでしょう。問いのあり方は、このようになっております。

そういう意味では、わたしがわからないと、このように問うておりながら、その言葉がただちに一つの責任転嫁へと変わっていくわけです。わたしは凡夫であるからわからないのはしかたがない、と言うて、自分自身の理知のところへ自分の現実というものを観念化して、「甘んじて受けましょう」と、このように言う。しかし、そのように言わしめているものは何かというと、仏についての合理的な、しかも完璧な理解が韋提希自身のなかにあるわけです。仏とは何か。わたしを救うべき存在だという完璧な理解をもって、責任をそちらへすっかり転嫁して、わたしは今のこういうことを凡夫だからしかたがないと甘んじて受けましょうと、こういうふうに言うわけですね。その仏に対してどういう理解があるのかというと、

世尊は曠劫に道を行じて正・習倶に亡じ、衆智朗然として果円かなるを仏と号す。

（『全集九』八二頁）

と、はっきり言うています。まちがいのない解釈をしているわけです。仏とは何か。曠劫以来、道を行じてきた。何の道を行じてきたかというと、すべての煩悩を断つ道を行じてきた。そして、煩悩の正使と習気、すなわち煩悩として燃え盛っている事実も、煩悩を断ち切ったあとに余薫として残る、その余薫さえも断ち切って、「衆智朗然として」すべてのことが明らかだ。一切智者ではないか。「衆智朗然として、果円かなるを仏と号す」と。因行すべて成就して果徳円満しているのを仏と申し上げるのだ。にもかかわらず、目の前に出てくるあなたは仏の資格はない。このように言うわけでしょう。それこそ、僭越というのはこういうことを言うのでしょう。最後に出てくる言葉などは、凡夫が仏を計ったわけですから、実に僭越の極まりです。

自分は凡夫であるから「甘心」、甘んじて受けましょうと言うて、自分の凡夫も秤にかけたけれども、その秤にかけた心は、とたんに凡夫が覚者を計ったわけですよ。仏とはかかるものだというレッテルを、凡夫が覚者に貼ったわけです。ひどい話ですね。

さらに言うなれば、韋提希のなかに動いているものがあるわけです。つまり、わたしが救われないのはしかたがない。しかし、救われないからといって放っておくのは仏ではない。救うのが仏の

任務ではないか。ここで、救うのが仏である。当然救うべきだ。

このように言う言葉のなかには、そういう表現を通しながら、当然わたしは救われるべき資格があるのだという資格を、なおかつそこで復活してこようとするわけです。そういう問題があるわけです。

ここで一つ注意しておきたいことは、仏について完全に理解がなされているということは、合理的な理解と言いましたけれども、いわゆる客観的に仏とは何かということについての解釈ができているということではありません。苦悩のなかから自己を問わなくてはならないようになった、にもかかわらず仏を自己の頷きのなかで設定していこうとする、そういう動きが示されているわけです。そういう意味では、人間は限りなく仏に背きつつありながら、限りなく仏を設定していく。そして、仏を設定しつつ、仏にうらぎられたというかたちで自己をかこっていく。かこっていく自己をもって、また救う仏を限りなく設定していく。こういう矛盾運動を起こすというかたちをとってゆくわけです。

責任転嫁

さて、韋提希が仏に対して、提婆とともに眷属であるということはわたしには納得がいかないという、その言葉のなかに二つの意味を善導は見定めるわけです。

夫人怨みを子に致すことを明す。忽に父母に於て狂れて逆心を起こす。(『全集九』八二頁)

ということは、言葉を換えて言えば、韋提希夫人が仏に対して、

　未審、何の因縁有ってか、乃ち提婆と共に眷属と為したもう。（『全集九』八二頁）

と、こういうふうに問うた時の心のなかにあるものは何かというと、わたしの子がわたしに背いたということは、わたしにとっては思いがけないことだというふうに考えていこうとするわけですね。起こるべきでないことが起こったというふうに、その事実を受けとめていこうとするわけでしょう。だから、子供を恨んでいるのです。横《よこさま》に子供が自分に逆害を加えてきたのだと受けとめるから、子供を恨んでいるのです。そういう子供を持った自己自身への頷きというものはなくして、逆害を起こした子供を恨んでいるというかたちです。だから、わたしには子供に背かれるような理由は一つもない。にもかかわらず、起こるべくもないことが今起こっている、ということは、もうすでに自分に起こっている事実、つまりわたしの事柄が「共に」という事実であるにもかかわらず、わたしの問題を「共に」という世界のなかへ解消していけるのではなかろうかという、責任転嫁がそこに行なわれていくわけです。

ところが、責任転嫁というのは、ひとたび責任を転嫁していこうとすると、その責任転嫁は無限に責任転嫁を延長させていくということがある。

第二には、

　又恨むらくは提婆我が闍世を教えて斯の悪計を造らしむ、若し提婆に因らずば、我が児終にこの意無しということを明す。（『全集九』八二頁）

と、こういうわけです。

前に「我」と、こういうふうに押えて、なぜにともに母と子であるのかと、こういう内容をもった問いを提起しているのですが、それが自分は凡夫だからわからないと言うて、仏とはこういうものだと自分で規定しておいて、その仏が提婆と眷属であるということはわからないと、こういうふうに言う。このように救いを求めているといいますか、仏をたずねている意識のなかには、深いところでの大きな責任転嫁のすがたである。それは何かというと、「共に」母と子であるにもかかわらず、母である自分を孤立させておいて、子が自分を苦しめたというかたちでしかものを見ていけないということがあるわけです。

ところが、同時に、母と子であるという事実はわたしの事実なのです。とすると、わたしに背いた子供をわたしは産んだ覚えはない。だから、わたしに子供が背くはずはない。とすると、子供を背かしたものがある。それは何かというと、提婆だと、こういうふうにもっていくわけです。だから、もし提婆がいなかったならば、自分の子供が背くはずはないのだというわけです。

提婆がなぜ自分の子供をそそのかしたのかと問うていった時に、「衆智朗然として果円かなる」仏がそこに姿を現わすわけでしょう。その釈尊は提婆と内外共の眷属であったというわけです。だから、

未審、何の因縁有ってか、乃ち提婆と共に眷属と為したもう。（『全集九』八二頁）

と、こういうふうに責任を一つ一つ転嫁していくわけです。自己を問うておりながら、その問い自

身を、わたしは凡夫である、自分は智慧がないからというかたちで、自己承認をし、自己弁護をしようとしたとたんに、救うべきものを、実は責任転嫁の内容にしてしまうわけです。

子が自分を苦しめた、しかし、その子供をそそのかしたのは提婆であるとすると、子供をそそのかすような提婆を許していたのは仏陀ではないかという。その意識のなかには救いというものを、なおかつ自己の合理の要求のなかへもちこんでいこうとする人間の最後の問題がここに出るわけです。だから、「未審、何の因縁有ってか、乃ち提婆と共に眷属と為したもう」と、こういうふうに釈尊を目の前にして釈尊そのものを恨まなくてはならない。存在の事実に領けないということは、同時に救いの事実に領く道をもたないということと一つなのだと、こういうわけです。

沈黙の重さ

善導は、さらに「眷属」ということを二つに押えています。

一つは在家の眷属、二つは出家の眷属。(『全集九』八二頁)

と言います。これが大事なことなのです。ここで韋提希が問いたいいちばん大事なことは、「出家の眷属」ということです。なぜかというと、提婆と釈尊とが従弟であるということもわからないことだけれども、しかし肉体をもっている仏の事柄でありますから、そのことはまだ許せるとしても、問題は「出家の眷属」ということですね。その悪逆を犯すような提婆をなぜお弟子にしたのですかということです。お弟子にしたということは、その悪逆を犯す提婆の悪心をひるがえせしむる用きをあなたがもっていなければ、弟子にしたという意味がないではないかというわけです。

ところが、釈尊が弟子にした仏弟子であるものが、仏陀の外護者であるわたしを苦しめる現況を許していたということは、いったいどういうことですかということです。そういうかたちで、「外の眷属」であるよりも、特に「内の眷属」である、いわゆる「出家の眷属」であるという一点のところへ最後の問題が集中していくわけです。

そういう意味では、この二つの問いが、愚痴というすがたをとって、「やや久しく、少しき悍めて始めて身の威儀を正しくして、合掌して」仏に向かったすがたが問うている問いなのです。どこへ問うていっても答えのない問いなのです。だからして、そのどこへ問うていっても答えのない問いは、仏に問うていっても答えがないわけです。仏に問うていっても、それに即時的に仏の答えは聞こえてこない。だからして、仏の答えはここにも生まれないわけです。

ところが、実はそう言うているなかから答えの方向が出てくるような問いなのでしょう。だから、「願わくば仏の慈悲、我に侄路を示したまえ」という内容を、その問いのなかに善導は見ているわけです。実は、問いのなかに答えの開かれてくる道があるわけです。しかし、韋提希が言うていることは、「号泣して仏に向かいて白して言さく。世尊、我」と、こういうふうに経典に直接的に示されているように、これは愚痴なのですから、その愚痴に答えはないわけです。だから、仏はあえてその愚痴を聞きつつ、むしろ仏が耐えているというようなものです。待っているわけです。

諸師が解釈する時には、その沈黙というようなものは無意味として、関心にも歯牙にもかけないわけでしょう。だから、釈尊が出てきた時から「正宗分」だと言う人もありますし、釈尊が耆闍崛山の上で韋提希の心を知ろしめした時から「正宗分」が始まったのだというふうにも解釈します。

それはなぜかというと、仏というものの沈黙の深さと、沈黙がもっている重さを見ないわけです。それこそ真実の機たらしめていく、その用き、また教法が開かれてくる機として人間が成就してくるということをもって、経典の「序分」とするという意味が領解されていないからです。だから、仏が出てくれば身業説法が始まっているのだと、こういう解釈になっていくわけでしょう。沈黙というものは無視していくわけです。だから、そういう意味では、「序分」というのは、あくまでも「正宗」の説法の開かれてくる機を成就するのを「序分」というのです。だから、機が成就されなければ、どこまでも「序分」なのです。

善導は、韋提希自身のなかから、明確に自分は仏陀の力によって仏を見ることができた。未来世の一切衆生はどうして仏を見ることができるかという、あの問いが韋提希自身の口をついて出たところから、初めて「正宗分」が始まるとするわけでしょう。文字通り、機の縁熟というものを待つ沈黙と、沈黙のなかから韋提希自身の愚痴の底を貫いていた、「願わくば仏の慈悲、我に径路を示したまえ」と善導がすでに見とっていた、その一点が韋提希自身の愚痴のなかをついて出てくる。それは、やがて次の「欣浄縁」のところへ現われて、浄土の願生というすがたをとり、願生はやがて「光台現国」を通して「見仏」というすがたをとり、「見仏」のなかから「別選」というすがたをとっていくというわけです。そこから、さらに仏の教えを聞きつつも、真に仏に問うべきものは何であるのかが具体化してくる。このように善導は押えてくるわけであります。

著者略歴

廣瀬　杲（ヒロセ　タカシ）

1924年京都市生まれ。大谷大学文学部卒業。大谷大学元学長。大谷大学名誉教授。文学博士。私塾聞光学舎主幹。2011年12月逝去。

著書　『宿業と大悲』『真宗救済論―宿業と大悲―』『歎異抄の諸問題』『歎異抄講話　高倉会館法話集　全4巻』『観経疏に学ぶ』『廣瀬杲講義集』『観経四帖疏講義　玄義分・序分義Ⅰ Ⅱ』『観経四帖疏講義　定善義Ⅰ Ⅱ Ⅲ』『観経四帖疏講義　散善義Ⅰ Ⅱ Ⅲ』など多数。

新装版　観経疏に学ぶ　序分義1

一九八二年　三　月二〇日　初　版第一刷発行
二〇二三年　二　月二五日　新装版第一刷発行

著　者　廣瀬　杲
発行者　西村明高
発行所　株式会社　法藏館
京都市下京区正面通烏丸東入
郵便番号　六〇〇－八一五三
電話　〇七五－三四三－〇〇三〇（編集）
〇七五－三四三－五六五六（営業）

装幀　山崎　登
印刷・製本　亜細亜印刷株式会社

ISBN 978-4-8318-6592-2 C3015

新装版　観経疏に学ぶ　玄義分1　廣瀬　杲著　二、五〇〇円

新装版　観経疏に学ぶ　玄義分2　廣瀬　杲著　二、二〇〇円

新装版　親鸞の宿業観　歎異抄十三条を読む　廣瀬　杲著　一、八〇〇円

新装版　歎異抄講話　全4巻　廣瀬　杲著　各一、八〇〇円

観経四帖疏講義　全3巻　玄義分・序分義Ⅰ Ⅱ　廣瀬　杲著　二八、〇〇〇円

観経四帖疏講義　全3巻　定善義Ⅰ Ⅱ Ⅲ　廣瀬　杲著　二八、一八二円

観経四帖疏講義　全3巻　散善義Ⅰ Ⅱ Ⅲ　廣瀬　杲著　二八、〇〇〇円